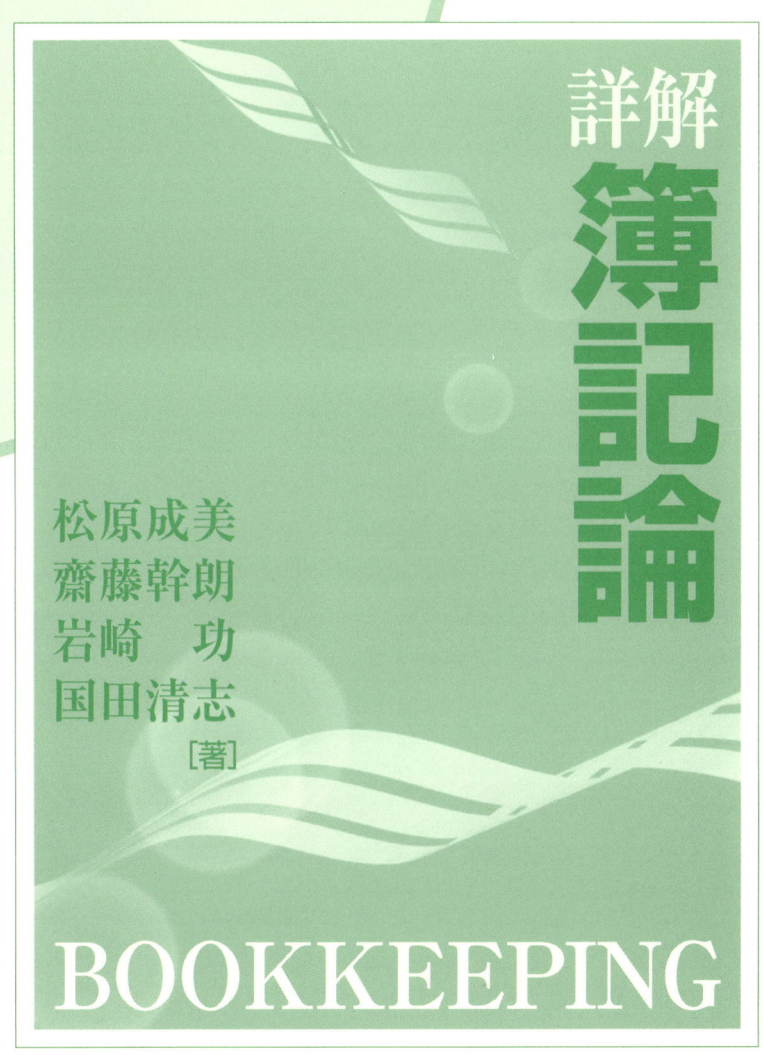

序　文

　簿記の歴史は，13世紀から14世紀初頭にかけてイタリアのベニスの商人の実務のなかから生成し，15世紀に入り体系的な技術として確立し発展してきたといわれる。

　現存する世界の最古の複式簿記書としては1494年にベネチアの僧侶の数学者ルカ・パチョーリ（Luca Pacioli）が『スムマ』・『算術，幾何，比および比例のすべて』という書物を出版し，そのなかの「計算および記録に関する詳説」の章で複式簿記を説明している。その内容は，ほぼ現在の複式簿記の内容と一致したものである。その後，複式簿記は，イタリアからヨーロッパ各地に伝わりイギリスからアメリカを経て世界に広く普及したのである。

　日本における簿記の歴史は，明治6年福沢諭吉訳書『帳合の法』が，また，同じ年に，アレキサンダー・アラン・シャンドの記述『銀行簿記精法』がそれぞれ発刊されたのが最初の複式簿記書である。かつて，経済学者であるシュンペーターは「複式簿記は最高の金字塔である」と称賛した。このことは，複式簿記の合理性と理解のしやすさは，コンピューターが普及したＩＴ時代の今日においても手書きからキーボードによる入力へ変化しただけで複式簿記は依然としてその地位を譲っていないのである。

　最近における簿記会計は会計ビッグバンとも呼ばれるように，企業活動の国際化に伴ない，国際的にも通用するための新会計制度への改革とその確立が求められている。しかし，世界に共通する複式簿記の記帳原理や記帳方法は何ら変わらないのである。

　本書は複式簿記の計算構造のなかに展開されている通説的な会計理論についてもあわせ述べ，簿記会計の理論と実務との有機的な関連についてもこれを理解できるように試みた。すなわち，多くの取引例や計算例によって簿記を体系的に学ぶことにより，その内容を正確に把握できるように努めた。さらには，各章ごとに研究問題を掲げたが，これは読者がこれらの問題を実際に自分で

やってみることが簿記会計を本当に理解するための近道であり，またそのことにより各章の内容を整理するためにもこのことは重要であるからである。

　読者が本書により，簿記の知識を十分に修得され，その知識と技能を生かすことで，まず，日本商工会議所や全国経理教育協会などの簿記検定に挑戦し，その合格証書を手中に収めることで，簿記知識の理解の程度を自ら確かめて欲しい。さらに，簿記検定の合格証書をもとに，将来，簿記を生かした企業の経理業務や，税理士・公認会計士の会計事務所に就きたいと考えている方々や，また，将来，税理士・公認会計士などの職業会計人となるために，その登竜門である税理士試験における「簿記論」や公認会計士試験における「財務会計（簿記論を含む）」の受験を考えている方々にも，本書がその夢が現実になるための架け橋になるならば，我々筆者一同の望外の喜びとするところである。

　最後に，税務経理協会の社長大坪嘉春氏には，日頃から何かと大変お世話になっており感謝申し上げる。また，書籍編集部長峯村英治氏には，本書を刊行するにあたり，いろいろお手数を煩わせた。心からお礼を申し上げたい。

　平成21年4月

　　　　　　　　　　　　　　　　　　　　　　　　　　　　筆者一同

　　　　　　　　　　　　　　執筆担当：松原成美（第1章から第6章）
　　　　　　　　　　　　　　　　　　　齋藤幹朗（第7章から第13章）
　　　　　　　　　　　　　　　　　　　岩崎　功（第14章から第16章）
　　　　　　　　　　　　　　　　　　　国田清志（第17章から第18章）

目　　次

序　　文

第1章　総　　説

第1節　簿記の意義および種類 …………………………………… *1*
1　簿記の意義 ………………………………………………………… *1*
2　簿記の目的 ………………………………………………………… *2*
3　簿記の種類 ………………………………………………………… *2*

第2章　簿記の基礎概念

第1節　複式簿記の原理 …………………………………………… *5*
1　資本の循環過程 …………………………………………………… *5*
2　資産と資本（負債および純資産） ……………………………… *6*
3　貸借対照表 ………………………………………………………… *8*
4　費用・収益と損失・利益 ………………………………………… *9*
5　損益計算書 ………………………………………………………… *10*

第3章　取　　引

第1節　取引の意義および種類 …………………………………… *12*
1　取引の意義 ………………………………………………………… *12*
2　取引の種類 ………………………………………………………… *13*
3　取引の二重性 ……………………………………………………… *15*
4　取引の構成要素 …………………………………………………… *15*

第4章　仕訳帳および元帳

第1節　仕訳および仕訳帳…………………………………………18
1　仕訳の意義………………………………………………………18
2　仕訳帳の意義……………………………………………………19
3　仕訳帳への記入要領……………………………………………20
4　記帳上の注意事項………………………………………………22
第2節　元帳への転記……………………………………………23
1　元帳への転記……………………………………………………23
2　仕訳帳から元帳への転記要領…………………………………24
第3節　仕訳帳の記入と元帳への転記例………………………26
1　仕訳帳への記入例………………………………………………26
2　仕訳帳から元帳への転記例……………………………………29

第5章　試算表と精算表

第1節　試　算　表………………………………………………33
1　試算表の意義……………………………………………………33
2　試算表の種類……………………………………………………34
第2節　精　算　表………………………………………………36
第3節　複式簿記の構造…………………………………………39

第6章　決　　算

第1節　決 算 手 続………………………………………………42
1　決算の意義………………………………………………………42
2　決算手続の順序…………………………………………………42

3	振　　　替	44
	第2節　英米式決算手続	45
1	英米式決算法の意義	45
2	費用・収益の諸勘定の振替	45
3	純損益の振替	46
4	元帳の締切と繰越試算表の作成	46
5	開　始　記　入	50
6	補助簿の締切	50
	第3節　大陸式決算手続	50
1	大陸式決算法の意義	50
2	資産・負債・純資産（資本）の諸勘定の振替	51
3	開　始　記　入	56

第7章　現金・預金・有価証券に関する勘定

	第1節　現　金　勘　定	59
1	現金勘定と現金出納帳	59
2	現金過不足	60
	第2節　銀　行　預　金	61
1	当座預金勘定	61
2	当　座　借　越	62
3	当座預金出納帳	63
4	銀行勘定調整表	64
5	その他預金	67
	第3節　小　口　現　金	68
1	小口現金勘定	68
2	小口現金出納帳	69
	第4節　有　価　証　券	70

1　有価証券勘定と有価証券の売買……………………………………………… *70*
2　有価証券（利付債券）の売買時の端数利息…………………………………… *72*
3　満期保有目的債券……………………………………………………………… *73*
4　有価証券の差入と貸借………………………………………………………… *74*

第8章　商　品　勘　定

第1節　商品勘定の分割 …………………………………………………… *76*
1　商品勘定の分記法・総記法…………………………………………………… *76*
2　商品勘定の分割………………………………………………………………… *78*
3　商品勘定の3分法……………………………………………………………… *79*
第2節　補　助　簿 ………………………………………………………… *80*
1　補助簿の種類…………………………………………………………………… *80*
　(1)　仕　入　帳…………………………………………………………………… *80*
　(2)　売　上　帳…………………………………………………………………… *81*
　(3)　商品有高帳…………………………………………………………………… *82*
　　①　先入先出法………………………………………………………………… *83*
　　②　後入先出法………………………………………………………………… *84*
　　③　移動平均法………………………………………………………………… *85*
　　④　総平均法…………………………………………………………………… *86*
　　⑤　単純平均法………………………………………………………………… *86*
　　⑥　口　別　法………………………………………………………………… *87*

第9章　人名勘定と統制勘定

第1節　人　名　勘　定 …………………………………………………… *88*
第2節　統制勘定と補助簿 ………………………………………………… *89*
第3節　貸倒れに関する処理 ……………………………………………… *91*

- 1 貸倒損失と貸倒引当金 …………………………………………… 91
- 2 償却債権取立益 ………………………………………………… 92

第10章 手形取引の記帳

第1節 商業手形 ……………………………………………… 94
- 1 商業手形の種類 ………………………………………………… 94
- 2 手形勘定と補助簿 ……………………………………………… 95
- 3 手形の裏書と割引 ……………………………………………… 99
- 4 偶発債務と備忘記録 …………………………………………… 100
- 5 不 渡 手 形 …………………………………………………… 104

第2節 荷為替（荷付為替手形）……………………………… 105
第3節 金 融 手 形 …………………………………………… 106

第11章 その他の債権・債務と繰延資産

第1節 その他の債権・債務 ………………………………… 108
- 1 未収金勘定と未払金勘定 ……………………………………… 108
- 2 前払金勘定と前受金勘定 ……………………………………… 109
- 3 貸付金勘定と借入金勘定 ……………………………………… 110
- 4 経 過 勘 定 …………………………………………………… 111
- 5 立替金勘定と預り金勘定 ……………………………………… 112
- 6 仮払金勘定と仮受金勘定 ……………………………………… 113
- 7 商品券勘定 ……………………………………………………… 114
- 8 未決算勘定 ……………………………………………………… 114

第2節 繰 延 資 産 …………………………………………… 115
- 1 創 立 費 ……………………………………………………… 115
- 2 開 業 費 ……………………………………………………… 116

> 3 開　発　費 …………………………………………………………… *116*
> 4 株式交付費 …………………………………………………………… *117*
> 5 社債発行費等 ………………………………………………………… *117*

第12章　固定資産と減価償却費

> ### 第1節　固定資産とその取得原価 ……………………………… *119*
> 1 建物勘定・構築物勘定 ……………………………………………… *119*
> 2 備 品 勘 定 …………………………………………………………… *120*
> 3 車両運搬具勘定 ……………………………………………………… *120*
> 4 機械装置勘定 ………………………………………………………… *121*
> 5 土 地 勘 定 …………………………………………………………… *121*
> 6 建設仮勘定 …………………………………………………………… *121*
> ### 第2節　減 価 償 却 …………………………………………………… *122*
> 1 減価償却の意味 ……………………………………………………… *122*
> 2 減価償却の計算方法 ………………………………………………… *124*
> 　(1) 定　額　法 ……………………………………………………… *124*
> 　(2) 定　率　法 ……………………………………………………… *125*
> 　(3) 生産高比例法 …………………………………………………… *127*
> 　(4) 償却基金法 ……………………………………………………… *128*
> 　(5) 年　金　法 ……………………………………………………… *128*
> 　(6) 新税制における減価償却制度 ………………………………… *128*
> 3 減価償却費の記帳 …………………………………………………… *131*
> ### 第3節　固定資産の売却・廃棄 ………………………………… *132*
> ### 第4節　無形固定資産と投資その他の資産 ………………… *134*

第13章　個人企業の資本取引の記帳

1　資本金勘定 ……………………………………………………………… *136*
2　引出金勘定 ……………………………………………………………… *136*

第14章　決 算 整 理

第1節　決算整理の意義 ………………………………………… *138*
第2節　商品勘定の整理 ………………………………………… *139*
1　分記法における整理 …………………………………………………… *139*
2　総記法における整理 …………………………………………………… *139*
3　3分法における整理 …………………………………………………… *140*
4　期末商品の評価 ………………………………………………………… *144*
第3節　貸倒引当金の期末修正・表示方法 ……………………… *147*
1　貸倒引当金の期末修正法 ……………………………………………… *147*
2　貸倒引当金の表示方法 ………………………………………………… *148*
第4節　売買目的有価証券評価損益の計上 ……………………… *149*
第5節　損益の繰延・見越 ……………………………………… *150*
1　繰延および見越勘定 …………………………………………………… *150*
2　費用の繰延 ……………………………………………………………… *151*
3　収益の繰延 ……………………………………………………………… *152*
4　費用の見越 ……………………………………………………………… *153*
5　収益の見越 ……………………………………………………………… *154*

第15章　特殊商品取引

第1節　未 着 商 品 …………………………………………… *156*

1　貨物引換証の入手 …………………………………… 156
2　貨物代表証券の裏書譲渡 …………………………… 157
　　第2節　委　託　販　売 ……………………………… 157
1　積　送　品 …………………………………………… 157
2　補　助　簿 …………………………………………… 158
　　第3節　受　託　販　売 ……………………………… 159
　　第4節　委　託　買　付 ……………………………… 161
　　第5節　受　託　買　付 ……………………………… 162
　　第6節　試　用　販　売 ……………………………… 164
　　第7節　割　賦　販　売 ……………………………… 165
　　第8節　先物予約売買 ………………………………… 168

第16章　帳　簿　組　織

　　第1節　帳簿組織の発展 ……………………………… 170
　　第2節　単一仕訳帳制 ………………………………… 171
1　単一仕訳帳 …………………………………………… 171
2　多桁式仕訳帳 ………………………………………… 172
　　第3節　複数仕訳帳制（その1） ……………………… 174
1　複数仕訳帳制 ………………………………………… 174
2　特殊仕訳帳の種類 …………………………………… 175
3　2冊制による記帳法 ………………………………… 176
4　4冊制による記帳法 ………………………………… 179
5　6冊制による記帳法 ………………………………… 182
　　第4節　複数仕訳帳制（その2） ……………………… 183
1　多桁式特殊仕訳帳 …………………………………… 183
2　多桁式現金出納帳 …………………………………… 184
3　多桁式仕入帳および多桁式売上帳 ………………… 186

4　特殊仕訳帳と二重仕訳金額の削除 ……………………………………… 193
　第5節　元　　　　帳 …………………………………………………………… 195
　1　元帳の分割 ……………………………………………………………… 195
　2　仕訳元帳 ………………………………………………………………… 201
　3　秘密元帳 ………………………………………………………………… 201
　第6節　証憑および伝票 ……………………………………………………… 204
　1　証　　　　憑 …………………………………………………………… 204
　2　伝　　　　票 …………………………………………………………… 204
　　(1)　1伝票制 …………………………………………………………… 204
　　(2)　3伝票制 …………………………………………………………… 205
　　(3)　5伝票制 …………………………………………………………… 208
　　(4)　各伝票制による総勘定元帳への転記 …………………………… 210
　第7節　機械簿記法 …………………………………………………………… 212

第17章　株式会社会計

　第1節　純資産（資本）会計 ………………………………………………… 214
　1　株式会社の純資産（資本） …………………………………………… 214
　2　株主資本と評価・換算差額等 ………………………………………… 215
　3　資　本　金 ……………………………………………………………… 217
　4　株主資本等変動計算書 ………………………………………………… 218
　第2節　資本剰余金項目 ……………………………………………………… 221
　1　資本準備金 ……………………………………………………………… 221
　2　その他資本剰余金 ……………………………………………………… 223
　3　株主資本の計数変動 …………………………………………………… 225
　第3節　利益剰余金項目 ……………………………………………………… 226
　1　利益準備金 ……………………………………………………………… 226
　2　繰越利益剰余金勘定 …………………………………………………… 227

3	任意積立金勘定	229
4	損失の処理	231
	第4節　自己株式	232
	第5節　評価・換算差額等	233
	第6節　新株予約権	235
	第7節　社債会計	237
1	総　　説	237
2	社債の発行	238
3	発行の方法	238
4	社債発行費	239
5	社債の利払	239
6	社債の償還	240
	第8節　引当金会計	242
	第9節　税金の処理	249
1	法人税等	249
2	消費税	250
3	その他の税金	253
	第10節　合併会計	254
1	合併とその形態	254
2	「企業結合に係る会計基準」の考え方	255
3	合併の会計処理	256
4	事業譲受の会計処理	258

第18章　支店会計および連結会計

	第1節　本支店会計	260
1	本支店間の会計組織	260
2	本支店間の取引記帳方法	261

3 支店相互間の取引記帳方法	264
4 本支店財務諸表の合併	266
⑴ 本支店貸借対照表の合併	266
⑵ 本支店損益計算書の合併	268

第2節　連　結　会　計 …275

1 連結財務諸表	275
2 連結財務諸表の作成原則・基準	276
3 連結貸借対照表の作成	276
4 連結損益計算書の作成	277
5 連結株主資本等変動計算書の作成	278

索　　引 …289

第1章　総　　説

第1節　簿記の意義および種類

1　簿記の意義

　簿記（Book-keeping）とは，家庭および企業など特定の経済主体を対象として，その経済主体に属する財産の増減変動を勘定という独特の形式によって記録し・計算し，整理することにより，その原因と結果を明らかにする技術である。

　この記録計算には，共通の尺度である貨幣価値が用いられる。すなわち，今日の簿記は金銭収支の計算のみではなく，経済主体が所有する債権，債務はむろん，その他商品，建物，土地，機械などの財貨・用役についてもその増減を計算しなければならない。これには共通の尺度である貨幣以外に考えることができないからである。このようにすべての財産を貨幣額で測定し計算する価値計算が簿記の第一の計算的特徴である。

　つぎに記録計算されたものはあらかじめ決められた一定の時点を境にして，たとえば，月末，年度末等に整理し，財産変動の原因および結果を明らかにしなければならない。

　この整理の時点を**決算日**（Closing day）となづけ，この決算日から翌決算日までの間を，一般に**会計期間**（Accounting period）とよぶ。簿記の第二の計算的特徴はこのような会計期間すなわち，期間計算である。

　最後に記録計算は任意の形式ではなく，勘定という独特の形式によって行われるが，この勘定形式を用いることが簿記の第三の計算的特徴といえる。

2　簿記の目的

簿記の目的は企業が営む各種の経営活動の状態を記録・計算し，これを整理し，その結果を数字的に示すことである。

簿記によって一定期間に企業の経営のために消費された価値量と経営活動の結果得られた価値量とを比較計算することによって一定期間における経営活動の結果を算定することができる。また，これと同時に，以前に投下せられた貨幣量が一定の時点において経営内でいかなる財の形態をとり，それがいかに機能しているか，また，それがどのように消費され，その結果いかに貨幣量が回収せられたかについても示すことができる。このように簿記は企業における一定期間の経営成績と，一定時点の財政状態とを明らかにすることに役立つものである。

前者の計算は損益計算とよばれ，その結果は**損益計算書**(Profit and loss statement) に示される。後者の計算は財政状態の計算とよばれ，その計算の結果は**貸借対照表**（Balance sheet）に示されるのである。

なお，一般に簿記の目的としては次の三つに要約されるであろう。

① 　毎日発生する取引を，日付順に明瞭に記録すること（仕訳帳）
② 　一定時点において所有する財貨・用役の変動や，債権・債務などの内容と金額を知ること（貸借対照表）
③ 　一定期間に発生した費用や収益の内容と金額を計算すること（損益計算書）

3　簿記の種類

簿記は，いろいろな業種によって分類されるが，そのうち主なものとしては工業簿記・銀行簿記・建設業簿記・農業簿記・林業簿記などの営利を目的とした営利簿記と，組合簿記・学校法人簿記・官庁簿記などの非営利簿記に区分される。

① **単式簿記，複式簿記**

　これは簿記がたんに資産，負債のみについて記録計算を行うことを目的とするのか，あるいは資産，負債のほかに純資産（資本）および収益，費用についても記録計算を行うことを目的とするかの分類であって，単式簿記（Single-entry bookkeeping）と複式簿記（Double-entry bookkeeping）とに区分される。

　まず，**単式簿記**は記帳上の一定の原理・原則は存在せず，ただ，たんに現金の収支や財貨の増減を記録する簡単な記帳法である。これによると現金の収入・支出や他人に対する貸・借，また物品売買業では売買する物品の増減などを，それぞれ互いに関連させることなく，別個に記帳するだけである。すなわち，単式簿記は通常資産の増減変化についての記録のみを行い，純資産（資本）の増減変化は，すべての財産の在高計算を行うとき，その結果として間接に把握せられるにすぎない。したがってまた，単式簿記では損益の発生を原因別に記録をすることがない。単式簿記はこのように経営活動を財産の増減変化の過程として記録するけれども，これを同時に純資産（資本）の増減変化の過程として記録することがないのである。つまり，一面的な記帳法であるから，そこには記帳上の一定の原理・原則がないのでどうしても記帳が不完全なものになり，誤りも多い。したがって，家庭やごく小規模な小売業などで採用されているにすぎない。

　これに対して，**複式簿記**は一定の原理・原則を有し，それに従って，財貨や他人に対する貸・借の増減変化および費用・収益の発生を原因別および結果別にもれなく記録する組織的な記帳法である。したがって，複式簿記においては，すべての取引を資産の増減変化と負債および純資産（資本）の増減変化との両面から把握し，これを借方と貸方に区分し，一定の記帳原則に基づいて記録するのである。

　複式簿記はすべての取引を資産・負債・純資産（資本）および費用・収益の増減・発生として二面的に把握し記録するもので，すべての取引を借方・貸方に分けて記入するいわゆる貸借平均の原則をもって記録し，そして借方・貸方に分けて記録した結果を総合し，これを左右均衡を保つところの一覧表（試算

表）にまとめる。この一覧表から経営成績を明らかにするところの損益計算書（Profit and loss statement；Income statement）と，企業の財政状態を示すところの貸借対照表（Balance sheet）を作成することができるのである。

　それゆえ損益の算定も，単式簿記のように財産計算をとおして間接的な計算によるほかに，本来の損益計算である収益と費用の対応による計算が行われる。いわゆる財産計算と損益計算とが並行して行われる。この両計算によって算出される損益は当然一致すべきものであり，この一致によって記録計算が正確に行われたか否かを検証することができる。この二面計算による自己検証ないし自己管理の統制的機能をもつところに複式簿記の最大の特徴がある。なお，損益はその発生の原因にまでさかのぼって詳細に示されるから企業の経営活動の実態を把握し，さらに経営管理を合理的にしようとする場合にはこの記帳方法が最適であり，今日営利企業だけでなく非営利企業においても複式簿記がその計算原理の複雑さにもかかわらず単式簿記に代わり，あるいは優先して用いられているのである。

【研究問題】
　1　簿記の意義およびその目的について述べなさい。
　2　複式簿記と単式簿記の特徴について説明しなさい。

第2章　簿記の基礎概念

第1節　複式簿記の原理

1　資本の循環過程

　営利企業はその目的である利潤を獲得するために，いくらかの資本を投入しなければならない。これを出資もしくは元入という。この資本の投下は機械，備品，建物，土地，営業権，債権などの貨幣以外の財産をもってこれにあてることができるけれども，一般には，貨幣をもってこれにあてることは周知のとおりである。前者を現物出資，後者を現金出資とよんでいる。

　いま，一定額の貨幣が投下されたとすると，その貨幣は企業の目的に従って，設備，原材料，商品などのような有形の財，人間の労働力のような無形の財など営業に役立つものに変わる。そしてこれらの財や労働力を消費することによって，新たな財あるいは役務を作り出し，これを社会に提供し，その代償として貨幣を受け取る。しかもそれは原則として以前より多額な貨幣となって回収される。投下資本はそのような増殖と循環の過程を繰り返すのである。

　資本運動は商業においては，投下された貨幣が商品に変えられ，この商品が販売され，再び貨幣として回収されるという流通過程として現れる。これを単純に図示すれば，つぎのごとくである。

$$G - W - W' - G'$$

　Gは貨幣であり，Wは商品または製品である。W′は企業が営利活動を行うことから，消費価値以上のものを獲得することは当然であり，Wの原価に対して利潤が付されている。そのW′を売却あるいは提供することによって再びもとの貨幣を受け入れるわけである。

　製造業の場合，商業と同じ流通過程のほかに，原材料，設備などの生産手段と労働力とを結合させて，さらに新たな生産物を産出し，もって価値の増殖を

はかるところの生産過程をも含むのである。いま資本の運動を産業資本の運動として図示すればつぎのごとくである。

$$G \longrightarrow W \begin{matrix} Pm \\ A \end{matrix} \cdots P \cdots W' \cdots \longrightarrow G'$$

G〔貨幣〕, W〔商品〕, Pm〔生産手段〕, A〔労働力〕, P〔生産〕, W′〔商品′〕, G′〔貨幣′〕

　企業は以上に示すような経営活動とともに，最初に投下した貨幣からより多くの貨幣への変化の過程を貨幣金額（貨幣計数）で記録計算し，それによって企業にとって最大の関心事である利潤の計算，すなわち，損益計算を第一の問題としてとらえなければならない。もちろん，損益計算はもっとも単純な条件のもとではきわめて簡単に把握することができる。すなわち，上掲の資本循環の公式についてみれば，利潤は，G′－G＝g により簡単に計算が可能である。

　簿記はこのような企業資本の価値と形態における変化の跡を勘定という特殊な記録手段によってとらえ，その変化の結果と原因について，期間的に計算表示するための会計方法であるといえよう。

2　資産と資本（負債および純資産）

　資産とは，企業の財産をその形態関係の面から言い表す用語であり，**資本**とは企業財産を所有関係の面から言い表す用語で，どちらも企業の複式簿記の出発点をなす用語である。すなわち，資産とは企業に投下された資金の運用形態を表し，資本は投下資金額の所有関係を表す用語である。それゆえ，企業の資産と資本はそれぞれ別個の存在を意味するものではない。たとえば，企業の資産が￥5,000,000あるということは企業の資本が￥5,000,000あるということと同じである。この関係を式で表すならばつぎのようになる。

資　産＝資　本
（￥5,000,000＝￥5,000,000）

　この結果，資産総額と資本総額は必ず等しくなるのであり，この貸借平衡関係は複式簿記の全体系をつらぬく基本原理であり，この関係が複式簿記という

言葉が生まれたものでもある。なお，企業がその資本増殖目的を達成するために所有する資産には，たんに企業主が出資したところの財産のみならず，他人から出資を仰いだ財産もある。したがって，上の平衡式はつぎのように書き改められる。

資産＝他人資本＋自己資本

　すなわち，資本はその源泉，所有形態から，他人資本と自己資本とに分けることができる。ここにいう他人資本とは一般に借入金などの債務により調達された資本であり，他方，自己資本は企業の出資者が自から出資したものである。この場合，簿記では自己資本をたんに純資産（資本）と称し，他人資本を負債とよぶのが普通である。ゆえにこの式はさらにつぎのように書き改めることができる。

資産＝負債＋純資産（資本）

　複式簿記における重要な財務諸表の一つである貸借対照表は，この公式によって企業の一時点における財政状態を表示したものである。それゆえ，この方程式を**貸借対照表等式**（Balance sheet equation）とよぶ。この式から，またつぎのような自己資本を計算することができる。

資産－負債＝純資産（資本）

　これを**純資産（資本）等式**（Capital equation）となづける。

　簿記上，自己資本のことを純財産または正味身代（Net worth）ともいう。簿記学説の一種に負債を財産の中に含める説がある。すなわち，財産を二分して積極財産（資産）と消極財産（負債）とし，この両者の差額を純財産（Net worth）または純資産（資本）とするもので，この考え方は簿記の目的が企業の自己資本を中心としたもので，企業の経営成績および財政状態を明らかにするという見解から生ずるのである。自己資本と負債との相違は法律的にみて前者が企業主の出資であるのに対し，後者は企業外部の債権者の出資であるという点にとどまり，どちらも，経営資本としての機能を有しているところにおいては異なるところがない。

3 貸借対照表

　ある一定時点における企業の資産，すなわち，現金・受取手形・売掛金・貸付金・商品・土地・建物などがどのように機能しているか，また当該企業の債務である負債，すなわち支払手形・買掛金・借入金・預り金などを明らかにする表を貸借対照表（Balance sheet : B/S）という。

　貸借対照表は上記のように資産の機能状態や負債および当該企業の調達源泉を明らかにするものである。企業の債務支払能力や企業の将来性を明らかにするものとして，貸借対照表は企業の財政状態を示す重要な表の一つである。

　それは前に述べた貸借対照表等式に基づいて，表の左側に資産を，右側に負債および純資産（資本）を記載して作成するものであるが，企業の資産および負債は経営活動によってたえず増減変化している。したがって，貸借対照表には，それに記載してある項目が何日現在のものであるかをはっきりと示すために作成年月日を必ず明記する。

　なお，貸借対照表には，期首（開始）時点で作成する期首（開始）貸借対照表と，期末時点で作成する期末貸借対照表がある。一般にいわれる貸借対照表は，期末貸借対照表をさす。期末時点（平成〇年12月31日）における貸借対照表のひな形を示すと次のとおり。

貸　借　対　照　表
平成〇年12月31日

資　　産	金　　額	負債および純資産	金　　額
現　　　　　金	90,000	支　払　手　形	70,000
当　座　預　金	100,000	買　　掛　　金	80,000
受　取　手　形	80,000	預　　り　　金	30,000
売　　掛　　金	120,000	借　　入　　金	100,000
貸　　付　　金	50,000	資　　本　　金	500,000
商　　　　　品	90,000	当　期　純　利　益	20,000
備　　　　　品	270,000		
	800,000		800,000

※ 「資本金」¥500,000は期首（開始）現在の純資産額のことである。
※ 「当期純利益」¥20,000は，次の公式から求められている（詳細は第5章第3節を参照のこと）

期末純資産額¥520,000－期首純資産額(資本金)¥500,000＝当期純利益¥20,000(期末純資産額¥520,000＝期末資産総額¥800,000－期末負債総額¥280,000)

4　費用・収益と損失・利益

　企業は営利を目的として経営活動を行うものである。**収益**とはこの経営活動にともなって得られる対価をいい，**費用**とは収益を得るために犠牲となった価値をいう。たとえば，¥1,000で仕入れた商品を¥1,200で売り上げたとしよう。この場合，商品の売上行為は当然ながら経営活動であり，この行為から得られた得意先からの対価は¥1,200である。すなわち収益は¥1,200なのである。また，費用は収益¥1,200を得るために犠牲となった価値，すなわち，当該¥1,200を得るために要した金額¥1,000が費用となる。

　また，仕入原価¥5,000の商品を¥6,000で売り上げ，代金を現金で受け取った場合，この例では，¥5,000の商品（資産）が減少するとともに，同額の売上原価（費用）が発生し，同時に¥6,000の現金（資産）が増加するとともに，同額の売上高（収益）が発生したことになる。一般に，収益の発生は資産の増加または負債の減少を引き起こし，費用の発生は資産の減少または負債の増加を引き起こす。したがって，費用・収益は資産の額から負債の額を控除することによって計算される純資産（資本）の増減変化をもたらす原因となることが理解できる。

　また前例の取引について収益¥6,000と費用¥5,000を比較してみると収益が¥1,000多い。その多い部分を利益といい，その反対に費用が収益より多い場合には，その差額を損失という。したがって，利益はそれだけ純資産（資本）の増加をもたらし，損失はそれだけ純資産（資本）の減少をもたらすのである。

　なお，このような利益・損失の計算は個々の取引ごとに計算されず，通常一会計期間における収益の総額と費用の総額を集計して計算される。その計算は

次のように示される。

　　収益総額－費用総額＝純利益（マイナスの場合　純損失）

5　損益計算書

　ある一定期間における収益と費用を集めてその差額として利益を求める計算書を損益計算書（Profit and loss statement：P/L）という。すなわち一定期間における経営活動には純資産（資本）の増加・減少および，その原因である費用・収益の発生がともなうのである。費用は収益をあげるための努力状況を示し，また収益はその努力に対する効果を示すものである。そのため，損益計算書は企業の業績を測定するうえでもっとも重要な財務資料である。

　損益計算書の作成は，前に掲げた利益の計算式，すなわち
　　　収益総額－費用総額＝純利益　を
　　　費用総額＋純利益＝収益総額
に変形した等式（**損益計算書等式**という）をもとにして作成する。

　損益計算書は一定時点における費用・収益ではなく，一定期間における費用・収益を記載し，純損益の計算・表示をする。したがってその日付は費用・収益の一会計期間を記載する。

　損益計算書（会計期間は平成〇年1月1日から平成〇年12月31日までとする）の雛型を示すならばつぎのとおりである。なお当期純利益は朱記をもって示す。

損　益　計　算　書
自平成〇年1月1日　至平成〇年12月31日

費　　　用	金　　額	収　　　益	金　　額
給　　　　料	130,000	商 品 売 買 益	254,000
修　理　費	20,000	受 取 手 数 料	6,000
支　払　家　賃	45,000		
支　払　利　息	3,000		
雑　　　費	42,000		
当 期 純 利 益	20,000		
	260,000		260,000

【研究問題】

1 複式簿記の本質に照らして，これが企業財産の計算書的管理機能をもつゆえんを説明しなさい。
2 純資産（資本）方程式の意味を簡単に述べなさい。
3 つぎの資料を資産，負債に区分し，かつ純資産（正味財産）の額を計算しなさい。なお期首時点の純資産額は￥500,000である。

（資　料）
平成○年12月31日

売　掛　金	￥100,000	備　　　品	￥300,000	現　　　金	￥400,000
借　入　金	￥500,000	貸　付　金	￥200,000	買　掛　金	￥240,000
受　取　手　形	￥160,000	建　　　物	￥380,000	支　払　手　形	￥100,000
預　り　金	￥ 40,000

4 3の資料に基づき，貸借対照表を作成しなさい。
5 次の資料を費用，収益に区分し，純損益を計算しなさい。

（資　料）
平成○年1月1日から平成○年12月31日

| 受取手数料 | ￥ 80,000 | 支払家賃 | ￥ 60,000 | 給　　料 | ￥450,000 |
| 支払保険料 | ￥ 25,000 | 商品売買益 | ￥622,000 | 支払利息 | ￥ 7,000 |

6 5の資料に基づき，損益計算書を作成しなさい。

第3章 取　　引

第1節　取引の意義および種類

1　取引の意義

　簿記は企業の資産・負債・純資産(資本)についての増減変化を記録する技術であり，記録の対象となる事項を簿記上の取引 (Transaction) という。簿記上の取引は，日常の経済用語としての取引とほぼ一致するが細かい点では異なっている。すなわち，現金による出資(元入)，商品の売買，金銭の貸借，給料の支払，手数料の受取などは，企業の資産・負債・純資産(資本)などに増減変化を生ずるから**簿記上の取引**である。また，これらは同時に日常用語としての取引でもある。ところが，企業が機械や建物を借り入れた場合，商品の注文を受けた場合および仕入の予約を行った場合などは，日常の経済用語では取引といわれるが簿記上では取引とはいわない。なぜならば，これらは企業の資産・負債・純資産(資本)などに増減変化を生じないからである。

　なおまた，企業の所有する商品や備品を盗まれたり，火災などでその所有する機械や建物などが焼失した場合には，企業のもつ資産に増減変化を生ずるから，簿記上はこれを取引として記録する。しかるにこのような事項は，通常は取引とはいわれないものである。

　それゆえに簿記上の取引は，日常の経済用語としての取引よりも，ある面では広く，また，ある面では狭く用いられる。それは簿記上の取引の中には，自然現象あるいは第三者の行為による資産・負債・純資産(資本)の増減変化を含むのに対して，日常の取引は両当事者間の意思によって行われる人間行為を指すものだからである。

　簿記上における取引が，以上のように資産・負債・純資産(資本)などに増減変化を生ずるものに限定されるのは，帳簿に記入できるものに限られるからで

ある。

2 取引の種類

簿記上の取引は，簿記手続の順序または記入の順序に従って，**開始取引**，**普通取引**，**決算取引**に分けられる。

(1) 開始取引 (Opening transaction)

開始取引とは（ⅰ）会社を設立し，記帳を始めようとする場合の取引，（ⅱ）すでに簿記による記帳が行われているがいったん帳簿を締め切った後，新たに記帳の記入を始めようとする取引，この二つを含む。

なお，会社を新たに設立すると同時に行われる開始取引のことを，とくに開業取引ということもある。

この取引開始は，たんに帳簿上で行われる記帳手続の必要から生まれる取引であって，企業と外部との間に行われる資産・負債・純資産(資本)などの増減をともなう取引でもなければ，企業内部で発生する資産・負債・純資産(資本)などの 増減変化の取引でもない。むしろ，すでに 存在する資産・負債・純資産(資本)などの在高を確定するにとどまる取引である。このような開始取引の記帳のことを，開始記入 (Opening entry) という。

(2) 普通取引 (Proper transaction)

普通取引は，これを日常取引または，営業取引ということもある。日常行われる営業上の取引 (Business transaction) は，すべてこれに属する。したがって，この取引は企業の対外取引はむろんのこと，その内部取引など，日常発生するすべての取引を含むものである。

(3) 決算取引 (Closing transaction)

決算取引とは，事業年度末（会計年度末）の決算に際して，資産・負債・純資産(資本)などの在高の確定を示し，期間損益を算定し，帳簿の締切などを行うための手続上の必要から生まれる取引である。

この取引もまた企業と外部との取引でもなければ，その内部における資産・負債・純資産(資本)などの増減変化を示す取引でもない。期間損益を計算する

ための記帳技術上の要求に基づいて行われる取引である。

つぎに取引について，その結果が，資産・負債・純資産（資本）・損失・利益にどのように変化が生じたかによって，取引をさらにつぎのごとく**交換取引**，**損益取引**，**混合取引**に分類することができる。

(1) 交換取引（Exchange transaction）

交換取引は交替取引ともいい，損失・利益の発生をともなわない取引をいう。交換取引はこれをさらに細かく区分することができる。

　a) 資産相互間の交換取引

　　たとえば，商品・備品等を買い入れ，代金を現金で支払った取引

　b) 資産，負債相互間の交換取引

　　たとえば，商品を掛で仕入れた取引

　c) 負債相互間の交換取引

　　たとえば，債務の書替を行った取引

　d) 資産，純資産（資本）間の交換取引

　　たとえば，資本主が現金を元入し，または現金で純資産（資本）を引き出した取引

このほか，負債・純資産（資本）間の取引，純資産（資本）相互間の取引などがある。

(2) 損益取引（Revenue transaction）

損益取引とは取引の全額が損失の発生または利益の発生となる取引をいう。

たとえば，手数料を現金で受け取った取引は利益取引であり，給料，雑費などを現金で支払った取引は損失取引である。

(3) 混合取引（Mixed transaction）

混合取引は広い意味での交換取引ともいい，一取引のうちに交換取引と損益取引とが混合している取引をいうのである。

たとえば，¥20,000で仕入れた商品を¥24,000で現金で売却した場合，その取引を，¥20,000の商品を売って¥20,000の現金で受け入れた部分と，別に¥4,000の売買益を現金で受け入れた部分とに分けて考えてみることができる。

この場合，前の部分は資産相互間の交換取引であり，後の部分は損益取引である。したがって，この取引は混合取引である。

3 取引の二重性

簿記は取引を記帳の対象とするから，まず，取引の性質が明らかにされなければならない。取引が発生すると，資産・負債・純資産（資本）・費用および収益に変動を及ぼす。このとき，必ず二つの方面に同額の作用が生ずる。これを取引の二重性という。たとえば，商品￥50,000を掛で仕入れた取引では，(イ)商品という資産の増加と，(ロ)買掛金である負債の増加とが生じ，また，現金￥5,000,000を出資して開業した取引は，(イ)現金という資産の増加と，(ロ)資本金の増加とが起こる。このように取引の二重性は簿記上のすべての取引に共通のものとして表れ，複式簿記は取引に存在するこのような特性を広く利用した記帳法にほかならないのである。

4 取引の構成要素

取引が資産・負債・純資産（資本）・費用・収益に増減変動を与えるにあたっては，必ず二方面において同額の作用が生ずる。すなわち，取引の結果，資産・費用に増加または減少が起これば，負債・純資産（資本）・収益にもまた同額の増加または減少が生じ，反対に負債・純資産（資本）・収益に増加または減少が起これば資産・費用にもまた同額の増加または減少が生ずるのである。

このように，すべての取引は相反する要素から構成されている。

(1) 交 換 取 引
 1 備品￥150,000を現金で買い入れた。
  備品（資産）増加￥150,000――現金（資産）減少￥150,000
 2 商品￥200,000を掛で仕入れた。
  商品（資産）増加￥200,000――買掛金（負債）増加￥200,000
 3 借入金￥100,000を現金で支払った。
  借入金（負債）減少￥100,000――現金（資産）減少￥100,000

4　神奈川商店の買掛金￥100,000を埼玉商店から現金を借り入れて支払った。

　　買掛金（負債）減少￥100,000――借入金（負債）増加￥100,000

5　事業主が現金￥300,000を元入し開業した。

　　現金（資産）増加￥300,000――資本金（純資産）増加￥300,000

(2)　損 益 取 引

6　給料￥200,000を現金で支払った。

　　給料（費用）発生￥200,000――現金（資産）減少￥200,000

7　手数料￥7,000を現金で受け取った。

　　現金（資産）増加￥7,000――受取手数料（収益）発生￥7,000

(3)　混 合 取 引

8　原価￥60,000の商品を￥65,000で売却し，代金を現金で受け取った。

　　現金（資産）増加￥65,000――　商品（資産）減少　　￥60,000
　　　　　　　　　　　　　　　　　商品売買益（収益）発生￥ 5,000

以上に示す各種の取引により資産・負債・純資産・費用・収益に生じた増減関係を図示するとつぎのようになる。

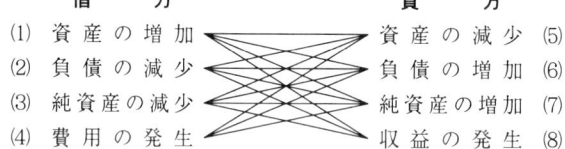

```
　　　　　　　借　　方　　　　　　　　　貸　　方
　　(1)　資 産 の 増 加　　　　　　　資 産 の 減 少　(5)
　　(2)　負 債 の 減 少　　　　　　　負 債 の 増 加　(6)
　　(3)　純資産の減少　　　　　　　　純資産の増加　(7)
　　(4)　費 用 の 発 生　　　　　　　収 益 の 発 生　(8)
```

図の左右両側に掲げられる各項目は取引要素である。なお，左側は借方要素，右側は貸方要素とよび，この取引構成要素が八つより成り立っているところから，この結合関係を**取引の8要素**という。すべての取引は，必ずこれら8要素中の相対立する二つまたは二つ以上が結合して成り立つものであり，決して同一側の要素と結合しない。このような取引構成要素の結合関係が存在するのは，複式簿記が資産・負債・純資産（資本）・収益・費用を，資産(A)＝負債(P)＋純資産(資本)(K)なる基本的等式関係に基づいて，二重に記帳計算する結果である。

また取引の対立関係と勘定記入法則の二つを総合して考えると，すべての取引について，ある勘定の借方にある金額が記入されると，それと同一金額が必ず他のいずれかの勘定の貸方にも記入されることがわかる。このようにすべての取引は一つの勘定の借方と，他の勘定の貸方とに同一金額で記入されるので，勘定全体において，貸・借両側の金額が必ず一致する。これを**貸借平均の原則**といい，複式簿記の基本となるものである。

【研究問題】

1　取引の意義について説明しなさい。
2　取引の種類について述べなさい。
3　取引の二重性について述べなさい。
4　次の取引につき，取引要素の対立関係を示しなさい。
　(A)　火災保険料¥5,000を現金で支払った。
　(B)　貸付金¥100,000および利息¥3,000の合計¥103,000を現金で受け取った。
　(C)　商品¥120,000を仕入れ，代金のうち半額は現金で支払い，残りは掛とした。
5　つぎの事項は簿記上の取引であるか否か，取引であれば，交換取引，損益取引，混合取引のいずれに属するかを判定しなさい。
　　(A)現金を元入して営業を始めた。(B)営業用として建物を借りた。(C)店員を雇い入れた。(D)商品を買い入れる契約をした。(E)商品の一部が盗難にあった。(F)得意先から商品の注文を受けた。(G)家賃を現金で支払った。(H)商品を原価（cost）以下の値段で売却した。(I)倉庫会社に商品を預けた。

第4章　仕訳帳および元帳

第1節　仕訳および仕訳帳

1　仕訳の意義

　取引の記録計算は，元帳内に設けられている各勘定口座に記入すべきものであるが，日常，頻繁に発生する取引をそのたびに直接記入すると記入もれや誤謬が生ずる。したがって取引を借方・貸方のそれぞれの要素に分解する，仕訳手続が行われるのである。これにより必ず貸借は一致し，その合計額も貸借一致するのである。これを貸借平均の原則という。以下，具体例をもって説明しよう。

〔例1〕　机・いすなどの営業用備品¥100,000を現金で購入した。

　この取引は，備品という資産の増加と，現金という資産の減少に分けることができる。資産の増加は借方記入，資産の減少は貸方記入であるから，備品勘定の借方と現金勘定の貸方に記入することになる。したがって，この仕訳はつぎのようになる。

　　　（借）備　　　　品　　100,000　　（貸）現　　　　金　　100,000

〔例2〕　商品¥150,000を仕入れ，代金は掛とした。

　この取引は，商品という資産の増加と，買掛金という負債の増加に分けられる。負債の増加は貸方記入であり，よって商品勘定の借方と買掛金勘定の貸方に記入することになる。したがって，この仕訳はつぎのようになる。

　　　（借）商　　　　品　　150,000　　（貸）買　掛　金　　150,000

〔例3〕　給料¥200,000を現金で支払った。

　この取引は，給料という費用の発生と，現金という資産の減少に分けることができる。費用の発生は借方記入であるから，給料勘定の借方と現金勘定の貸方に記入することになる。したがって，この仕訳はつぎのようになる。

(借) 給　　　料　 200,000　 (貸) 現　　　金　 200,000

〔例4〕 原価￥40,000の商品を￥45,000で売却し，代金は掛売りとした。

　この取引は，売掛金という資産の増加と，商品という資産の減少および商品売買益という収益の発生に分けることができる。収益の発生は貸方記入であるから，掛売り，すなわち売掛金勘定の借方と商品勘定および商品売買益勘定の貸方に記入することになる。したがって，この仕訳はつぎのようになる。

　　(借) 売　掛　金　 45,000　 (貸) 商　　　品　 40,000
　　　　　　　　　　　　　　　　　　商 品 売 買 益　 5,000

2　仕訳帳の意義

　複式簿記においては，取引を勘定口座に記入する準備手段として，まず取引を各勘定に分けて，借方・貸方に対置（仕訳）する。そしてこれを各要素別に適当なる名称，すなわち，勘定科目と金額を仕訳帳（Journal）という帳簿に記入するのである。

　仕訳帳とは，一切の取引をその発生順に従って仕訳記帳し，その結果を元帳のそれぞれの勘定口座へ移記するための準備的帳簿であると同時に各々の取引の永久的日記帳でもある。このように仕訳帳には取引のすべてがその発生順に記入されるため，企業の日記ともいうべき記録が作成されることになる。仕訳帳は，あとで述べる総勘定元帳（General ledger）とともに主要帳簿（Main books）とよばれる。

　なお，その形式には一般につぎの2種類のものがある。前者を一方式あるいは報告式とよび，後者を双方式あるいは勘定式という。通常，前者が多く採用されている。本書における仕訳帳は特定の場合を除き，一方式仕訳帳によることとする。

仕　訳　帳

(一方式) 　　　　　　　　　　　　　　　　　　　　　　　　〇ページ

日	付	摘　　　　要	元丁	借　　方	貸　　方
5	1	(現　　金)	1	1,000,000	
		(資 本 金)	18		1,000,000
		現金を元入して営業を始める			
	3	(商　　品)	3	80,000	
		(現　　金)	1		80,000
		商品を現金で購入する			

仕　訳　帳

(双方式) 　　　　　　　平成〇年5月1日　　　　　　　　　　〇ページ

借　　方	元丁	摘　　　　要	元丁	貸　　方
1,000,000	1	(現　金)　(資 本 金)	18	1,000,000
		現金を元入して営業を始める		
		────3日────		
80,000	3	(商　品)　(現　　金)	1	80,000
		商品を現金で購入する		

3　仕訳帳への記入要領

　仕訳帳へ記入する場合には，事前にその取引のあった事実を伝票，納品書，受領証，送り状，手形などの証拠類によって確認し，取引の内容を判断し，個々に仕訳を行う。多数の取引を一つの取引にまとめて行う仕訳は絶対に避けなければならない。

　以下，仕訳帳への記入について箇条書にて示そう。

(1)　日付欄には取引の発生日を記入する。
(2)　摘要欄には仕訳および小書を記入する。
(3)　一つの取引の仕訳および摘要記入が終わったときは，この後に起こる取引の記入と区別するために，小書の下に赤の単線を1本引く。
(4)　仕訳は摘要欄の中央より左側に借方勘定科目を記入する。勘定科目はこ

れを明瞭に示すため括弧をつける。このとき勘定科目が二つ以上の場合は，それらの勘定科目の上に「諸口」と書く。

(5) 借方金額欄には借方勘定科目の金額を書く。

(6) 摘要欄の中央より右側に借方勘定科目より一段下げて貸方勘定科目を記入する。勘定科目はこれを明瞭にするため括弧をつける。このとき勘定科目が二つ以上の場合は，これらの勘定科目の上に「諸口」と書く。

(7) 貸方金額欄には貸方勘定科目の金額を書く。

(8) 摘要欄の仕訳記入の下の行に，取引の内容を簡潔明瞭にやや小さく書く。これを「小書(こがき)」という。

(9) 元丁欄には，取引の内容を元帳の各科目の勘定口座に写し終わった場合に（これを転記という），元帳の何頁に転記したかを示すため元帳の頁数を記入する。そしてここに頁数が記入されていることは，転記が終了したことを示すことになる。

(10) 一つの取引の仕訳は決して2頁にまたがってはならない。1頁分の記帳が終わり，次頁に移るときは，その頁の最終行の金額欄の上部に朱の単線（小計線）を引き，その下にその頁の金額の合計を記入し，摘要欄右側に「次頁繰越」と記入する。また，次頁の最初の行の摘要欄右側に「前頁繰越」と記入し，前頁から繰り越された金額を記入する。

なお，「次頁繰越」とする前に余白が生じたときは，小計線を摘要欄の3分の2まで引き延ばし，その線の先端と余白が生じたところの最初の摘要欄の右端に斜線を引き，あとで書込などができないようにする。

(11) 一定期間の取引の全部の記入が終えたら，最後の取引を記入した次の行の金額欄の上部に合計線を引いて，その下に金額欄の合計額を記入する。そして合計額のすぐ下に複線の締切線を引く。

なお，締切線は日付欄にも引く。

以上のことを仕訳帳への記入済のものに番号を付すとつぎのようになる。

仕　訳　帳

平成○年		摘　要	元丁	借　方	貸　方
5	1	(備　品)	5	100,000	
		(現　　金)	1		100,000
		机・いす等を購入			
	10	諸　口　　諸　口			
		(現　金)	1	180,000	
		(売掛金)	3	250,000	
		(商　　品)	4		380,000
		(商品販売益)	15		50,000
		商品を一部現金，一部掛で売上		430,000	430,000
		次頁繰越			

(1), (2), (3), (4), (5), (6), (7), (8), (9), (10)

仕　訳　帳

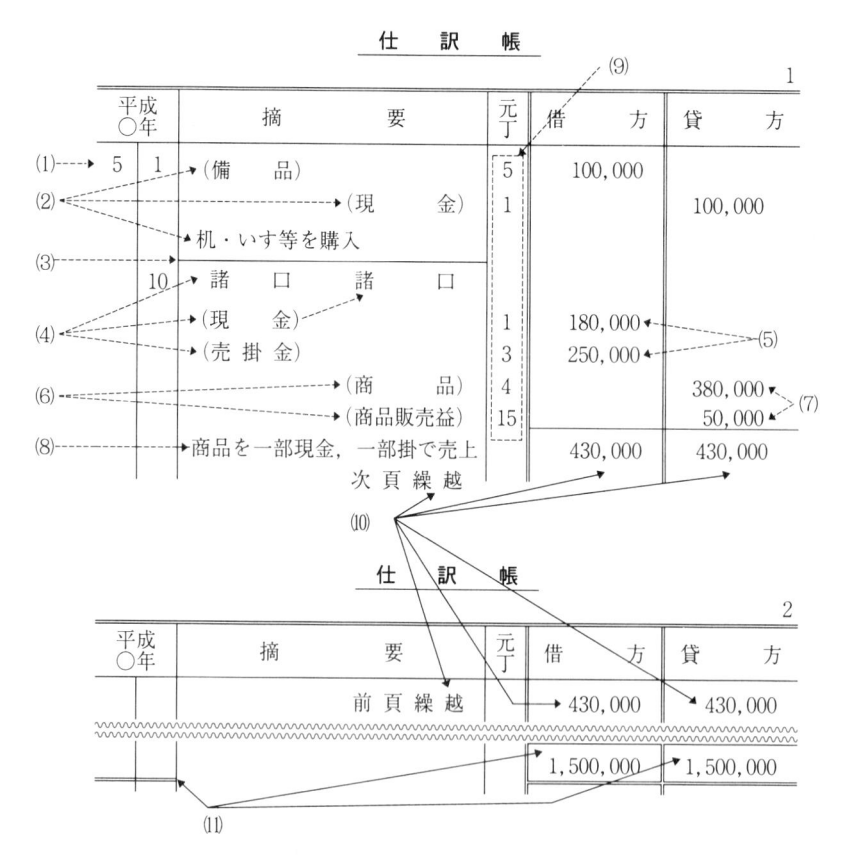

平成○年	摘　要	元丁	借　方	貸　方
	前頁繰越		430,000	430,000
			1,500,000	1,500,000

(11)

4　記帳上の注意事項

　帳簿に限らず，すべて書類の記入については誰もが読めるように正確，明瞭に記入する必要がある。とくに帳簿への記入についてはつぎの諸点に注意する。
　(1)　帳簿には，各頁に頁数をつける。
　(2)　帳簿のけい線は，原則として赤インクを用いて引く。またけい線は見出行の上部，金額欄の左右および締切線は複線とし，そのほかは単線となる。
　(3)　文字も数字も各行の線上に並べて書き，行間の上方はあけておく。これは訂正の場合に間違った文字や数字を消して，そのすぐ上のあいている個所に記入ができるようにするためである。文字の訂正は誤字のみを消すが，

数字の訂正はその数字全体を二本の朱の横線で消してその中央に訂正印を押し，すぐ上の余白に改めて書き直すのである．すなわち，つぎのごとくである．　5,480̶5,480̶

(4)　記帳能率をあげ，帳簿を見やすくするためにつぎのような符号を用いる．

　　¥ ………………………………円
　　✓ （check mark）………記帳済，照合済
　　@ （at）………………………単価，
　　# （number）………………No.（第　　号）
　　〃 （ditto）……………………上に同じ
　　a/c （Account）………………勘定

(5)　金額欄の数字は3桁ごとにコンマを区切って見やすくする．ただし，位取りのけい線があるときはその必要はない．

第2節　元帳への転記

1　元帳への転記

　仕訳帳への仕訳記入が終わると，つぎに元帳へ転記する．元帳は取引の記録を整理計算するための基本的な帳簿である．

　元帳は，すべての勘定口座を1冊の帳簿と，これを分冊するものとがある．前者を総勘定元帳といい，後者は分割元帳（分化元帳）という．現金，預金，売掛金，買掛金などの勘定は記入の量が多く，あるいは取引先別に記録計算をする必要から，一般に分冊するほうが便利である．

　分割元帳の場合には，分冊した元帳は総勘定元帳の一部，すなわち主要簿として用いられるのが普通である．分冊した元帳が総勘定元帳内の特定科目に対する内訳明細帳の場合には補助簿となる（補助簿については後述する）．

　総勘定元帳の形式には勘定式と残高式の2種類がある．勘定式は標準式ともよばれ，貸借の位置が区別され，転記上の誤謬が少ない点でまさっており，他方残高式は貸借欄のほかに，残高欄が設けられて，残高が常に算出される点に

おいてまさっている。一般的には残高式が多く使用されている。いまその両者の雛型を示そう。

（勘定式）　　　　　〇　〇　勘　定

平成〇年	摘要	仕丁	借方	平成〇年	摘要	仕丁	貸方

（残高式）　　　　　〇　〇　勘　定

平成〇年	摘要	仕丁	借方	貸方	借又は貸	残高

2　仕訳帳から元帳への転記要領

(1)　日付欄には仕訳帳の日付をそのまま記入する。

(2)　摘要欄への記入は仕訳の相手勘定科目を記入する。たとえば，ある取引の仕訳をつぎのとおりとしよう。

　　（借）商　　　　品　　100,000　　（貸）現　　　　金　　100,000

　　このような場合には，商品勘定の借方の摘要欄に「現金」と記入し，現金勘定の貸方の摘要欄には「商品」と記入する。なお，この場合，相手勘定科目が二つ以上あるときは「諸口」として記入する。

(3)　借方金額欄には仕訳帳の借方金額を，貸方金額欄には仕訳帳の貸方金額を記入する。

(4)　元帳の仕丁欄には仕訳帳の頁数を，仕訳帳の元丁欄には元帳の口座番号（元丁番号）または元帳の頁数をそれぞれ記入する。これは後日帳簿を照合するときに役立つ。

　　仕訳帳から元帳への転記したところを示せば次頁のとおりである。

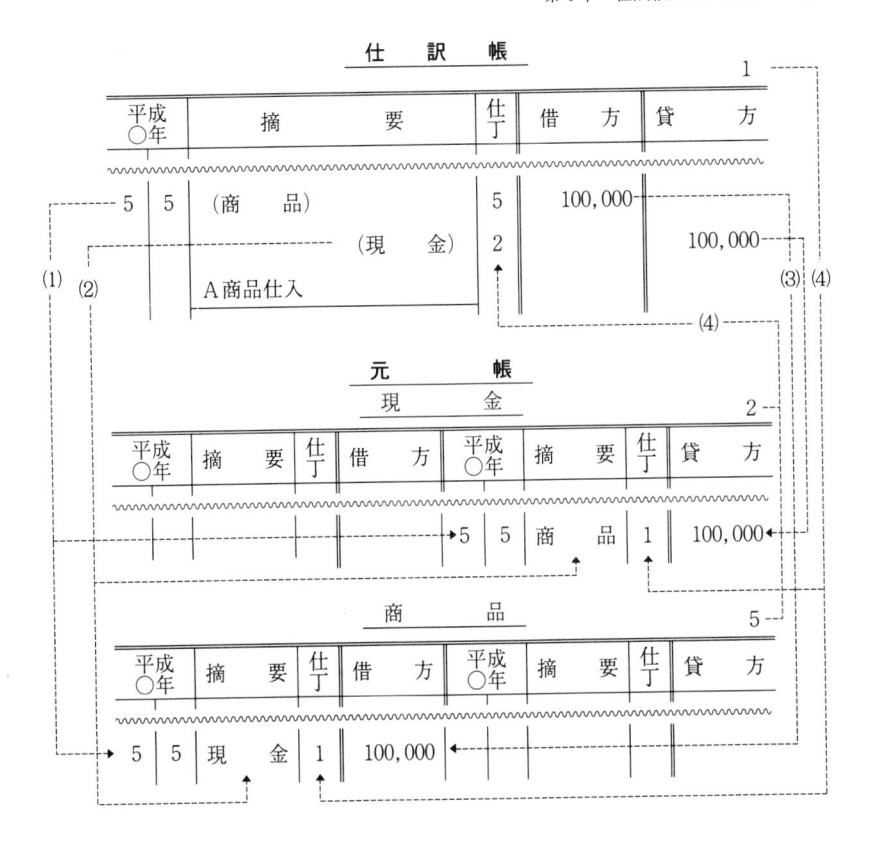

仕　訳　帳

1

平成○年	摘　　要	仕丁	借　方	貸　方
5 5	（商品）	5	100,000	
	（現　金）	2		100,000
	A商品仕入			

元　帳

現　金

2

平成○年	摘要	仕丁	借　方	平成○年	摘要	仕丁	貸　方
				5 5	商　品	1	100,000

商　品

5

平成○年	摘要	仕丁	借　方	平成○年	摘要	仕丁	貸　方
5 5	現　金	1	100,000				

(1) (2) (3) (4)

第3節　仕訳帳の記入と元帳への転記例

1　仕訳帳への記入例

以下，取引例によって仕訳帳に記入してみよう。

〔**取引例**〕（個人商店の商品売買業を例にとり，会計期間を仮に1カ月とする）
6月1日　下記資産および負債を前月より繰り越す（この取引に要する仕訳および新規開業の際の元入に関する仕訳を，とくに開始仕訳という）。

　　　繰　越　高
　　　現　　　　金　¥351,600　　備　　　　品　¥ 25,000
　　　売　掛　　金　¥350,000　　建　　　　物　¥800,000
　　　商　　　　品　¥435,500　　買　掛　　金　¥315,000

2日　大阪商店より商品を¥175,000で仕入れ代金は現金で支払う。

3日　埼玉商会に商品¥165,000（この原価¥140,000）を売却し，代金は掛とする。

6日　姫路商店より商品¥240,000を仕入れ，代金は掛とした。

8日　埼玉商会より売掛金の支払として，現金¥295,000を受け取る。

12日　京都商店より商品¥230,000を仕入れ，代金のうち半額は現金で支払い，残額は掛とした。

14日　姫路商店に対する買掛金のうち¥200,000を現金で支払う。

15日　店員に上半月分の給料¥20,000を現金で支払う。

17日　東京商会に商品¥300,000（この原価¥270,000）を売却し，代金は現金で受け取る。

19日　横浜商店に商品¥220,000（この原価¥185,000）を売却し，代金のうち¥120,000は現金で受け取り，残額は掛とした。

21日　横浜商店に対する売掛金のうち¥145,000を現金で受け取る。

24日　東京商会に商品¥146,000（この原価¥124,000）を売却し，代金は掛とする。

26日 つぎのとおり，買掛金を現金で支払う。

　　　大阪商店へ　¥60,000

　　　京都商店へ　¥80,000

29日 東京商会に対する売掛金のうち¥35,000を現金で受け取る。

30日 電気料および水道料¥4,000を現金で支払う。

〃　 店員に下半月分の給料¥20,000を現金で支払う。

仕　訳　帳

(1)

平成○年		摘　　　　要		元丁	借　方	貸　方
6	1	諸　　口	諸　　口			
		（現　　金）		1	351,600	
		（売　掛　金）		2	350,000	
		（商　　品）		3	435,500	
		（備　　品）		4	25,000	
		（建　　物）		5	800,000	
			（買　掛　金）	6		315,000
			（資　本　金）	7		1,647,100
			次頁繰越	✓	1,962,100	1,962,100

仕　訳　帳

(2)

平成○年		摘　　　　要	元丁	借　方	貸　方
		前頁繰越	✓	1,962,100	1,962,100
6	2	（商　品）	3	175,000	
		（現　金）	1		175,000
		大阪商店より仕入れる			
	3	（売掛金）　　諸　口	2	165,000	
		（商　品）	3		140,000
		（商品売買益）	8		25,000
		埼玉商会に売り渡す			
	6	（商　品）	3	240,000	
		（買掛金）	6		240,000
		姫路商店より仕入れる			
	8	（現　金）	1	295,000	
		（売掛金）	2		295,000
		埼玉商会より回収			
	12	（商　品）　　諸　口	3	230,000	
		（現　金）	1		115,000
		（買掛金）	6		115,000
		京都商店より仕入れる			
	14	（買掛金）	6	200,000	
		（現　金）	1		200,000
		姫路商店に支払う			
	15	（給　料）	9	20,000	
		（現　金）	1		20,000
		店員に上半月分支払う			
	17	（現　金）　　諸　口	1	300,000	
		（商　品）	3		270,000
		（商品売買益）	8		30,000
		東京商会に売り渡す			
	19	諸　口　　　諸　口			
		（現　金）	1	120,000	
		（売掛金）	2	100,000	
		（商　品）	3		185,000
		（商品売買益）	8		35,000
		横浜商店に売り渡す			
		次頁繰越	✓	3,807,100	3,807,100

仕　訳　帳

(3)

平成○年		摘　　　要	元丁	借　方	貸　方
6	21	前頁繰越	✓	3,807,100	3,807,100
		（現　　金）	1	145,000	
		（売 掛 金）	2		145,000
		横浜商店より回収			
	24	（売 掛 金）　　諸　口	2	146,000	
		（商　　品）	3		124,000
		（商品売買益）	8		22,000
		東京商会に売り渡す			
	26	（買 掛 金）	6	140,000	
		（現　　金）	1		140,000
		大阪商店と京都商店に支払う			
	29	（現　　金）	1	35,000	
		（売 掛 金）	2		35,000
		東京商会より回収			
	30	（水道光熱費）	10	4,000	
		（現　　金）	1		4,000
		電気料，水道料を支払う			
	〃	（給　　料）	9	20,000	
		（現　　金）	1		20,000
		店員に下半月分支払う			
				4,297,100	4,297,100

2　仕訳帳から元帳への転記例

　前節の1で示した取引例に従って，仕訳帳から総勘定元帳への転記の例についても考察する。

総勘定元帳

現　　金　　　　　1

平成○年		摘　要	仕丁	借　方	平成○年		摘　要	仕丁	貸　方
6	1	前 期 繰 越	1	351,600	6	2	商　　　品	2	175,000
	8	売 　掛　 金	2	295,000		12	〃	〃	115,000
	17	諸　　　口	〃	300,000		14	買 　掛 　金	〃	200,000
	19	〃	〃	120,000		15	給　　　料	〃	20,000
	21	売 　掛 　金	3	145,000		26	買　 掛 　金	3	140,000
	29	〃	〃	35,000		30	水道光熱費	〃	4,000
						〃	給　　　料	〃	20,000

売　　掛　　金　　　　　2

平成○年		摘　要	仕丁	借　方	平成○年		摘　要	仕丁	貸　方
6	1	前 期 繰 越	1	350,000	6	8	現　　　金	2	295,000
	3	諸　　　口	2	165,000		21	〃	3	145,000
	19	〃	〃	100,000		29	〃	〃	35,000
	24	〃	3	146,000					

商　　　品　　　　　3

平成○年		摘　要	仕丁	借　方	平成○年		摘　要	仕丁	貸　方
6	1	前 期 繰 越	1	435,500	6	3	売 　掛 　金	2	140,000
	2	現　　　金	2	175,000		17	現　　　金	〃	270,000
	6	買 　掛 　金	〃	240,000		19	諸　　　口	〃	185,000
	12	諸　　　口	〃	230,000		24	売 　掛 　金	3	124,000

備　　　品　　　　　4

平成○年		摘　要	仕丁	借　方	平成○年		摘　要	仕丁	貸　方
6	1	前 期 繰 越	1	25,000					

建　　　物　　　　　5

平成○年		摘　要	仕丁	借　方	平成○年		摘　要	仕丁	貸　方
6	1	前 期 繰 越	1	800,000					

買　掛　金　　　　　　　　6

平成○年		摘　要	仕丁	借　方	平成○年		摘　要	仕丁	貸　方
6	14	現　　金	2	200,000	6	1	前期繰越	1	315,000
	26	〃	3	140,000		6	商　　品	2	240,000
						12	〃	〃	115,000

資　本　金　　　　　　　　7

平成○年		摘　要	仕丁	借　方	平成○年		摘　要	仕丁	貸　方
					6	1	前期繰越		1,647,100

商品売買益　　　　　　　　8

平成○年		摘　要	仕丁	借　方	平成○年		摘　要	仕丁	貸　方
					6	3	売　掛　金	2	25,000
						17	現　　金	〃	30,000
						19	諸　　口	〃	35,000
						24	売　掛　金	3	22,000

給　　料　　　　　　　　　9

平成○年		摘　要	仕丁	借　方	平成○年		摘　要	仕丁	貸　方
6	15	現　　金	2	20,000					
	30	〃	3	20,000					

水道光熱費　　　　　　　　10

平成○年		摘　要	仕丁	借　方	平成○年		摘　要	仕丁	貸　方
6	30	現　　金	3	4,000					

【研究問題】
1　仕訳，仕訳帳および元帳について述べなさい。
2　つぎの取引を仕訳帳に記入し，元帳に転記せよ。なお，6月1日現在における財政状態はつぎのとおりであった。

現　　　金　￥200,000　　商　　　品　￥280,000　　建　　　物　￥1,500,000
売　掛　金　￥490,000　　買　掛　金　￥420,000　　借　入　金　￥120,000
資　本　金　￥1,950,000　銀　行　預　金　￥20,000

6月1日　商品の仕入原価￥70,000を￥95,000で売却し，代金は現金で受け取った。
　3日　買掛金￥80,000を現金で支払う。
　4日　建物を修繕し，修繕代として￥50,000を現金で支払う。
　8日　商品￥30,000を掛で仕入れる。
　10日　テレビを￥60,000で購入し，代金は現金で支払う。
　13日　商品￥100,000を￥140,000で売却し，代金のうち￥40,000は現金で受け取り，残額は掛とした。
　15日　売掛金￥310,000を現金で回収した。
　16日　事務用品￥2,000を購入し，現金で支払う。
　18日　借入金￥70,000を現金で支払う。
　21日　給料￥80,000を現金で支払う。
　24日　現金￥25,000を銀行預金とした。
　26日　電気，ガス代￥4,500を現金で支払う。
　27日　銀行預金￥10,000を引き出し，直ちに買掛金の支払にあてた。
　30日　借入金の利息￥500を現金で支払う。

3　つぎの仕訳から取引を推定せよ。
　(a)　(借)　資　　本　　金　　300,000　　(貸)　現　　　　　金　　100,000
　　　　　　　　　　　　　　　　　　　　　　　商　　　　　品　　200,000
　(b)　(借)　商　　　　　品　　250,000　　(貸)　現　　　　　金　　150,000
　　　　　　　　　　　　　　　　　　　　　　　買　　掛　　金　　100,000
　(c)　(借)　売　　掛　　金　　150,000　　(貸)　商　　　　　品　　135,000
　　　　　　　　　　　　　　　　　　　　　　　商　品　売　買　益　15,000
　(d)　(借)　買　　掛　　金　　2,700　　(貸)　商　　　　　品　　2,700

第5章　試算表と精算表

第1節　試　算　表

1　試算表の意義

　日常の取引記録の結果は，これをまとめて一会計期間の経営成績を明らかにし，あるいは一定時点における企業の財政状態を明らかにする。簿記はこのような記録の結果を集計し整理する手続を決算という。すなわち，日常発生した取引は仕訳帳に記入し，それを元帳へ転記するが，その場合に仕訳帳に記入した仕訳が元帳へ正確に転記されているか否か確かめておく必要がある。この検証手段として，元帳の各勘定口座のそれぞれの合計金額を集めて一覧表を作成する必要がある。これを**試算表**（Trial balance）という。元帳における諸勘定口座の記録は，たんに仕訳帳の仕訳金額を貸借そのままに写し替えたものにすぎないから，これらの各勘定口座の借方合計と貸方合計とは，常に平均しなければならない。またその金額は仕訳帳の営業取引終了後の締切金額とも一致しなければならない。そこでもしも試算表の借方合計と貸方合計とが平均しなかったり，あるいはそれらの金額と仕訳帳の締切金額とが一致しなかったりするときは，元帳の記入に必ず誤りがあるはずである。これを調査して訂正しなければならない。そのためには一般につぎのような手続がとられる。

① 試算表の合計金額そのものに間違いがないかその正否を検算する。
② 元帳における各勘定口座の残高または合計金額の正否を検算する。
③ 試算表における各勘定科目の金額を元帳における当該勘定口座の金額と照合する。
④ 仕訳帳の元丁欄をよく吟味して，丁数脱落の有無を調べる。
⑤ 元帳における各勘定口座の前期繰越金額と前期末貸借対照表金額と照合してみる。

⑥ 貸借不一致の差額と同一の金額が仕訳帳にあるときは，その金額の転記もれの有無を検査する。
⑦ 貸借不一致の差額が偶数である場合には，これを2で除した金額が同一側に転記されていることがあるので，これを検査する。
⑧ 貸借不一致の差額が9で除しうる場合には，たとえば，6,900を690と誤記し位取りを誤っているか，あるいは670を760と記入し数字の転置によることがあるので，その有無を検査する。
⑨ 以上の手続によっても，なお誤謬が発見できない場合は，仕訳帳と元帳における各勘定口座の記入をいちいち詳細に照合しなければならない。

しかし，試算表の合計金額が貸借一致したとしても，これによって元帳の記録が絶対に正確であるということはできない。つぎのような誤りは，これを発見することができないので注意しなければならない。

① 取引そのものが仕訳帳においてすでに誤記，脱漏または二重記入した場合
② 仕訳帳から元帳への転記において，貸借双方の転記落，または二重転記した場合（ただしこの誤りは，仕訳帳が分割された場合）
③ 転記すべき勘定口座を間違えて他の口座へ記入した場合
④ 同一仕訳の借方と貸方とを誤って反対に転記した場合
⑤ 二組以上の誤りが偶然に相殺された場合

2 試算表の種類

試算表は，その内容により分類すると，つぎの三つに区分される。

その第1は**合計試算表**といわれるものであって，元帳の各勘定口座の借方金額合計と貸方金額合計とをそれぞれ集めて作成したものである。次に，第4章第3節の例を用いて示すとつぎのとおりである。

合 計 試 算 表
平成〇年 6 月30日

借　　方	元丁	勘 定 科 目	貸　　方
1,246,600	1	現　　　　　金	674,000
761,000	2	売　　掛　　金	475,000
1,080,500	3	商　　　　　品	719,000
25,000	4	備　　　　　品	
800,000	5	建　　　　　物	
340,000	6	買　　掛　　金	670,000
	7	資　　本　　金	1,647,100
	8	商 品 売 買 益	112,000
40,000	9	給　　　　　料	
4,000	10	水 道 光 熱 費	
4,297,100			4,297,100

その第2は，**合計残高試算表**といわれるものである。これは元帳の各勘定口座の借方金額合計と貸方金額合計およびこの両者の差額（残高）を記入するものである。上記の例を用いて示すと次のとおりである。

合 計 残 高 試 算 表
平成〇年 6 月30日

残　　高	借方合計	元丁	勘 定 科 目	貸方合計	残　　高
572,600	1,246,600	1	現　　　　　金	674,000	
286,000	761,000	2	売　　掛　　金	475,000	
361,500	1,080,500	3	商　　　　　品	719,000	
25,000	25,000	4	備　　　　　品		
800,000	800,000	5	建　　　　　物		
	340,000	6	買　　掛　　金	670,000	330,000
		7	資　　本　　金	1,647,100	1,647,100
		8	商 品 売 買 益	112,000	112,000
40,000	40,000	9	給　　　　　料		
4,000	4,000	10	水 道 光 熱 費		
2,089,100	4,297,100			4,297,100	2,089,100

その第3は，**残高試算表**である。これは元帳の各勘定口座における借方金額合計と貸方金額合計との差額（残高）のみを記入するもので，上記例を用いて作成するとつぎのとおりである。

残高試算表

平成○年6月30日

借　　　方	元丁	勘 定 科 目	貸　　　方
572,600	1	現　　　　　金	
286,000	2	売　　掛　　金	
361,500	3	商　　　　　品	
25,000	4	備　　　　　品	
800,000	5	建　　　　　物	
	6	買　　掛　　金	330,000
	7	資　　本　　金	1,647,100
	8	商 品 売 買 益	112,000
40,000	9	給　　　　　料	
4,000	10	水 道 光 熱 費	
2,089,100			2,089,100

第2節　精　算　表

　残高試算表は元帳の各勘定残高を集めて作成したものであり，元帳の縮図でもある。元帳の縮図である残高試算表から貸借対照表と損益計算書を作成する過程を一つの表にまとめたものを**精算表**（Work-sheet；Working-sheet）という。精算表は，元帳から貸借対照表・損益計算書を作成する前に，その手引として作成されるのである。

　すなわち決算の記入の手続は複雑であるから記入の途中で誤りを犯す場合も決して少なくない。また，企業の財務政策上の事由から，決算整理を政策的に操作する必要も実務上きわめて多い。こうした事情から，決算をいきなり帳簿の上で行うと，訂正記入が頻発し帳簿の記入を複雑不明瞭にする危険も多く発生する。そこで，決算手続上帳簿決算に先立ち，あらかじめ精算表を作成することは重要なことであるといえる。精算表の形式には，一般に(1)六桁式精算表，(2)八桁式精算表，(3)十桁式精算表がある。

　(1)**六桁式精算表**とは，精算表のうちもっとも単純なもので，貸借各二欄を有する残高試算表，損益計算書および貸借対照表からなる。この精算表を作成す

るには，(ア)元帳の残高を残高試算表欄に転記する。(イ)残高試算表欄の各勘定科目の金額のうち，損益に属する科目の金額を損益計算書欄に，資産・負債・純資産（資本）に属する科目の金額を貸借対照表欄に転記する。(ウ)損益計算書欄および貸借対照表欄の貸借差額をそれぞれ当期純利益（または当期純損失）として，金額の少ない側へ記入し，各欄の借方，貸方をそれぞれ合計して締め切る。

六桁式精算表の雛型を示すならば，つぎのごとくである。

精　算　表

平成〇年〇月〇日

勘定科目	残高試算表		損益計算書		貸借対照表	
	借方	貸方	借方	貸方	借方	貸方

(2) **八桁式精算表**とは，残高試算表欄，整理記入欄，損益計算書欄，貸借対照表欄からなり，通常もっとも広く使用されているものである。この精算表はつぎの順序で作成される。(ア)元帳の各勘定口座により残高試算表を作成し，この金額を精算表の残高試算表欄に記入する。(イ)商品勘定の整理や建物・備品などの減価償却費の計算などの決算整理のための仕訳を整理記入欄に記入する。このため新たに生ずる勘定科目は勘定科目欄に追加記入する。(ウ)残高試算表欄にある損益に属する各勘定残高に整理記入欄の金額を加減（試算表の金額と同じ側の金額は加え，反対側にある金額は差し引き）して，その金額は損益計算書欄に記入する。(エ)残高試算表欄の資産・負債・純資産（資本）の各勘定残高に整理記入欄の金額を加減した金額を，貸借対照表欄に記入する。(オ)損益計算書欄および貸借対照表欄では貸借差額を当期純利益（または当期純損失）として金額の少ない側に記入する。各欄の借方金額および貸方金額をそれぞれ合計して締め切る。この八桁式精算表の雛型を示すとつぎのとおりである。

精 算 表

平成○年○月○日

勘定科目	残高試算表		整理記入		損益計算書		貸借対照表	
	借方	貸方	借方	貸方	借方	貸方	借方	貸方

(3)**十桁式精算表**について考察すると，これは，整理記入（修正記入欄）欄と損益計算書欄との間に，さらに整理後試算表を挿入したもので，もっとも詳細な精算表であるといえる。

十桁式精算表の作成方法としては，(ア)まず，元帳の各勘定口座の残高を残高試算表欄へ転記する。(イ)つぎに種々の勘定で行われる修正記入について，これを整理記入欄（修正記入欄）に記入する。(ウ)つぎに，各勘定の整理記入後の残高を整理後試算表欄に記転する。

この整理後試算表から損益計算書欄および貸借対照表欄に記入し，貸借差額は当期純利益（または当期純損失）として金額の少ない側に記入する。この場合の手続は六桁式精算表の場合とまったく同じである。つぎにその雛型を示そう。

精 算 表

平成○年○月○日

勘定科目	残高試算表		整理記入		整理後試算表		損益計算書		貸借対照表	
	借方	貸方	借方	貸方	借方	貸方	借方	貸方	借方	貸方

前節で掲げた残高試算表に基づいて作成した六桁精算表はつぎのとおりである。

精　算　表
平成○年6月30日

勘定科目	残高試算表 借方	残高試算表 貸方	損益計算書 借方	損益計算書 貸方	貸借対照表 借方	貸借対照表 貸方
現　　　　金	572,600				572,600	
売　掛　金	286,000				286,000	
商　　　　品	361,500				361,500	
備　　　　品	25,000				25,000	
建　　　　物	800,000				800,000	
買　掛　金		330,000				330,000
資　本　金		1,647,100				1,647,100
商品売買益		112,000		112,000		
給　　　　料	40,000		40,000			
水道光熱費	4,000		4,000			
当期純利益			68,000			68,000
	2,089,100	2,089,100	112,000	112,000	2,045,100	2,045,100

第3節　複式簿記の構造

　前節の精算表において，損益計算書と貸借対照表の純利益がともに￥68,000となった。その関係を図に示すとつぎのようになる。

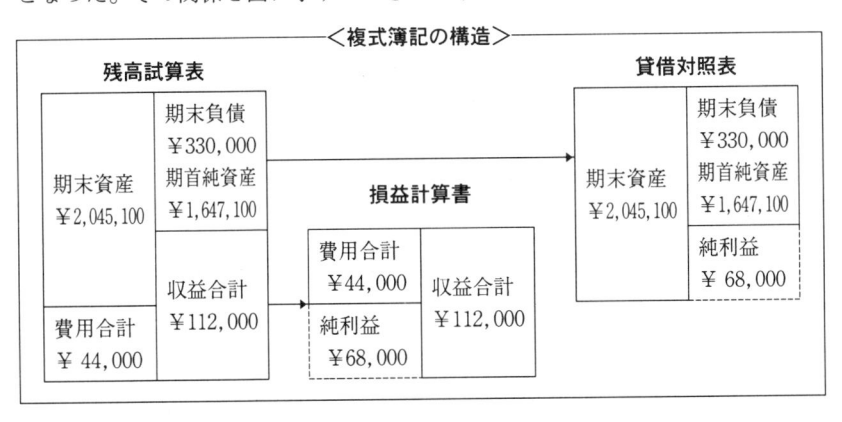

―――＜複式簿記の構造＞―――

残高試算表
- 期末資産　￥2,045,100
- 期末負債　￥330,000
- 期首純資産　￥1,647,100
- 収益合計　￥112,000
- 費用合計　￥44,000

損益計算書
- 費用合計　￥44,000
- 収益合計　￥112,000
- 純利益　￥68,000

貸借対照表
- 期末資産　￥2,045,100
- 期末負債　￥330,000
- 期首純資産　￥1,647,100
- 純利益　￥68,000

すなわち，残高試算表をみると，その借方は期末資産と当該事業年度における費用合計からなり，その貸方は期末負債，期首純資産および当該事業年度における収益の合計からなり貸借一致している。ここで，期末資産と費用合計および期末負債・期末純資産と収益合計をそれぞれ分離して期末資産，期末負債・期首純資産を貸借対照表へ，また費用合計，収益合計を損益計算書へ転記する。

損益計算書では，一事業年度における純資産増加原因の合計である収益合計（貸方合計）と，減少原因の合計である費用合計（借方合計）が示され，その原因に対する結果（当期純損益）が計算される。貸方が借方より大であった場合にはよい結果（純利益）が，また貸方が借方より小であった場合には悪い結果（純損失）となる。

当該結果がよい場合には期首資本の増加を意味するものであり，その逆の場合には減少を意味する。したがって，損益計算書で生じた貸借差額は貸借対照表における期首純資産の増加または減少となり，その結果，貸借対照表の期首純資産が期末において純資産増加に修正される。損益計算書と貸借対照表の純利益はそれぞれ反対側に生ずることによって貸借が一致することに注目すべきである。

以上の関係は，等式によっても表すことができる。

期末資産 ＋ 費用合計 ＝ 期末負債 ＋ 期首純資産 ＋ 収益合計

￥2,045,100＋￥44,000＝￥330,000＋￥1,647,000＋￥112,000

上式（「試算表等式」という）を移項して，左辺に貸借対照表項目を，右辺に損益計算書項目を集めるとつぎのようになる。

期末資産 － 期末負債 － 期首純資産 ＝ 収益合計 － 費用合計

￥2,045,100－￥330,000－￥1,647,100＝￥112,000－￥44,000

上式の左辺のうち「￥2,045,100－￥330,000」は期末純資産を表すから，これをつぎのようにすることもできる。

期末純資産 － 期首純資産 ＝ 収益合計 － 費用合計

￥1,715,100 － ￥1,647,100 ＝ ￥112,000－￥44,000

以上から，純損益の算出にはつぎの二つの方法があることが理解できよう。

期末純資産－期首純資産＝当期純利益……(1)　￥68,000

収益合計－費用合計＝当期純利益…………(2)　￥68,000

(1)による損益計算方法を**財産法**といい，(2)による損益計算方法を**損益法**という。貸借対照表では(1)の財産法が用いられ，損益計算書では(2)の損益法による損益計算が行われ，いずれも純損益は一致する。

【研究問題】

1　試算表の意義と限界について述べよ。
2　精算表の作成目的について述べよ。
3　期間損益計算方法をあげ，その関係について述べよ。
4　つぎの事項のうち，試算表で発見できる誤りをあげなさい。
　(1)勘定口座の合計違い　(2)一取引全部の仕訳記入もれ　(3)貸借正反対の転記　(4)一取引全部の二重転記　(5)貸借どちらかの転記もれ　(6)勘定口座を誤った転記　(7)試算表の貸方合計の計算違い　(8)仕訳の際の勘定科目の誤り
5　期末に残高試算表を作成したところ，貸借の合計が一致しなかった。その原因を調べよ。

残 高 試 算 表
平成○年8月31日

借　　方	元丁	勘　定　科　目	貸　　方
	1	現　　　　　金	125,700
503,000	2	売　　掛　　金	
	3	商　　　　　品	84,000
1,548,000	4	建　　　　　物	
530,000	5	借　　入　　金	
	6	資　　本　　金	1,636,100
189,600	7	商 品 売 買 益	
	8	受 取 手 数 料	22,000
80,000	9	給　　　　　料	
	10	通　　信　　費	37,000
2,850,600			1,904,800

第6章 決　　算

第1節　決算手続

1　決算の意義

　企業は，毎年一定の時期に帳簿を締め切ってその期間の損益を確定し，かつ期末の財政状態を明らかにし，あわせて帳簿の形式を今期と次期とに明瞭に区別する必要がある。そのために行う諸手続を**決算**（Closing）という。決算を行う時期を決算期，決算を行う日を決算日，決算日の翌日から次の決算日までの期間を会計期間（Accounting period）といい，年度の初めを**期首**，終りを**期末**という。

2　決算手続の順序

　決算手続は次の三つの手続と順序で行われる。すなわち決算手続は(1)決算予備手続，(2)決算本手続，(3)決算報告手続である。
(1)　決算予備手続
　　①　試算表の作成および主要帳と補助簿との照合
　　②　棚卸表の作成（決算整理事項の調査）
(2)　決算本手続
　　①　元帳の締切
＜英米式決算法＞
　(ｱ)　損益勘定を設け，収益の勘定残高はその勘定の貸方に，費用の勘定残高はその勘定の借方に振り替える。
　(ｲ)　損益勘定の貸借差額（純損益）を資本金勘定または繰越利益剰余金へ振り替える。
　(ｳ)　資産・負債・純資産（資本）の各勘定残高を「次期繰越」として，残高

の多いほうの反対側に朱記し，貸借一致させる。
- (エ) 繰越試算表（決算後試算表）を作成する。
- (オ) すべての勘定を締め切る。

＜大陸式決算法＞
- (ア) 損益勘定を設け，収益の勘定残高はその勘定の貸方に，費用の勘定残高はその勘定の借方に振り替える。
- (イ) 損益勘定の貸借差額（純損益）を資本金勘定または繰越利益剰余金勘定へ振り替える。
- (ウ) 決算残高勘定を設定し，資産・負債・純資産（資本）勘定残高を当該勘定に振り替える。
- (エ) すべての勘定を締め切る。
    - ② 仕訳帳，補助簿の締切
    - ③ 開始記入
- (3) 決算報告手続
    - ① 損益勘定をもとにして損益計算書を作成する。
    - ② 英米式決算法では，繰越試算表をもとにして，大陸式決算法では，決算残高勘定をもとにして貸借対照表を作成する。

　決算は元帳の記録に基づいて行われることはもちろんであるが，元帳への記入が計算的に試算表で確認されたとしても，その内容が，必ずしも正確であるとはいえない。すなわち，元帳への記入は企業財産に量的，金額的に影響のあったもののみを，その取引の事実に基づいて記録されるため，取引として現れない財産の増減などは記入されていない。たとえば建物や備品は使用および時の経過などによってその価値を減じ，また株式などの有価証券は市場価格が購入時に比べ変動している場合が多い。これらについては元帳に記入する機会がないため，帳簿価額は必ずしも実際の価額（価値）を示すものではない。またノートやコピー紙の事務用品を購入した場合，購入時に全額消耗品費として経費処理することが一般的である。しかし，これらが決算日まで全部消費されている場合には特別の問題が生じないが，その多くがいまだ未使用である場合，

当該事業年度の経費が過大に計上され，資産が過少に計上されることになる。これらを修正しなければ元帳は内容的に正しいとはいえない。これらを修正することにより正しい損益計算書および貸借対照表が作成可能となる。このように，期末に修正を要するものについて，元帳の記入を追加・訂正し元帳における記録を計算的にも，また内容的にも正しくするのである。このために必要とされる手続を**決算整理**（決算修正）といい，決算整理として必要な事項を**決算整理事項**，決算整理に必要な元帳への記入を**決算整理記入**という。また，そのために行われる仕訳を**決算整理仕訳**という。

3　振　　替

　決算本手続では，収益や費用の各勘定残高を損益勘定に振り替えたり，さらに大陸式決算法では，資産・負債・純資産（資本）の各勘定残高を決算残高勘定に振り替えることになる。ここで，振替とは一つのある勘定から他の勘定への金額を書き移すことをいい，そのために行う仕訳を**振替仕訳**という。たとえばＡ勘定の借方勘定残の¥10,000のうち¥5,000をＢ勘定へ振り替えるものとしよう。この場合，Ａ勘定¥10,000から¥5,000を控除するにはその勘定の借方はそのままにしておき，貸方に¥5,000を記入すればよいのである。すなわち，Ａ勘定の貸方に¥5,000，Ｂ勘定の借方に¥5,000を記入するのである。しかしこの場合，仕訳帳を通じて元帳記入されるので，上述の振替記入も仕訳帳に仕訳記入し，元帳へ転記するのである。勘定面および振替仕訳はつぎのとおりとなる。

```
        Ａ　勘　定                    Ｂ　勘　定
     10,000 │  5,000    ───→     5,000 │
```

振替仕訳
　　（借）Ｂ　勘　定　5,000　　（貸）Ａ　勘　定　5,000

第2節　英米式決算手続

1　英米式決算法の意義

英米式決算法は英米式締切法ともいわれ，損益勘定は設けるが大陸式決算法のように残高勘定は設けないのである。資産・負債・純資産（資本）に属する勘定の残高の金額を「次期繰越」と朱記し，次期の期首に同額を「前期繰越」として記入する。このように，決算に際して仕訳帳を通さないで，それぞれの勘定口座において期末締切記入と翌期首の開始記入とを行う。したがって，記帳上からいえば英米式のほうが大陸式決算法より簡単であり，実務では多く使われている。

今日ではこの両者の優劣を問う必要はない。すなわち両者の長所をとって理論的に正しく，かつ実務性があればそれでよいのであり，両者のいずれを採るかという議論はすでに価値がないと思われる。あえていうならば理論的には大陸式決算法が英米式決算法より優れている。

2　費用・収益の諸勘定の振替

費用・収益の諸勘定は損益勘定に全部振り替える。すなわち収益の諸勘定残高は常に貸方にあり，費用の諸勘定の残高は常に借方に生ずるので，収益に属する諸勘定の残高は損益勘定の貸方に振り替え，費用に属する諸勘定残高は損益勘定の借方に振り替える。

以上を，第4章第3節で示した元帳の設例を用いて勘定面の流れを示せばつぎのとおりとなる。

```
      給　　料              　　損　　　益　　　　         商品売買益
  40,000|損益 40,000 →給　料 40,000|商　品 112,000 ←損益112,000|    112,000
                       水　道      |売買益
      水道光熱費          光熱費  4,000|
   4,000|損益  4,000 ┘                  （注）　──→印は振替の流れを示す。
```

また，これにともなう振替仕訳はつぎのようになる。

			4,297,100	4,297,100
6	30	（決算仕訳）（商品売買益） （損　　益）収益勘定を損益勘定へ振替	112,000	112,000
	〃	（損　　益）　諸　　口 （給　　料）（水道光熱費）費用勘定を損益勘定へ振替	44,000	40,000 4,000

（注）これらの仕訳を損益勘定へ転記する場合，損益勘定の摘要欄に記入する相手勘定は「諸口」とせず，相手勘定別に示して損益の発生原因が明らかになるようにする。残高勘定についても同じである。

3　純損益の振替

　費用・収益の諸勘定の残高が振替仕訳をとおして損益勘定へ転記され貸借差額はその期の純損益を表す。それは純資産（資本）の増加または減少を意味する。そのためこの純利益は個人企業では損益勘定から資本金勘定の貸方へ（純損失は資本金勘定の借方）へ振り替え，期首資本金を修正する。

　以上を第4章第2節で示した例を用いて，純損益の振替仕訳と勘定面での流れを示せば次のとおりである。

（借）損　　益　68,000　　（貸）資　本　金　68,000

損　　益		資　本　金	
給　料　40,000 水道光熱費　4,000 資本金　68,000	商　品 売買益　112,000		前期繰越　1,647,100 損　益　68,000

4　元帳の締切と繰越試算表の作成

　英米式決算法と大陸式決算法の大きな違いは元帳内に決算残高勘定を設ける

か否かである。すなわち後者においては決算残高勘定を設けて処理するが，英米式決算法においては，資産・負債・純資産（資本）の各勘定残高は「次期繰越」と記入して，元帳の締切を行う。大陸式決算法のように総勘定元帳における自動検証能力は有していない。そこに本来の英米式決算法の欠点があるわけであるが，それを補う点から**繰越試算表**を作成し，振替記入もれ等の誤りを検証しようとするものである。前例を用いて，英米式決算法の締切の手続を示し繰越試算表を作成してみよう。

総勘定元帳

現　　金　　　　　　　　　　　　　1

平成〇年		摘　要	仕丁	借　方	平成〇年		摘　要	仕丁	貸　方
6	1	前期繰越	✓	351,600	6	2	商　　品	2	175,000
	8	売掛金	2	295,000		12	〃	〃	115,000
	17	諸　口	〃	300,000		14	買掛金	〃	200,000
	19	〃	〃	120,000		15	給　料	〃	20,000
	21	売掛金	3	145,000		26	買掛金	3	140,000
	29	〃	〃	35,000		30	水道光熱費	〃	4,000
						〃	給　料	〃	20,000
						〃	次期繰越	✓	572,600
				1,246,600					1,246,600
7	1	前期繰越	✓	572,600					

（注）「前期繰越」については次の5で学ぶ。

売掛金　　　　　　　　　　　　　2

平成〇年		摘　要	仕丁	借　方	平成〇年		摘　要	仕丁	貸　方
6	1	前期繰越	✓	350,000	6	8	現　金	2	295,000
	3	諸　口	2	165,000		21	〃	3	145,000
	19	〃	〃	100,000		29	〃	〃	35,000
	24	〃	3	146,000		30	次期繰越	✓	286,000
				761,000					761,000
7	1	前期繰越	✓	286,000					

商品　　　　　　　　　　　3

平成年		摘要	仕丁	借方	平成年		摘要	仕丁	貸方
6	1	前期繰越	✓	435,500	6	3	売掛金	2	140,000
	2	現　　金	2	175,000		17	現　　金	〃	270,000
	6	買　掛　金	〃	240,000		19	諸　　口	〃	185,000
	12	諸　　口	〃	230,000		24	売掛金	3	124,000
						30	次期繰越	✓	361,500
				1,080,500					1,080,500
7	1	前期繰越	✓	361,500					

備品　　　　　　　　　　　4

平成年		摘要	仕丁	借方	平成年		摘要	仕丁	貸方
6	1	前期繰越	✓	25,000	6	30	次期繰越	✓	25,000
7	1	前期繰越	✓	25,000					

建物　　　　　　　　　　　5

平成年		摘要	仕丁	借方	平成年		摘要	仕丁	貸方
6	1	前期繰越	✓	800,000	6	30	次期繰越	✓	800,000
7	1	前期繰越	✓	800,000					

買掛金　　　　　　　　　　6

平成年		摘要	仕丁	借方	平成年		摘要	仕丁	貸方
6	14	現　　金	2	200,000	6	1	前期繰越	✓	315,000
	26	現　　金	3	140,000		6	商　　品	2	240,000
	30	次期繰越	✓	330,000		12	〃	〃	115,000
				670,000					670,000
					7	1	前期繰越	✓	330,000

資本金　7

平成○年		摘要	仕丁	借方	平成○年		摘要	仕丁	貸方
6	30	次期繰越	✓	1,715,100	6	1	前期繰越	✓	1,647,100
						30	損　益		68,000
				1,715,100				4	1,715,100
					7	1	前期繰越	✓	1,715,100

商品売買益　8

平成○年		摘要	仕丁	借方	平成○年		摘要	仕丁	貸方
6	30	損　益	4	112,000	6	3	売掛金	2	25,000
						17	現　金	〃	30,000
						19	諸　口	〃	35,000
						24	売掛金	3	22,000
				112,000					112,000

給料　9

平成○年		摘要	仕丁	借方	平成○年		摘要	仕丁	貸方
6	15	現　金	2	20,000	6	30	損　益	4	40,000
	30	〃	3	20,000					
				40,000					40,000

水道光熱費　10

平成○年		摘要	仕丁	借方	平成○年		摘要	仕丁	貸方
6	30	現　金	3	4,000	6	30	損　益	4	4,000

損益　11

平成○年		摘要	仕丁	借方	平成○年		摘要	仕丁	貸方
6	30	給　料	4	40,000	6	30	商品売買益	4	112,000
	〃	水道光熱費	〃	4,000					
	〃	資本金	〃	68,000					
				112,000					112,000

<h4>繰 越 試 算 表</h4>

平成○年6月30日

借　　方	元丁	勘　定　科　目	貸　　方
572,600	1	現　　　　　　金	
286,000	2	売　　掛　　金	
361,500	3	商　　　　　　品	
25,000	4	備　　　　　　品	
800,000	5	建　　　　　　物	
	6	買　　掛　　金	330,000
	7	資　　本　　金	1,715,100
2,045,100			2,045,100

5　開 始 記 入

　英米式決算法においては仕訳帳に開始仕訳をせず，実在勘定である資産・負債・純資産（資本）の各勘定に直接「前期繰越」を記入する。すなわち，開始仕訳の代わりに仕訳帳の最初につぎの記入を行うのである。

7	1	前　期　繰　越	✓	2,045,100	2,045,100

6　補助簿の締切

　補助簿の意義・種類および記入の方法，締切については次章から逐次必要に応じ説明していくことにする。

第3節　大陸式決算手続

1　大陸式決算法の意義

　大陸式決算法は，大陸式締切法ともいわれる。この方法は，英米式決算法と同様に，まず純損益を求めるために，収益と費用の諸勘定を集合させる損益勘定を設け，その記入を行う。引き続き損益勘定で求められた純損益も資本金勘定に増減させ振替記入を行う。

しかし，英米式と異なるところは，資産・負債・純資産（資本）の諸勘定残高を集合勘定としての残高勘定を設け，その勘定への振替記入を行うことである。この振替仕訳を通じて，資産・負債・純資産（資本）の残高が正しいかどうかのチェックを行うことができ(英米式決算法ではこのチェックのために繰越試算表を作成している)，その残高をもとに貸借対照表の作成ができる。

2　資産・負債・純資産（資本）の諸勘定の振替

費用・収益の諸勘定残高を損益勘定へ振り替え，かつ損益勘定の貸借差額を資本金勘定または未処分利益勘定へ振り替えた。さらに資産・負債・純資産（資本）勘定の諸勘定残高は新たに残高勘定を設け，その勘定に振り替える。

資産に属する諸勘定残高は，借方であり，負債および純資産（資本）に属する諸勘定残高は常に貸方に生ずる。よって，資産に属する諸勘定残高は残高勘定の借方に振り替える。このようにして振り替えられたのち残高勘定は貸借平均し，資産・負債・純資産(資本)の現在高を示す。これを大陸式決算法における**元帳の自動検証性**といい，大きな長所である。もし，残高勘定が貸借平均しないときは，決算手続（振替記入）に誤りがあることを示すため，決算手続の順に従ってもう一度検査する必要がある。以上を第4章第2節で示した元帳の例題を用いて勘定面の流れで示せばつぎのとおりとなる。

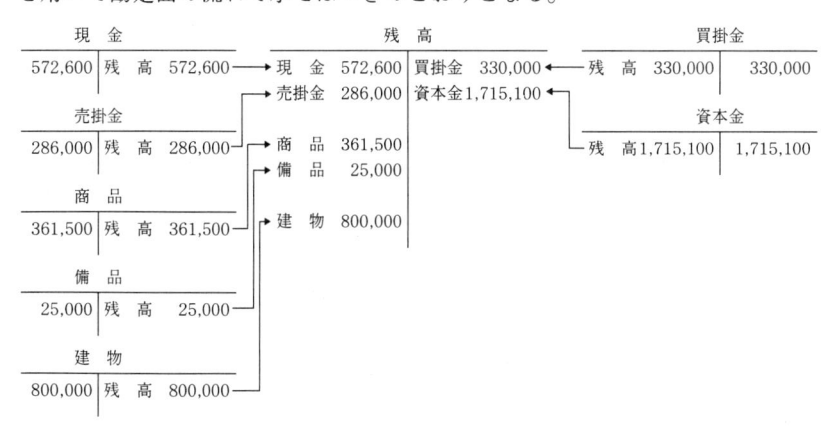

現　金				残　高				買掛金		
572,600	残　高	572,600	→	現　金	572,600	買掛金	330,000	←	残　高	330,000	330,000

売掛金				売掛金	286,000	資本金	1,715,100
286,000	残　高	286,000	→	商　品	361,500		

			資本金		
商　品				備　品	25,000		残　高	1,715,100	1,715,100
361,500	残　高	361,500	→	建　物	800,000

備　品		
25,000	残　高	25,000

建　物		
800,000	残　高	800,000

この振替にともなう仕訳と仕訳帳の締切はつぎのとおりとなる。

			4,297,100	4,297,100
	（決算仕訳）			
6	30	（残　高）　諸　　口	2,045,100	
		（現　　金）		572,600
		（売　掛　金）		286,000
		（商　　品）		361,500
		（備　　品）		25,000
		（建　　物）		800,000
		資産勘定を残高勘定へ振替		
		諸　　口（残　高）		2,045,100
		（買　掛　金）	330,000	
		（資　本　金）	1,715,100	
		負債・資本金勘定を残高勘定へ振替		
			4,090,200	4,090,200

つぎに，同じ事例をもとに，各勘定を締め切ればつぎのとおりである。

総 勘 定 元 帳

現　　　金　　　　　　　　　　1

平成○年		摘　要	仕丁	借　方	平成○年		摘　要	仕丁	貸　方
6	1	前期繰越	1	351,600	6	2	商　　品	2	175,000
	8	売　掛　金	2	295,000		12	〃	〃	115,000
	17	諸　　口	〃	300,000		14	買　掛　金	〃	200,000
	19	〃	〃	120,000		15	給　　料	〃	20,000
	21	売　掛　金	3	145,000		26	買　掛　金	3	140,000
	29	〃	〃	35,000		30	水道光熱費	〃	4,000
						〃	給　　料	〃	20,000
						〃	残　　高	4	572,600
				1,246,600					1,246,600
7	1	前期繰越	5	572,600					

（注）「前期繰越」については次の5で学ぶ。

売　掛　金　　　　　2

平成○年		摘　要	仕丁	借　方	平成○年		摘　要	仕丁	貸　方
6	1	前 期 繰 越	1	350,000	6	8	現　　　金	2	295,000
	3	諸　　　口	2	165,000		21	〃	3	145,000
	19	〃	〃	100,000		29	〃	〃	35,000
	24	〃	3	146,000		30	残　　　高	4	286,000
				761,000					761,000
7	1	前 期 繰 越	5	286,000					

商　　　品　　　　　3

平成○年		摘　要	仕丁	借　方	平成○年		摘　要	仕丁	貸　方
6	1	前 期 繰 越	1	435,500	6	3	売　掛　金	2	140,000
	2	現　　　金	2	175,000		17	現　　　金	〃	270,000
	6	買　掛　金	〃	240,000		19	諸　　　口	〃	185,000
	12	諸　　　口	〃	230,000		24	売　掛　金	3	124,000
						30	残　　　高	4	361,500
				1,080,500					1,080,500
7	1	前 期 繰 越	5	361,500					

備　　　品　　　　　4

平成○年		摘　要	仕丁	借　方	平成○年		摘　要	仕丁	貸　方
6	1	前 期 繰 越	1	25,000	6	30	残　　　高	4	25,000
7	1	前 期 繰 越	5	25,000					

建　　　物　　　　　5

平成○年		摘　要	仕丁	借　方	平成○年		摘　要	仕丁	貸　方
6	1	前 期 繰 越	1	800,000	6	30	残　　　高	4	800,000
7	1	前 期 繰 越	5	800,000					

買　掛　金　　6

平成○年		摘　要	仕丁	借　方	平成○年		摘　要	仕丁	貸　方
6	14	現　　金	2	200,000	6	1	前期繰越	1	・315,000
	26	〃	3	140,000		6	商　　品	2	240,000
	30	残　　高	4	330,000		12	〃	〃	115,000
				670,000					670,000
					7	1	前期繰越	5	330,000

資　本　金　　7

平成○年		摘　要	仕丁	借　方	平成○年		摘　要	仕丁	貸　方
6	30	残　　高	4	1,715,100	6	1	前期繰越	✓	1,647,100
						30	損　　益	4	68,000
				1,715,100					1,715,100
					7	1	前期繰越	✓	1,715,100

商品売買益　　8

平成○年		摘　要	仕丁	借　方	平成○年		摘　要	仕丁	貸　方
6	30	損　　益	4	112,000	6	3	売　掛　金	2	25,000
						17	現　　金	〃	30,000
						19	諸　　口	〃	35,000
						24	売　掛　金	3	22,000
				112,000					112,000

給　料　　9

平成○年		摘　要	仕丁	借　方	平成○年		摘　要	仕丁	貸　方
6	15	現　　金	2	20,000	6	30	損　　益	4	40,000
	30	〃	3	20,000					
				40,000					40,000

水道光熱費　10

平成○年		摘要	仕丁	借方	平成○年		摘要	仕丁	貸方
6	30	現　金	3	4,000	6	30	損　益	4	4,000

損　益　11

平成○年		摘要	仕丁	借方	平成○年		摘要	仕丁	貸方
6	30	給　料	4	40,000	6	30	商品売買益	4	112,000
〃		水道光熱費	〃	4,000					
〃		資本金	〃	68,000					
				112,000					112,000

残　高　12

平成○年		摘要	仕丁	借方	平成○年		摘要	仕丁	貸方
6	30	現　金	4	572,600	6	30	買掛金	4	330,000
〃		売掛金	〃	286,000	〃		資本金		1,715,100
〃		商　品	〃	361,500					
〃		備　品	〃	25,000					
〃		建　物	〃	800,000					
				2,045,100					2,045,100

上掲の元帳締切による要点をまとめるとつぎのようになる。

(1) 貸借の記入が1行だけの場合は、記入されている金額と日付の下に締切線を引く。すなわち、つぎのようにする。

建　物　5

平成○年		摘要	仕丁	借方	平成○年		摘要	仕丁	貸方
6	1	前期繰越	1	800,000	6	30	残高	4	800,000

(2) 貸借の双方または一方に2行またはそれ以上記入されている場合は、貸借各合計を算出し、その金額を貸借同じ行に記入して、すぐ下と日付の下に締切線二本を引く。すなわち、つぎのようにする。

資　本　金　　　　　　　　　　　　7

平成○年		摘　要	仕丁	借　方	平成○年		摘　要	仕丁	貸　方
6	30	残　　高	4	1,715,100	6	1	前 期 繰 越	1	1,647,100
						30	損　　　益	4	68,000
				1,715,100					1,715,100
					7	1	前 期 繰 越		1,715,100

3　開 始 記 入

　勘定科目内に設けられたものの実在性の有無の観点から名目勘定と実在勘定に分けられる。名目勘定は実在勘定増減の原因を示すための名目的に設けられる勘定であり，費用および収益に属する勘定がこれである。一方，実在勘定に属する資産・負債・純資産（資本）勘定は，事業年度中における増減を示すと同時に，年度末における実在高を示し，明細は残高勘定に集められている。

　残高勘定に集められた資産・負債・純資産（資本）の各勘定はそれぞれの実在高を示すものであり，元帳および仕訳帳の締切が終わった後，これを次期最初の日付で再び各勘定の新口座の1行目に振戻記入をして，それらの勘定の再開をする必要がある。この記入を**開始記入**という。

　なお，開始記入は新事業年度の記入手続であるが，実際には元帳の締切と同じに決算手続の一つとして行われるのが普通である。

　開始記入は仕訳帳を通じて行う。この際の仕訳を**開始仕訳**という。開始仕訳を，前の元帳締切の際に用いたときのものを例にとって示せばつぎのとおりとなる。

仕 訳 帳　　　5

平成○年		摘　　要	元丁	借　方	貸　方
7	1	諸　　口　　諸　　口			
		（現　　　金）	1	572,600	
		（売　掛　金）	2	286,000	
		（商　　　品）	3	361,500	
		（備　　　品）	4	25,000	
		（建　　　物）	5	800,000	
		（買　掛　金）	6		330,000
		（資　本　金）	7		1,715,100
		前　期　繰　越			

【研究問題】

1　決算の意義について述べよ。
2　決算手続の概要について述べよ。
3　大陸式決算法と英米式決算法の特徴について説明せよ。
4　つぎの略式の元帳を英米式および大陸式により締め切りなさい。なお、必要な仕訳も行いなさい。

```
    現    金   1         売  掛  金   2        備    品    3
  217,000   |            100,000  |            190,000  |

    建    物   4         買  掛  金   5        資  本  金   6
  200,000   |                     | 150,000            | 500,000

    受取手数料  7         広  告  料   8        給    料    9
           | 90,000      5,000   |             10,000   |

    営  業  費  10
   18,000   |
```

5　つぎの取引を元帳に転記し、元帳を大陸式および英米式により必要な仕訳をしつつ締め切りなさい。また、つぎの表も作成しなさい。
　(1)合計残高試算表　(2)精算表　(3)損益計算書　(4)貸借対照表
　7／1　現金￥1,000,000を元入して営業を開始した。

3	備品を買い入れ，代金￥100,000を現金で支払った。
5	商品￥150,000を仕入れ，代金は掛とした。
8	仕入原価￥50,000の商品を￥60,000で売却し，代金は現金で受け取った。
10	商品￥200,000を仕入れ，代金は現金で支払った。
12	仕入原価￥100,000の商品を￥120,000で売却し，代金は掛とした。
15	仕入先に買掛金のうち￥100,000を現金で支払った。
20	店員に給料￥120,000を現金で支払った。
25	得意先から売掛金のうち￥70,000を現金で回収した。
27	事務用消耗品費￥3,000を現金で買い入れた。
31	家賃，電気料などの営業費￥50,000を現金で支払った。

第7章 現金・預金・有価証券に関する勘定

第1節 現金勘定

1 現金勘定（Cash a/c）と現金出納帳

　この勘定において現金として取り扱われるものは，一般に現金として考えられている貨幣，紙幣などのいわゆる通貨はもちろんのこと，さらに他人より受け入れた他人振出の小切手，送金小切手，送金為替手形，郵便為替，振替貯金払出証書，国庫金支払通知書，公社債満期利札，株式配当金領収書などいつでも通貨と引き換えることのできる要求払の証券も含む。現金の収入は現金勘定の借方に，支出は貸方に記入する。残高は借方に生じ，現金の手許有高を示す。

〔例１〕　小川商店の売掛代金¥150,000を小川商店振り出しの小切手で受け取った。

　　（借）現　　　　金　　150,000　（貸）売　　掛　　金　　150,000

〔例２〕　山本商店より商品¥150,000を買い入れ，代金は上記例１の小切手で支払った。

　　（借）商　　　　品　　150,000　（貸）現　　　　　金　　150,000

　現金の収入・支出に関する明細を記録するためにつぎに示すような現金出納帳を設ける。この現金出納帳は，元帳の現金勘定の明細を記入するという補助的役割を果たす帳簿であるから補助簿とよばれる。

　現金出納帳を用いることによって得られる利点は，いわゆる継続記録法によって現金の出入をそのつどこれに記録し，いつでもその残高を知ることができることにある。またこれによって，現金の出納事務を管理する責任者と，現金の支払を請求する（伝票を作成する）担当者とを分離することができる。このことは内部牽制制度を確立することができるのである。現金出納帳の雛型をつ

ぎに示そう。

現　金　出　納　帳

1頁

平成○年		摘　　　要	収　　入	支　　出	残　　高
8	1	元　入　高	1,000,000		1,000,000
	2	第二銀行銀座支店と当座取引開始		750,000	250,000
	4	自転車その他備品買入		45,000	205,000
	9	A商店へa，b，c各商品売上	25,000		230,000
	10	自転車修理代		1,250	228,750
	12	販路拡張のため店員出張旅費		9,000	219,750
	16	B商店へa，b，c商品の運送代		1,500	218,250
	18	事務用品購入		1,200	217,050
	24	乙商店より商品買入		32,550	184,500
	27	8月分家賃		21,500	163,000
	31	販売員給料		91,500	71,500
			1,025,000	953,500	
	31	**次 月 繰 越**		71,500	0
			1,025,000	1,025,000	
9	1	前 月 繰 越	71,500		71,500

2　現金過不足

　現金の手許有高をときどき実際に調査し，出納帳の残高と照合する。現金の流れのすべての明細が現金出納帳に記入されているため，実際残高を調査した当日の残高は現金出納帳における残高とは一致しているべきである。しかし実際は，記入もれ，現金の受払誤りなどにより一致しないことがある。その場合には帳簿残高を実際有高に合わせて修正しておき，後日その不一致の原因を調査する。そのために設けられる調整勘定を現金過不足勘定（Cash short and over a／c）という。現金不足のときは当該勘定の借方に，また過剰のときには当該勘定の貸方に記入する。後日その不一致の原因が明らかになった場合にはその判明した額を該当する勘定に振り替えるのである。もし，期末に原因不明なときは，現金過不足勘定の残高を雑損または雑益勘定に振り替える。ただし，その金額が大きい場合には現金過不足勘定のまま次期に繰り越し，原因調査する

〔例3〕 現金実際有高を調査したところ帳簿残高より¥18,000不足していた。
　　（借）現　金　過　不　足　　18,000　（貸）現　　　　　　金　　18,000
〔例4〕 調査の結果，電話料の記入もれが¥10,000あることが判明した。
　　（借）通　　信　　費　　10,000　（貸）現　金　過　不　足　　10,000
〔例5〕 決算終了時においても，残額はまったくその原因が不明であった。
　　（借）雑　　　　損　　　8,000　（貸）現　金　過　不　足　　　8,000
〔例6〕 現金の帳簿残高と実際有高を調べたところ実際有高が¥9,000過剰であった。
　　（借）現　　　　　　金　　9,000　（貸）現　金　過　不　足　　　9,000
〔例7〕 上記の過剰原因は，手数料の入金¥10,000を¥1,000と記入していたことが判明した。
　　（借）現　金　過　不　足　　9,000　（貸）受　取　手　数　料　　9,000

第2節　銀行預金

1　当座預金勘定（Current deposits a／c）

　銀行預金の種類にはわれわれが一般に知っている普通預金，定期預金のほかに当座預金，通知預金，納税積立預金その他多種多様なものがある。それらについての会計処理上の勘定科目としては通常それらの名称を使用するのが一般的である。

　ここでは現金に対する危険性の防止，不便性の排除の点からほとんどの企業で用いている「当座預金」についてのみ考察しよう。

　当座預金は上記の趣旨から設けられた銀行預金の一種であるが，それの引出には必ずつぎに掲げるような小切手を使用するところに特色がある。

　すなわち商取引における現金での決済は，計算の繁雑さや盗難，紛失のおそれがあるため，現金に代えて小切手の振出による支払方法が広く利用されるのである。

```
┌─────────────────────────────────────────────────────────┐
│  A0001              小 切 手              ┌──────────┐   │
│                                           │ 東 京 1301│   │
│    支払地　東京都千代田区小川町            │ 0001-001 │   │
│         株式会社　中央銀行　神田支店       └──────────┘   │
│    金額     ￥180,000※                                   │
│                                                          │
│    上記の金額をこの小切手と引替えに                      │
│    持参人へお支払いください                              │
│         拒絶証書不要                                     │
│    振出日　平成　○年　6月　10日   東京都千代田区小川町○-○-○│
│                                      東 京 商 店  ㊞     │
│                                                          │
│    振出地　東京都千代田区　振出人　代表取締役 東京太郎  │
└─────────────────────────────────────────────────────────┘
```

　当座預金の預入および引出を処理するために当座預金勘定を設け，その借方には現金，他人振出の小切手などの預入高を，貸方は小切手を振り出したときに記入する。もちろん当座預金勘定は資産勘定であるため，残高は借方に生じ当座預金の現在高を示す。

〔例8〕　東西銀行へ現金￥60,000と，A商店振出小切手￥50,000を預け入れた。
　　　（借）当　座　預　金　　110,000　（貸）現　　　　　金　　110,000

〔例9〕　太田商店から商品￥40,000を買い入れ，代金は東西銀行宛小切手を振り出して支払った。
　　　（借）商　　　　　品　　 40,000　（貸）当　座　預　金　　 40,000

2　当　座　借　越

　当座預金の残高を超えて振り出した小切手（これを過振（かぶり）という）は銀行で支払が拒絶され不渡となる。それが2回続けば銀行取引停止処分となり，小切手の使用ができなくなる。しかし，あらかじめ銀行に有価証券等の担保を根抵当として差し入れ，一定の金額を限度として，当座借越契約を結ぶ場合がある。当該契約が締結してあると，借越限度，期間および利率を定めておけば預金残高を超過しても，その限度までは支払われる。これを**当座借越**という。借越額は当座借越勘定（Bank overdraft a／c）を設けてその貸方に記入する。しかし，こ

うするとその後の預入や引出のつど，それが当座預金か借越であるかを区別しなければならず手数もかかる。それゆえ，当座預金勘定の代わりに当座勘定または銀行勘定を設けて処理するほうが便利である。この場合には，当座勘定残高が借方に生じれば預金残を示し，貸方に生じれば借越を意味する。

〔例10〕 山本商店より商品¥172,000を買い入れ，代金は東西銀行宛小切手を振り出し支払った。ただし，同行当座預金残高¥104,000，同行との間には当座借越契約¥500,000を限度として契約を締結している。

(1) 当座借越勘定を用いる場合（二勘定制）
 (借) 商　　　品　　172,000 　(貸) 当　座　預　金　　104,000
 　　　　　　　　　　　　　　　　　 当　座　借　越　　 68,000

(2) 当座借越勘定を用いない場合（一勘定制）
 (借) 商　　　品　　172,000 　(貸) 当　　　座　　　172,000

3　当座預金出納帳

当座預金の預入および引出に関する明細と残高を記録するために，補助簿として次のような当座預金出納帳を設ける。

当座預金出納帳

平成○年		摘要	小切手番号	預入	引出	借又は貸	残高
8	2	現金預入		750,000		借	750,000
	3	パソコン買入	1		100,000	〃	650,000
	6	神田商店より商品仕入	2		320,000	〃	330,000
	15	火災保険料の支払	3		11,500	〃	318,500
	20	東京商店の買掛金支払	4		200,000	〃	118,500
	21	千葉商店宛約手支払	5		120,000	貸	1,500
	22	埼玉商店の売掛金回収		514,500		借	513,000
	30	8月分電話料	6		12,000	〃	501,000
	31	次月繰越			501,000		
				1,264,500	1,264,500		
9	1	前月繰越		501,000			501,000

4　銀行勘定調整表

　当座預金勘定の残高は銀行における当座残高と一致すべきであるが，実際には相違することが多い。それは，(1)自己振出小切手を所持人が銀行にまだ持参しないため（当方では振出と同時に当座預金から差し引いてあるが，銀行ではまだ払出の記帳がしていない），(2)預入小切手，手形等の取立未済（当方では預入と同時に当座預金借方に記入してあるが，銀行では入金するまで預りの記入をしない），(3)取立手数料，借越利息の未記入（銀行では当座預金から差し引いてあるが，当方では銀行から通知があるまで預金減少の記帳をしていない）および(4)計算の誤り等のためである。このような場合，銀行勘定調整表を作って元帳と預金残高証明書の不一致の原因を明らかにする必要がある。銀行勘定調整表作成には，銀行報告の預金残高証明書から当方の当座預金出納帳残高に一致させる方法（第1法），当方の当座預金出納帳残高から銀行報告の預金残高証明書に一致させる方法（第2法）および当方の出納帳と銀行報告の預金残高証明書の両方を調整し一致させる方法（第3法）の三つがある。

〔例11〕　佐藤商店の当座預金出納帳残高は¥409,182であるのに，銀行から報告された預金残高証明書は¥525,100であった。そこで銀行に問い合わせ不一致の原因を調査したところ，つぎの事実がわかった。

　(a)　大阪甲商店振出約束手形取立手数料¥100および借越利息¥6,182がまだ出納帳に記入していない。

　(b)　当店振出山田商店宛小切手¥84,000，小林商店宛小切手¥58,200の所持人がまだ銀行へ持参しないため支払っていない。

　(c)　預入約束手形¥20,000が未入金のため銀行の帳簿に記入していない。

銀行勘定調整表

(第1法)　　　　　　　平成○年6月30日

平成○年		摘　　要	内　訳	金　額
6	30	銀行残高証明書		525,100
		(ア) 加　算		
		(a) 取立手数料	100	
		(b) 借越利息	6,182	
		(c) 預入手形未収	20,000	26,282
		(イ) 減　算		
		(a) 振出小切手未払		
		山田商店宛小切手	84,000	
		小林商店宛小切手	58,200	142,200
		当座預金出納帳残高		409,182

銀行勘定調整表

(第2法)　　　　　　　平成○年6月30日

平成○年		摘　　要	内　訳	金　額
6	30	当座預金出納帳残高		409,182
		(ア) 加　算		
		(a) 振出小切手未払		
		山田商店宛小切手	84,000	
		小林商店宛小切手	58,200	142,200
		(イ) 減　算		
		(a) 取立手数料	100	
		(b) 借越利息	6,182	
		(c) 預入手形未収	20,000	26,282
		当座預金残高証明書		525,100

銀行勘定調整表

(第3法)　　　　　　　　平成○年6月30日

平成○年		摘　　　要	内　訳	金　額
6	30	当座預金出納帳残高		409,182
		(ア) 減　算		
		(a) 取 立 手 数 料	100	
		(b) 借 越 利 息	6,182	
		(c) 預 入 手 形 未 収	20,000	26,282
		修 正 後 残 高		382,900
		当座預金残高証明書		525,100
		(イ) 減　算		
		(a) 振出小切手未払		
		山田商店宛小切手	84,000	
		小林商店宛小切手	58,200	142,200
		修 正 後 残 高		382,900

　銀行勘定調整方法の第1，2法は，両者の残高の差額を調整し，一致・不一致を検証することを第一の目的としている。したがって銀行において実際あるべき残高，すなわち企業における銀行への当座預金としての実際預入高を示すものではない。そこで，その両者のあるべき残高を計算しようとするのが第3法である。この方法においての作成上のポイントは，それぞれ実際あるべき額を計算しようとするものであるから，ある事象について生じた処理が行われていない側で調整することにある。先の例をとってみれば，(a)の取立手数料および過振利息は，銀行では，すでに佐藤商店の当座預金の口座から引き落としており，その会計処理が佐藤商店側で行われていないわけである。したがって，これについては佐藤商店側で調整することになる。なお，この事項について佐藤商店はつぎの仕訳をし，元帳へ記入することになる。

　　(借) 雑　　　　費　　　100　　(貸) 当 座 預 金　　6,282
　　　　 支 払 利 息　　6,182

　(イ)の(a)についてみれば，佐藤商店は債務支払のため山田商店および小林商店に小切手をそれぞれ¥84,000，¥58,200振り出し，それについての仕訳および

元帳に転記されている。しかし，6月30日まで何らかの都合により山田商店，小林商店は当該小切手を銀行へ呈示せず，支払を受けてはいないという原因からであって，銀行から報告のあった預金残高証明書の残高が過大であったと考えるほかにない。よって佐藤商店側では何ら調整を要せず，預金残高証明書の残高を別紙明細で調整するにとどめる。

(ア)の(c)については佐藤商店が手形の取立依頼のとき，入金がないのにもかかわらず，（借）当座預金 20,000 （貸）受取手形 20,000の処理をしている。しかし，6月30日まで当該手形については入金がされていないわけであるため，佐藤商店の当座預金勘定残高は過大になっている。また反対に受取手形勘定残高は過少になっているだろう。よって，ここではそれらを正しくするために，佐藤商店側のみにて調整を要するものであり，銀行側にはまったく関係しない。

なお，佐藤商店ではつぎの仕訳を行い，元帳へ記入することになる。

（借）受 取 手 形　　20,000　（貸）当 座 預 金　　20,000

5　その他預金

その他預金には，普通預金，定期預金，通知預金，納税預金などがあり，それぞれの預金勘定口座を設けて処理する。なお，その他預金をまとめて諸預金勘定で処理することもある。

第3節　小口現金

1　小口現金勘定（Petty cash a/c）

　現金受払にともなう手数や危険を避けるために，当座預金勘定を利用して出納事務を銀行に任せる場合でも，日常発生する少額の支払に備えていくらかの現金を手許に保有するのが普通である。この目的で会計課から用度係または小払係に若干の資金を前渡しておいて，雑費，通信費，交通費，文房具費などの小口の支払をさせる。この前渡金を小口現金といい，小口現金勘定または小払資金（Petty cash）勘定で処理する。すなわち，資金を前渡ししたときにはこの勘定の借方に，支払の報告があったときには貸方に記入する。小口現金の処理には，つぎの二方法がある。

　第1法　前渡額を一定せず，必要に応じ補給する方法（不定額補給法，随時補給法）

〔例12〕　用度係に小払資金として小切手で，¥20,000前渡した。

　　（借）小　口　現　金　　　20,000　　（貸）当　座　預　金　　　20,000

〔例13〕　用度係から消耗品費¥2,980，通信費¥3,680，交通費¥2,510，雑費¥3,650を支払った旨報告があった。

　　（借）消　耗　品　費　　　 2,980　　（貸）小　口　現　金　　　12,820
　　　　 通　　信　　費　　　 3,680
　　　　 交　　通　　費　　　 2,510
　　　　 雑　　　　　費　　　 3,650

〔例14〕　用度係へ小口現金¥10,000を小切手で補給した。

　　（借）小　口　現　金　　　10,000　　（貸）当　座　預　金　　　10,000

　第2法　前渡額を一定額とする方法（定額資金前渡法）

　一定期間，たとえば1カ月間の経費必要額をあらかじめ見積もって，これに相当する一定額を用度係に前渡しする。月末に実際の支払額を報告させ，それと同額を補給して，翌月初めには，常に一定の金額が用度係の手許にあるよう

にする。これを定額資金前渡法（Imprest system）という。

〔例15〕 用度係へ小口現金として小切手で¥60,000を前渡した。

（借）小 口 現 金　　60,000　（貸）当 座 預 金　　60,000

〔例16〕 用度係から本月分の支払高は，つぎのとおりであると報告があったので，同額を小切手を振り出して補給した。

　　通信費¥14,800, 消耗品費¥9,840, 交通費¥19,770, 雑費¥12,640

（借）通　　信　　費　　14,800　（貸）小 口 現 金　　57,050
　　　消　耗　品　費　　 9,840
　　　交　　通　　費　　19,770
　　　雑　　　　　費　　12,640

（借）小 口 現 金　　57,050　（貸）当 座 預 金　　57,050

上の二つの仕訳をひとまとめにして，つぎのように仕訳することもできる。

（借）通　　信　　費　　14,800　（貸）当 座 預 金　　57,050
　　　消　耗　品　費　　 9,840
　　　交　　通　　費　　19,770
　　　雑　　　　　費　　12,640

インプレスト・システムの長所

(1) この制度を採用する場合には，原則として出納係は現金の支払を取り扱わず，受け入れた現金はすべてその日のうちに銀行に預金し，用度係における日常の経費の支払を除き，他はすべて小切手をもって支払う。したがって，会計上不正のもっとも行われやすい現金支出上の不正を予防することができる。

(2) 用度係の現金手許有高と受取額の合計金額を合わせれば常に前渡額と同一になるから，用度係の金銭収支を自動的に検証することができる。したがって計算の不明瞭さや不正を防止することができる。

(3) 用度係の責任を明確にすることができる。

2 小口現金出納帳

小口現金を扱う用度係では，小口現金の出納を記録するために，つぎのような小口現金出納帳を用いる。

小 口 現 金 出 納 帳

収入額	平成○年		摘 要	支払額	通信費	消耗品費	雑 費	交通費
60,000	5	1	小切手受入					
	〃		バス回数券	2,100				2,100
		2	郵便切手	1,600	1,600			
		3	文 房 具	1,800		1,800		
	〃		タクシー代	1,640				1,640
		4	新 聞 代	3,925			3,925	
～～～	～	～	～～～～	～～～	～～～	～～～	～～～	～～～
				57,050	14,800	9,840	12,640	19,770
57,050		31	小切手受入					
		〃	次 月 繰 越	60,000				
117,050				117,050				
60,000	6	1	前 月 繰 越					

第4節　有 価 証 券

1　有価証券勘定（Securities a／c）と有価証券の売買

　企業においては，営業中に生じた一時的な余裕資金を有利に運用するために，いつでも換金しうる市場性のある公債，社債，株式などの有価証券を購入することがある。これらの有価証券は，保有目的等の観点から，(1)売買目的有価証券，(2)満期保有目的の債券，(3)子会社株式および関連会社株式および(4)その他の有価証券に分類される。ここで扱う短期の有価証券は，(1)売買目的有価証券と(2)1年以内に満期日の到来する満期保有目的の債券である。

　売買目的有価証券は，一時的に余裕の生じた事業資金を利用して，利殖目的

のために株式・公社債等を購入することがある。売買目的有価証券を購入したときは，買入価格と買入に要した諸費用を加えた金額で借方に記入する。売買目的有価証券を売却したときは，売却した売買目的有価証券の帳簿価額を貸方に記入し，帳簿価額と売却価額の差額は，有価証券売却益勘定または有価証券売却損勘定に記入する。また，売買目的有価証券の時価はたえず変動しており，その時価は証券取引所で毎日公表している。この売買目的有価証券は，いつでもその日の時価でもって処分ができるので，平成13年3月期から時価をもって貸借対照表価額とし，評価差額は当該期間の有価証券売却損益又は有価証券運用損益として処理する。

〔例17〕
1　神田化学工業株式会社の株式1,200株を時価＠¥60,000で買い入れ，買入手数料¥400,000とともに小切手を振り出して支払った。
　　（借）売買目的有価証券　72,400,000　（貸）当　座　預　金　72,400,000
2　上記の株式のうち600株を時価＠¥63,000で売却し，代金は現金で受け取った。
　　（借）現　　　　　　金　37,800,000　（貸）売買目的有価証券　36,200,000
　　　　　　　　　　　　　　　　　　　　　　　有価証券売却益　　 1,600,000
3　上記1の株式のうち600株を時価＠¥55,000で売却し，代金は現金で受け取った。
　　（借）現　　　　　　金　33,000,000　（貸）売買目的有価証券　36,200,000
　　　　　有価証券売却損　 3,200,000
4　かねて2回にわたって購入していた日本商工株式会社の株式4,000株（第1回目は2,500株，取得原価＠¥1,200，第2回目は1,500株，取得原価＠¥1,600）の内1,500株を1株当たり¥1,500で売却し，代金は月末に受け取ることにした。株式の記帳は，平均原価法によっている。
　　（借）未　　収　　金　 2,250,000　（貸）売買目的有価証券　 2,025,000
　　　　　　　　　　　　　　　　　　　　　　　有価証券売却益　　　225,000
5　決算に際し，日本商工株式会社の株式100株（取得原価¥60,000）を時価＠

¥55,000によって評価する。

(借) 有価証券評価損　　500,000　　(貸) 売買目的有価証券　　500,000

6　決算に際し，手持ちの株式1,000株 (帳簿価額@¥340) が値上がりし，@¥350となったので1株につき¥10の評価益を計上した。

(借) 売買目的有価証券　　10,000　　(貸) 有価証券評価益　　10,000

2　有価証券（利付債券）の売買時の端数利息

　売買目的で所有する公債や社債などの利付債券を利払期の中途で売買するときには，原則として前の利払日から売買日までの日数計算による端数利息または経過利息を計算して，売買代金とともに受け渡しする。

　このような公債や社債を記入する場合，売買目的有価証券勘定の借方に取得原価（購入代価＋付随費用）で記入するとともに，端数利息については，有価証券利息勘定（収益）の借方に記入する。なぜ借方に記入するかというと，公債や社債の購入後到来する利払日に半年分の利息全額を有価証券利息勘定の貸方に記入することになり，結果として控除後の金額が，購入者の有価証券利息として計上することになる。また，この端数利息を受け入れる売却側では，通常の有価証券利息勘定として貸方に計上する。

〔例18〕

1　平成×年3月14日　売買目的のため横浜商工株式会社社債（額面¥2,000,000，償還期限10年，年利率2.3%　利払日6月30日と12月31日の年2回）を¥1,900,000で購入し，売買手数料¥14,000のほか，前の利払日から購入日までの利息¥9,200を加えて小切手を振り出して支払った。

(借) 売買目的有価証券 1,914,000　　(貸) 当　座　預　金 1,923,200
　　　有 価 証 券 利 息　　9,200

　　端数利息の計算期間　1月1日から3月14日までの73日間
　　有価証券利息の計算　¥2,000,000×0.023×(73日/365日)＝¥9,200

2　平成×年6月30日　上記1の半年分の利払日につき，利札¥23,000を切り取り，当座預金として入金した。

(借)当 座 預 金　23,000　　　(貸)有価証券利息　23,000
　　有価証券利息の計算　￥2,000,000×0.023×(6カ月/12カ月)
　　　　　　　　　　　＝￥23,000

3　満期保有目的債券

　満期保有目的債券とは，満期まで長期に所有し，利息を受け取る目的で保有する公債や社債その他の債券をいう。満期保有目的債券の処理は，取得時，利息受取時および決算時で異なり，期中売却は，満期まで保有することから基本的には考える必要はない。

　満期保有目的債券を取得したときには，実際の購入金額である取得原価で処理する。したがって，もし，割引発行により，額面金額（債券額）より低い価額で購入した場合には，その割引発行額を取得原価として処理する。

　満期保有目的債券では，定期的に利息の受取りが約束されているので，該当する期間の利息を受取った時には，有価証券利息勘定（収益）で処理する。

　満期保有目的債券は，取得原価が額面金額よりも少ないときには，その差額が金利の調整と考えられるので，原価として額面金額と取得原価の差額を，償却期限内に割り当てることになる。この方法を償却原価法という。償却原価法で計算された当期の金額は，満期保有目的債券勘定を増加させるとともに，有価証券利息勘定に計上する。

〔例19〕
1　平成×1年8月1日に大阪株式会社社債（額面￥1,200,000，償還期限5年，年利4％，利払日6月末と12月末の年2回）を￥100につき￥95で取得し，代金は小切手を振り出して支払った。

　　(借)満期保有目的債券 1,140,000　　(貸)当 座 預 金 1,140,000
　　　￥1,200,000×(￥95/￥100)＝￥1,140,000

2　平成×1年12月31日に上記大阪株式会社社債の利払日が到来し，利息を現金で受け取った。

　　(借)現　　　金　20,000　　　(貸)有価証券利息　20,000

¥1,200,000×0.04×(5カ月/12カ月)=¥20,000

3 本日決算日(平成×2年3月31日)。上記大阪株式会社社債につき,取得原価と額面金額との差額が金利調整部分と認められたので,償却原価法により処理する。また,利息の未経過の処理もすること。

(借)満期保有目的債券　　8,000　　(貸)有価証券利息　　8,000

(¥1,200,000-¥1,140,000)×(8カ月/60カ月)=¥8,000

(借)未収有価証券利息　12,000　　(貸)有価証券利息　12,000

¥1,200,000×0.04×(3カ月/12カ月)=¥12,000

4　有価証券の差入と貸借

　有価証券は,それ自体が価値を有するものであるから,企業取引を円滑にするため担保として提供(差入)あるいは貸借することがある。この場合,有価証券に係る所有者の占有権は移転するが,所有権に何ら変化を及ぼすものではない。よって簿記上の取引とはならないが,担保等の提供により換金化がある程度制約されているため,経済的制約を加えられていない手許有価証券と区別して記録するのが普通である。このような記録を通常備忘記録と称している。

　有価証券を担保等のために差し入れた場合には,差入有価証券勘定の借方に有価証券勘定から振り替えるのである。一方,有価証券を担保等により受け入れた場合,保管有価証券勘定,預り有価証券勘定を設け,株式の場合にはその時の市場価格により,公社債の場合には額面により,保管有価証券勘定の借方および預り有価証券勘定の貸方に記入するのである。

　また,有価証券を貸し付けた場合,貸主は貸付有価証券勘定を設け,有価証券勘定から貸付有価証券勘定の借方に振り替えるのである。一方,借主のほうは,保管有価証券勘定および借入有価証券勘定を設け,前に述べたと同じ価格で,保管有価証券勘定の借方および借入有価証券勘定の貸方に記入するのである。以下,設例をもって示せばつぎのとおりである。

〔例20〕　大和商店は山形商店と売買契約を締結するための保証として,神奈川商店から株式10,000株(簿価@¥80,時価@¥100)を借り入れ,直ちに山

形商店へ差し入れた。

神奈川商店

（借）貸付有価証券　　800,000　（貸）売買目的有価証券　　800,000

大和商店

（借）差入有価証券　1,000,000　（貸）借入有価証券　1,000,000

山形商店

（借）保管有価証券　1,000,000　（貸）預り有価証券　1,000,000

【研究問題】

1　銀行勘定調整表の作成目的とその作成方法について簡単に述べよ。
2　現金過不足勘定の性格を述べよ。
3　つぎの取引を仕訳した場合の，末尾の指示に従った勘定をあげよ。
　(a)　他人振出の小切手を支払にあてた（貸方）。
　(b)　小切手を振り出して支払った（貸方）。
　(c)　自己振出小切手の受入（借方）。
　(d)　他人振出小切手の受入（借方）。
4　受取利息と有価証券利息の異同について述べよ。

第8章　商品勘定

第1節　商品勘定の分割

1　商品勘定（Merchandise a／c）の分記法・総記法

　これまでに学んだ商品売買についての記帳は，商品勘定を設け，商品を仕入れたときは仕入価額でその借方に記入し，その売上については，売り上げるために減少した商品の仕入価額（売上原価）を商品勘定の貸方に記入し，また売価と売上原価の差額（商品売買益）については商品売買益勘定を設け，その貸方に記入してきた。したがって，商品勘定には商品の増加・減少のみ記入する資産の勘定となり，その借方残高は商品の現在高を示すことになる。このように，資産の増加・減少とそれとは別にかかる売買損益を区別して会計処理する方法を**損益分記法**（ただたんに分記法ともいう）という。

　しかしながら，この方法は，取扱商品の種類が少なくその取引量が僅かである場合には実行可能であるけれども，今日のように，商品の種類が多くしかも複雑に発生する場合には不便であり記帳は困難である。すなわち，(a)売上のつど売買益を計算することは手数が煩雑で実行困難である。とくに小売業のように多種類の物品を頻繁に売買する場合には，ほとんど実行不可能である。(b)売上金額を商品勘定と商品売買損益勘定とへ分記すると，売上高の総額を知るのに不便である。

　このような理由から，一般には商品勘定の借方に仕入高を，貸方には売上代価を記入する方法がとられる。このように，一つの勘定で資産の増加・減少を記録するほかに，商品売買益のような損益の発生に関する記録をも同時に記入する会計処理方法を**総記法**といい，資産の増減と損益の発生が同一の勘定で処理されるところから，**混合勘定**となる。

　商品の売買取引には，時として仕入品が注文した商品と異なったり，あるい

は仕入品について品質不良のものが存在する。このような場合には送られた商品を返品して注文品と交換または値引を条件として引き取る。このような事態が生じた場合には，仕入高を減少させる意味から，商品勘定の貸方に返品した額または値引を受けた相当額を記入する。一方，売主のほうは返品を受けた額または値引を許した相当額は売上高の減少であり，商品勘定の借方に記入する。

また，商品の仕入に直接要した引取運賃，購入手数料，保険料その他の諸掛は商品の売上から生じる利益と直接的関係にあり，当該諸掛の生じた商品の売上に対応させ，適正な荒利(**売上総利益**)を計算し，商品の仕入原価に算入する。すなわち，当該諸掛費は商品勘定の借方に記入するのである。しかし，商品の売上にともなって生じる発送費等の諸掛は，当該商品の売上益からマイナスする対応関係を有するものであるため，発送費または荷造運賃などその性質を示す適当な名称を設け，その勘定の借方に記入する。以上のことを設例をもって示そう。

〔例1〕 つぎの取引の仕訳を分記法および総記法で示しなさい。
 (1) 商品¥50,000を仕入れ，引取費¥1,000とともに現金で支払う。
 (2) 原価¥25,000の商品を¥35,000で掛にて売り渡す。なお発送費¥100は現金で支払った。
 (3) (1)で仕入れた商品のうち¥5,000を品違いのため返品し，代金は現金で受け取る。
 (4) 商品¥60,000を掛で仕入れる。
 (5) (2)で売り上げた商品について¥1,000の値引きと¥2,000（原価¥1,500）の返品を受ける。
 (6) 原価¥20,000の商品を¥30,000で現金にて売り渡す。

	分　記　法	総　記　法
(1)	商　　品 51,000 ／ 現　　金 51,000	商　　品 51,000 ／ 現　　金 51,000
(2)	売　掛　金 35,000 ／ 商　　品 25,000 発　送　費　　100 ／ 商品売買益 10,000 　　　　　　　　　　　現　　金　　100	売　掛　金 35,000 ／ 商　　品 35,000 発　送　費　　100 ／ 現　　金　　100
(3)	現　　金 5,000 ／ 商　　品 5,000	現　　金 5,000 ／ 商　　品 5,000
(4)	商　　品 60,000 ／ 買　掛　金 60,000	商　　品 60,000 ／ 買　掛　金 60,000
(5)	商品売買益 1,500 ／ 売　掛　金 3,000 商　　品 1,500 ／	商　　品 3,000 ／ 売　掛　金 3,000
(6)	現　　金 30,000 ／ 商　　品 20,000 　　　　　　　　　　　商品売買益 10,000	現　　金 30,000 ／ 商　　品 30,000

2　商品勘定の分割

　商品売買の取引を混合勘定としての商品勘定で処理すると，つぎのような欠点が生ずる。すなわち，(1)商品勘定の借方には仕入高のほか繰越高，売上戻り高，売上値引高等が記入されるため，借方合計は総仕入高も純仕入高も示さない。(2)商品勘定の貸方には売上高のほか仕入戻し高，仕入値引高が記入されるので，その合計額は総売上高も純売上高も示さない。(3)商品勘定の貸借差額は，商品の売上益も，また商品の現在高も示さない意味のないものとなる。このことは，(4)経営分析上必要とされる純売上高，純仕入高および売上原価等にかかる資料を得ることが著しく困難であり，(5)売上総利益算定の過程が明瞭に表示されないことになる。(6)また後述する仕入・売上にかかる補助簿としての仕入帳，売上帳および商品有高帳との照合が著しく困難である等の欠点が生ずる。ここで，これらの欠点を除くために，この勘定の記入事項について財務情報を迅速に提供できるように，いくつかに分類して別々の勘定で処理する。これを商品勘定の分割という。当該商品勘定の分割は，必要とされる情報に対する対応，企業規模や取引量によって適当に決められる。商品勘定を分割した場合，商品勘定の2分法には，仕入勘定と，売上勘定となる。

　一般的には繰越商品・仕入・売上の三つの勘定に分割する。この方法を**商品**

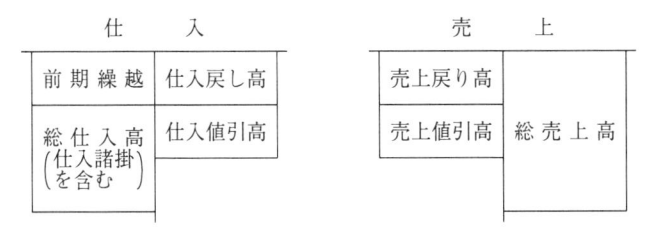

仕　　　入		売　　　上	
前期繰越	仕入戻し高	売上戻り高	総売上高
総仕入高 (仕入諸掛) (を含む)	仕入値引高	売上値引高	

勘定の3分法という。このほかに仕入戻しや，売上戻りがしばしば生ずる場合には，これら2勘定を独立させ，繰越商品・仕入・仕入戻し・売上・売上戻りの5勘定に分割することもある。期末には戻し勘定の残高は仕入勘定へ，戻り勘定の残高は売上勘定へ振り替えて純仕入高，純売上高を計算するから，売買損益の計算手続は，3分法のときと同じになる。

　このほか仕入値引勘定，売上値引勘定を独立させ，7勘定に分割する方法，さらに引取運賃などの仕入諸掛をそれぞれ仕入勘定から分離独立させる方法などもある。しかしながらこれらの分離独立した諸勘定は，期末にはいずれも仕入勘定と売上勘定に集められるから，売買損益算出の手続としては，結局前述の3分法の場合と同様になる。

3　商品勘定の3分法

　商品勘定の3分法は，混合勘定の欠点・不便を除くため考えられたものであり，それは混合勘定としての商品勘定を仕入関係については仕入勘定，売上関係については売上勘定，および前期からの繰越商品については繰越商品勘定を設けるのである。

　商品勘定の3分法における各勘定の記入はつぎのとおりである。すなわち繰越商品勘定の残高は前期繰越高を示し，仕入勘定の借方合計額は総仕入高を，貸方は仕入戻し高，仕入値引高の合計であり，その結果，借方残高は純仕入高を示す。また売上勘定の貸方合計額は総売上高を，借方は売上戻り高，売上値引高を示し，貸方残高は純売上高を示す。

　この場合，仕入勘定は費用勘定，売上勘定は収益勘定，繰越法品勘定は資産勘定となることに注意すべきである。

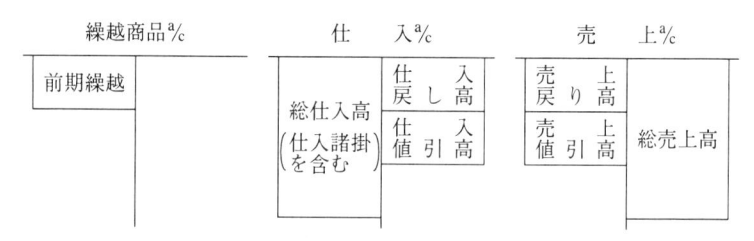

```
     繰越商品 a/c            仕   入 a/c             売   上 a/c
   ┌─────────┐         ┌─────┬─────┐         ┌─────┬─────┐
   │前期繰越 │         │     │仕 入│         │売 上│     │
   │         │         │総仕入高│戻し高│       │戻り高│総売上高│
   │         │         │(仕入諸掛├─────┤         ├─────┤     │
   │         │         │を含む)│仕 入│         │売 上│     │
   │         │         │     │値引高│         │値引高│     │
```

〔例2〕〔例1〕の取引を3分法で仕訳するとつぎのとおりである。

(1) (借) 仕　　　　　入　51,000　(貸) 現　　　　　金　51,000
(2) (借) 売　掛　　　金　35,000　(貸) 売　　　　　上　35,000
　　　　 発　送　　　費　　 100　　　 現　　　　　金　　 100
(3) (借) 現　　　　　金　 5,000　(貸) 仕　　　　　入　 5,000
(4) (借) 仕　　　　　入　60,000　(貸) 買　掛　　　金　60,000
(5) (借) 売　　　　　上　 3,000　(貸) 売　掛　　　金　 3,000
(6) (借) 現　　　　　金　30,000　(貸) 売　　　　　上　30,000

第2節　補　助　簿

1　補助簿の種類

　商品の仕入・売上および保管について明細を記録するために，補助簿として仕入帳・売上帳および商品有高帳が用いられる。すなわち，仕入取引については仕入帳，売上取引については売上帳，商品の在庫管理に商品有高帳が用いられる。仕入帳・売上帳には総勘定元帳の仕入勘定または売上勘定の総括的な記録を補うために，取引先・品名・数量・単価・金額などの明細が記録されるのである。

(1)　仕　入　帳 (Purchases journal)

　商品や材料を仕入れた場合に，これをその発生順に従って記録する帳簿である。この場合に記録すべき事項はつぎのとおりである。

　　①　取引の年月日　　②　仕入先と代金決済方法　　③　品名，数量，単価
　　④　品名ごとの内訳金額と仕入総額

なお，品種の間違いあるいはその他の理由でいったん仕入れた商品を仕入先へ返送したときには，これを戻し品あるいは返送品といい，仕入帳に返送された日付で朱記する。帳簿締切の際には個々の仕入（返品・値引前）を合計した総仕入高からこの戻し品高を差し引いて純仕入高を計算する。また代金の値引を受けたときも，その取扱いはこの戻し品の場合と同様である。

仕入帳の形式の一部を示せば次のとおりである。

仕　入　帳

平成〇年		摘　　　　要			内　訳	金　額
9	4	横浜商店		掛け		
		A品	50個	@¥　　500	25,000	
		B品	10本	@¥　10,000	100,000	125,000
	10	横浜商店		掛返品		
		A品	5個	@¥　　500		2,500
	23	品川商店		小切手		
		A品	60個	@¥　　590	35,400	
		同引取費現金払い			600	40,000
	30	総　仕　入　高				165,000
	〃	仕　入　返　品　高				2,500
		純　仕　入　高				162,500

(2) 売　上　帳 (Sales journal)

商品を販売した場合あるいは加工その他の役務（サービス）の提供を行った場合に，これをその発生の順に従って記録する帳簿である。この場合に記録すべき事項は仕入帳と同じようにつぎのとおりである。

① 取引の年月日　② 売上先と代金の決済方法　③ 品名，数量，単価
④ 品名ごとの内訳金額と売上総額

売上高は経営成績を判断するうえでもっとも重要な資料となるものであるから，すべての売上をもれなく記帳する必要であることはいうまでもない。

なお，いったん記帳した売上高の中に，戻り品があったり値引が行われた場合には，この帳簿の借方欄あるいは戻り品・値引欄にその金額を記入する。

売上帳の形式は，一般に仕入帳と同一形式のものが使用せられる。その形式はつぎのとおりである。

売　　上　　帳

平成 ○年		摘　　　　　要	内　　訳	金　　額
9	4	川崎商店　　　　　　　　小切手と掛け		
		A品　　20個　　@¥　　　700		14,000
	19	川崎商店　　　　　　　　掛返品		
		A品　　5個　　@¥　　　700		3,500
	20	東京商店　　　　　　　　掛け		
		A品　　50個　　@¥　　850	42,500	
		B品　　5本　　@¥　15,000	75,000	117,500
	23	東京商店　　　　　　　　掛値引き		
		B品　　5本　　@¥　1,000		5,000
	30	総　　売　　上　　高		131,500
	〃	売 上 返 品・値 引 高		8,500
		純　　売　　上　　高		123,000

なお，同一種類の商品に属するものでも，課税品目と非課税品目，卸売品と小売品との区別があるもの，また一つの企業で数種の商品の取扱をなす場合（例：薬品と化粧品，生魚と野菜と干物を一つの企業で取り扱う場合），あるいは商品の販売と役務の給付とを兼業する場合（例：菓子の販売と喫茶とを兼営）には，商品の種類別あるいは物品販売と役務給付との区分に従って，それぞれ別個に売上高を記録する必要がある。これらについては，売上帳に口取りを設けて，別の売上の口座として記帳するか，あるいは売上帳の売上内訳欄を商品種類別に設けるかの方法により記帳するべきである。

(3) 商品有高帳（Stock ledger）

商品勘定を分割しても，また仕入帳・売上帳を設けても商品の現在高を知ることはできない。そこで商品有高帳という補助簿が必要となる。

商品有高帳は商品元帳ともよばれ，商品の種類別に口座を設け，商品を仕入れたときその受入欄に仕入原価で記入し，販売したときその引渡欄にやはり仕

入原価で記入する。そして残高欄には，そのつど残高を算出して，いつでも手元商品の現在高を示すものである。このように帳簿により在庫品の現在高を計算する方法を**帳簿棚卸法**（Book inventory method）または恒久棚卸法（Perpetual inventory method）といい，これらは継続記録法（Running inventory method）を基に計算される。

商品有高帳の本来の役割からすれば，たんに数量を記入するだけでも足りるが，これに金額も記入する場合がある。商品有高帳に単価を記入する場合は仕入原価による。なお，同種商品を異なる単価で仕入れたとき，引渡および残高の金額を計算する方法にはつぎにあげる種々のものがある。以下，簡単に数字を用いて例示し説明しよう。

① **先入先出法**（First-in First-out method）

買入順法ともいわれ，実際の売上の順序にかかわりなく，計算のうえでは仕入の順序に従って，先に仕入れたものから先に売り上げられたものとみなして払出額（売上原価）および残高（棚卸原価）を計算する。したがって，この方法では，期末棚卸高は新しい仕入原価にもっとも近い価額で示される。なお，戻り品は売り渡したときの計算価額で新たに仕入れたものとみなして処理する。この方法は時価の変動を多少考慮に入れた原価主義評価法であるということができる。在庫品に古い売れ残り品などがない場合には，合理的な棚卸価額評価法である。

〔例3〕　7月1日　仕　入　600個　@￥100,　￥ 60,000
　　　　　5日　売　上　400個
　　　　　8日　仕　入　800個　@￥125,　￥100,000
　　　　　16日　売　上　300個
　　　　　21日　売　上　300個
　　　　　28日　仕　入　400個　@￥150,　￥ 60,000

商 品 有 高 帳
〇〇商品
(先入先出法)

日付		摘要	受入			払出			残高		
			数量	単価	金額	数量	単価	金額	数量	単価	金額
7	1	仕 入	600	100	60,000				600	100	60,000
	5	売 上				400	100	40,000	200	100	20,000
	8	仕 入	800	125	100,000				{ 200 800	100 125	20,000 100,000
	16	売 上				{ 200 100	100 125	20,000 12,500	700	125	87,500
	21	売 上				300	125	37,500	400	125	50,000
	28	仕 入	400	150	60,000				{ 400 400	125 150	50,000 60,000
	31	次月繰越				800		110,000			0
			1,800		220,000	1,800		220,000			
8	1	前月繰越	800		110,000				{ 400 400	125 150	50,000 60,000

期末棚卸高　(¥125×400)+(¥150×400)=¥110,000

② 後入先出法 (Last-in first-out method)

　この方法は，先入先出法と異なり仕入の順序とは逆にあとから仕入れたものが先に売り上げられたとみなし，仕入日付の新しいものから先に払い出し手続をとる方法である。すなわち，期間中に販売された商品あるいは消費された材料等の原価の計算においては，その払出の日にもっとも近い日に受け入れたものから，順次払出が行われたものとみなして計算するのである。

　したがって，この方法は，物価が漸次騰貴する（インフレーション）傾向にあるときは棚卸資産は実際よりも低く評価される（売上原価は時価に近い額が計算される）ことになり，物価が漸次下落する傾向にあるときはその実際よりも高く評価されることになる。別名この方法を買入逆法ともよんでいる。前と同じ数字で例示するとつぎのごとくである。

商品有高帳
○○商品 (後入先出法)

日付		摘要	受入 数量	単価	金額	払出 数量	単価	金額	残高 数量	単価	金額
7	1	仕入	600	100	60,000				600	100	60,000
	5	売上				400	100	40,000	200	100	20,000
	8	仕入	800	125	100,000				⎧ 200	100	20,000
									⎩ 800	125	100,000
	16	売上				300	125	37,500	⎧ 200	100	20,000
									⎩ 500	125	62,500
	21	売上				300	125	37,500	⎧ 200	100	20,000
									⎩ 200	125	25,000
	28	仕入	400	150	60,000				⎧ 200	100	20,000
									⎨ 200	125	25,000
									⎩ 400	150	60,000
	31	次月繰越				800		105,000			0
			1,800		220,000	1,800		220,000			
8	1	前月繰越	800		105,000				⎧ 200	100	20,000
									⎨ 200	125	25,000
									⎩ 400	150	60,000

期末棚卸高　(¥100×200)+(¥125×200)+(¥150×400)=¥105,000

なお，後入先出法は，平成20 (2009) 年の企業会計基準第9号の修正により，平成22 (2010) 年4月1日以降の事業年度から適用できなくなる。

③ 移動平均法 (Moving average method)

この方法は，新規の単価の異なった商品を仕入れたつど，その数量と価額を商品有高帳残高の数量と価額に加算して，その合計価額を合計数量で除した平均値をもって売上原価とする方法である。したがって，この方法は，売上原価が仕入のたびに変動するが，売上時に直ちにその売上原価が計算できるという長所をもつ。しかしながらこの方法はその平均値の算出には手数がかかり，また，その平均値が割り切れずに端数を生ずる場合には，それを切捨または切り上げることによる誤差の修正という余分の手続を必要とする。一般に，工場の払出材料などにおいて広く用いられている。記入例は前の数字による。

商品有高帳
○ ○ 商品　　　　　　　　　（移動平均法）

日付		摘要	受入			払出			残高		
			数量	単価	金額	数量	単価	金額	数量	単価	金額
7	1	仕入	600	100	60,000				600	100	60,000
	5	売上				400	100	40,000	200	100	20,000
	8	仕入	800	125	100,000				1,000	120	120,000
	16	売上				300	120	36,000	700	120	84,000
	21	売上				300	120	36,000	400	120	48,000
	28	仕入	400	150	60,000				800	135	108,000
	31	次月繰越				800	135	108,000			0
			1,800		220,000	1,800		220,000			
8	1	前月繰越	800	135	108,000				800	135	108,000

7月8日　平均単価　（¥20,000＋¥100,000）÷（200＋800）＝¥120
7月28日　　　　　（¥48,000＋¥60,000）÷（400＋400）＝¥135
期末棚卸高　¥135×800＝¥108,000

④　総平均法（Total average method）

　商品を引き渡したとき商品有高帳には数量だけを記入しておき，一定期間の終わりに前期繰越価額と当期仕入額の合計額を前期繰越数量および当期仕入数量の総数量で除して平均単価を算出し，これを払出および残高の計算価額とする。前例の数字を用いて計算すると，つぎのごとくである。

　平均単価　　¥220,000÷1,800＝¥122.22
　期末棚卸高　¥122.22×800＝¥97,776

⑤　単純平均法（Simple average method）

　この方法は算術平均法ともいい，一期間の各口の仕入単価を口数で除した平均単価を計算単価とする方法である。

　もっとも簡単な方法であるが，時として価格変動の激しい場合には実際原価とかけ離れた数字が出ることがあるから，あまり適当な方法ではない。前例の数字でみれば，

平 均 単 価　$\dfrac{¥100+¥125+¥150}{3}=¥125$

期末棚卸高　¥125×800＝¥100,000

となる。

⑥ 口 別 法 (Lot method)

　この方法は，同一種類の商品を異なる仕入価格に従って各口別に保管し，あるいは仕入時に仕入単価を付した値札をつるしておき，売上に際してはその売上商品の実際の仕入価格をもって売上原価とする方法である。したがって，この方法は商品の保管上ならびに記録上はなはだしく手数を要することとなり，その取り扱う商品の種類と量が多いときは実施することが不可能である。

【研究問題】

1　分記法・総記法・3分法の長所・短所をあげて説明しなさい。
2　商品有高帳の作成目的をあげ，かつそれに金額を付する理由を説明しなさい。
3　A商品の4月中における仕入・売上はつぎのとおりである。これに基づいて先入先出法，移動平均法，総平均法によって商品有高帳に記入し，締め切りなさい。

　　4／1　前月繰越　100個　@¥180　¥18,000
　　4／10　売　　上　 50個　@¥200　¥10,000
　　4／20　仕　　入　150個　@¥200　¥30,000
　　4／30　売　　上　 80個　@¥230　¥18,400

第9章 人名勘定と統制勘定

第1節 人名勘定

　ここまで学んできた商品の掛売買についての元帳への記入は，売掛金勘定および買掛金勘定を設けてなされてきた。すなわち，商品を掛売した場合，各得意先に対して生ずる債権は売掛金勘定の借方に記入し，その債権の回収については貸方に記入してきた。この結果，売掛金勘定の借方残高は売掛債権の現在高を意味し，かつそれは売掛債権の発生・回収額を把握できるという長所がある。しかしながら，この記入方法では各得意先ごとの売掛債権の現在高が把握できないという欠点を有する。このデータは得意先に対する信用付与枠，信用付与条件等の決定のために重要なものであるため，売掛金勘定の代わりに各得意先または氏名を勘定科目として用いることがある。この種の勘定を人名勘定（Personal a／c）という。この勘定の性質は売掛金勘定と同じであって，記入方法も売掛金に準じてなされる。

　なお，買掛金勘定についても，同じ理由から人名勘定を設けて会計処理することがある。

　設例によりその仕訳を示せばつぎのとおりとなる。

〔例1〕　つぎの取引を人名勘定を用いて仕訳せよ。

　　4／4　　東京商店より商品￥50,000を掛買した。

　　4／6　　千葉商店より商品￥70,000を買い入れ，代金のうち￥30,000は小切手を振り出し支払い，残額は掛とした。

　　4／11　　神奈川商店へ商品￥15,000を掛売した。

　　4／13　　埼玉商店へ商品￥28,000を掛売した。

　　4／15　　埼玉商店より￥3,000の返品を受けた。

　　4／24　　神奈川商店より￥10,000，埼玉商店より￥12,000の売掛代金を現

金で回収した。

4/28 東京商店へ¥50,000, 千葉商店へ¥20,000の買掛代金を小切手をもって支払った。

(仕 訳)

4/4	(借)仕 入	50,000	(貸)東 京 商 店	50,000
4/6	(借)仕 入	70,000	(貸)当 座 預 金	30,000
			千 葉 商 店	40,000
4/11	(借)神奈川商店	15,000	(貸)売 上	15,000
4/13	(借)埼 玉 商 店	28,000	(貸)売 上	28,000
4/15	(借)売 上	3,000	(貸)埼 玉 商 店	3,000
4/24	(借)現 金	22,000	(貸)神奈川商店	10,000
			埼 玉 商 店	12,000
4/28	(借)東 京 商 店	50,000	(貸)当 座 預 金	70,000
	千 葉 商 店	20,000		

第2節 統制勘定と補助簿

　人名勘定は，事業規模が小さくまたは取引先が少ない場合，その設定の長所がクローズアップされる。しかしその逆の場合には，売掛金総額あるいは買掛金総額を直ちに知ることが困難になるばかりでなく，元帳を扱いにくくさせ，転記の手数を増大させ，試算表の作成を遅らせる結果となり，また誤りの発見を一層困難にさせることになる。

　そこで，このような不便をなくすため，元帳では売掛金勘定と買掛金勘定を用い，別にそれらの勘定の内訳明細を示す補助簿として売掛金勘定については得意先元帳，買掛金勘定については仕入先元帳を設け，当該元帳には個々の得意先または仕入先の口座を設けて処理する方法がとられる。このようにすれば，売掛債権および買掛債務の総額が総勘定元帳から直ちに知ることができる。

　このような帳簿体系を採用した場合，たとえば売掛金の増加取引は，総勘定

元帳に設けた売掛金勘定の借方に記入するとともに，得意先元帳の得意先口座にも記入されることになる。このことは回収の場合にも同じである。したがって，売掛金勘定の借方・貸方の各合計額および残高は，得意先元帳の個々の得意先口座の借方・貸方の各合計額および残高の合計額と一致する。このことは買掛金勘定と仕入先元帳との関係についても同様である。

売掛金勘定は得意先元帳を，また買掛金勘定は仕入先元帳を統括しているものといえる。したがって当該勘定は**統括勘定**または**統制勘定**（Controlling a/c）といわれている。

前節における〔例1〕の取引をもって，統制勘定と得意先元帳・仕入先元帳との関係をT字形勘定で示せばつぎのとおりとなる。

総 勘 定 元 帳

売　　掛　　金				買　　掛　　金			
4/11	15,000	4/15	3,000	4/28	70,000	4/4	50,000
4/13	28,000	4/24	22,000			4/6	40,000

得 意 先 元 帳

神奈川商店				埼玉商店			
4/11	15,000	4/24	10,000	4/13	28,000	4/15	3,000
						4/24	12,000

仕 入 先 元 帳

東京商店				千葉商店			
4/28	50,000	4/4	50,000	4/28	20,000	4/6	40,000

上の売掛金勘定の借方合計額￥43,000，貸方合計額￥25,000，借方残高￥18,000である。これらの額のいずれも神奈川商店と埼玉商店の借方合計額，貸方合計額および残高の合計額に一致している。買掛金勘定についても同じである。

第3節　貸倒れに関する処理

1　貸倒損失（貸倒償却）と貸倒引当金

　商品・製品等を掛や手形により販売した場合，売掛金・受取手形等の売上債権が生ずる。これらの債権は，不幸にして破産等の理由からその全額または一部を回収し得ない場合がある。この回収不能を貸倒れという。貸倒れが発生したとき，貸倒引当金を設定していない場合には，貸倒損失勘定に計上するとともに，売掛金や受取手形を減額する。たとえば売掛金の貸倒れについての仕訳はつぎのとおりとなる。

　　（借）貸　倒　損　失　　×××　　（貸）売　　掛　　金　　×××

　売掛金や受取手形のような売上債権は，通常現金販売に比べて売価が高いのが一般的である。それは，信用期間中における貸倒れの危険性，資金の固定化にともなう金利の負担および集金費，事務費等が考慮されているからである。仮に，前年に掛売した対価が当年度において貸倒れになった場合を想定しよう。前年において現金売上の販売益よりも多い販売益が計上されるであろう。貸倒れにともなう損失がその発生したときの年度に負担するとした場合，その貸倒れに見合う収益が前年度において認識・計上されているため，その損失を当年度で負担することは不合理である。その貸倒れの生じた掛売した年度の収益に負担させるのが理論的である。しかし，債権の貸倒れの発生額は，信用期間の満了でなければわからない。このためできるだけ理論的に近づける意味から，決算日現在にある売掛金，受取手形等の売上債権について，貸倒発生見込額を推定する方法がとられる。その推定は過去の経験率を適用して貸倒見込額が決定されるだろう。そのときの仕訳はつぎのとおりとなる。

　　（借）貸倒引当金繰入　　×××　　（貸）貸　倒　引　当　金　　×××

　貸倒引当金繰入は，決算日現在に有する不良債権，すなわち貸倒見込額であるため，費用勘定である。一方の貸倒引当金は，貸倒れを見込まれた額の売上債権の評価勘定であり，後日貸倒れが生じた場合その損失はその貸倒引当金で

補塡される。それは，つぎにあげる仕訳によってその貸倒れが生じた年度の損益計算に影響を及ぼさせないのである。

　　　（借）貸 倒 引 当 金　×××　（貸）売　　掛　　金　×××

　上記の仕訳は，貸倒れ額が貸倒見積額内という前提に立っている。しかし貸倒れは必ずしも貸倒見積額内でおさまるとは限らない。すなわち貸倒引当金を超過した債権の貸倒れがあるのである。その場合にはつぎのような仕訳となる。

　　　（借）貸 倒 引 当 金　×××　（貸）売　　掛　　金　×××
　　　　　　貸 倒 損 失　×××

　なお，決算日における貸倒引当金の会計処理については後の章で考察する。

2　償却債権取立益

　破産等一定の事由により回収の見込がないために，債権の全部または一部を切捨，すなわち貸倒れ処理をしていたが，後日幸にして，取引先企業の債権者会議の結果，貸倒れ処理した債権の全部または一部が回収されることがある。この回収が貸倒れ処理した期間内において回収されたときは，つぎの仕訳になるだろう。

　　　（借）現　　　　　金　×××　（貸）貸 倒 引 当 金　×××
　　　　　　　　　　　　　　　　　　　（または貸倒損失）

　しかし，この回収が貸倒れ処理した期間と異なる場合，上の仕訳はできない。貸倒引当金は，前期末における債権に対する貸倒見積額であり，回収された貸倒引当金との因果関係は存在していない。また貸倒損失（貸倒償却）勘定はその期間中の貸倒れの額の記録であるため，前記の貸倒れの回収を貸倒損失（貸倒償却）から振り戻す理由は存在していないからである。したがって，この場合には償却債権取立益勘定を設け，その貸方に記入するのである。

　　　（借）現　　　　　金　×××　（貸）償却債権取立益　×××

【研究問題】

1. 人名勘定の長・短所について述べよ。
2. 統制勘定とは何か記せ。
3. 貸倒引当金の意義について述べよ。
4. つぎの取引を仕訳して，総勘定元帳の売掛金勘定，買掛金勘定と得意先元帳，仕入先元帳へ転記せよ。
    (1) 神田商店から商品￥255,000を掛で仕入れた。
    (2) 千葉商会に商品￥150,000を掛売した。
    (3) 川崎商店に商品￥70,000を販売し，代金のうち￥20,000は同店振出の小切手で受け取り，残額は掛とした。
    (4) 千葉商会から売掛金の一部￥100,000を現金で受け取った。
    (5) 神田商店に買掛金の一部￥170,000を小切手を振り出して支払った。
    (6) 川崎商店が破産し，同店に対する売掛金￥50,000が貸倒れとなった。
5. 償却債権取立益勘定について述べよ。

第10章　手形取引の記帳

第1節　商業手形

1　商業手形の種類

　商業手形には二つの種類，すなわち約束手形と為替手形がある（その見本は次頁にある）。

　約束手形は振出人（支払人）が名宛人（受取人）に対し，将来の特定の日に一定の金額を支払うことを約束した証券である。したがって，この約束手形に関係する当事者は2人である。そのうちの1人は約束をし，手形を振り出した側であり，もう一方は約束を受け，手形を受け取った側である。前者の手形債務者を振出人といい，後者の手形債権者を受取人という。

　為替手形は，振出人が名宛人（支払人）に対し，指図人（受取人）に一定の期日に一定の金額を支払うことを委託した証券である。したがって，為替手形の場合，約束手形の場合と異なり，手形にかかる当事者は，振出人・名宛人・指図人の3人となる。名宛人はその支払を引き受けることによって手形債務者となり，指図人は手形の債権者となる。しかし振出人は普通，手形に関する債権・債務について直接関係せず，名宛人（引受人）は手形金額の支払人（**手形債務者**）であり，指図人は手形金額の受取人（**手形債権者**）となる。

　なお，為替手形には振出人が自己を受取人として振り出したものや，振出人が自己を名宛人として振り出したものがある。前者を自己受為替手形といい，後者を自己宛為替手形という。自己受為替手形を振り出した場合には振出人が手形債権者となり，自己宛為替手形を振り出した場合には振出人が手形債務者となる。

[約束手形様式見本]

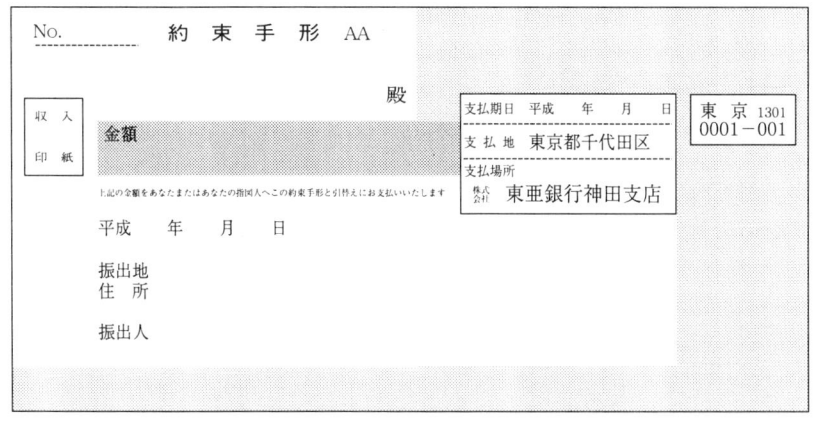

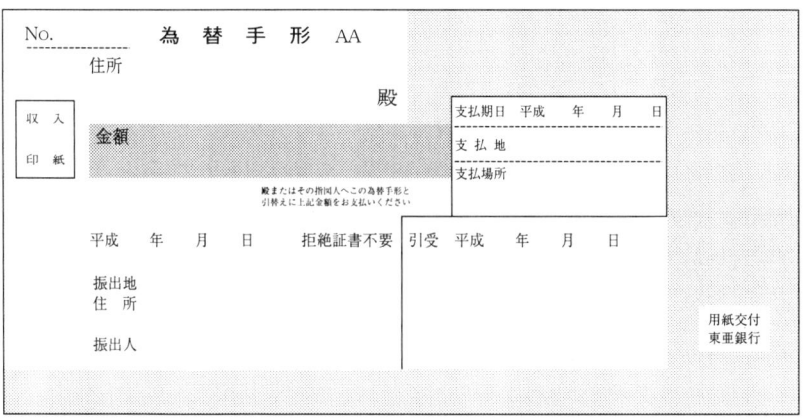

[為替手形様式見本]

　以上のように，一般の商取引に基づいて振り出された手形を**商業手形**とよび，銀行などから資金の融通を受けるために振り出される手形を**金融手形**（融通手形）とよばれ，その性格を異にする。これについては節を変えて述べることにする。

2　手形勘定と補助簿

　手形に関する勘定には，受取手形勘定と支払手形勘定を設ける。上記のように手形には2種類あるが，手形の種類によって手形上の債権・債務が異なるわ

けではないので，約束手形勘定・為替手形勘定というような手形の種類を示す勘定を設ける必要はなく，手形債権または手形債務が発生したか，消滅したかを明らかにすればよいからである。

(1) 受取手形勘定は，手形債権の発生，消滅を記入する勘定である。すなわち，約束手形や為替手形を受入れ手形債権が発生したとき借方に記入し，手形代金の入金，所有手形の譲渡などにより，手形債権が消滅したとき貸方に記入する。

(借)	受取手形勘定	(貸)
(債権の発生)		(債権の消滅)
約束手形の受入		手形代金の入金
為替手形の受入		所有手形の裏書譲渡
		手形の不渡

(2) 支払手形勘定は，商取引上生じた仕入先に支払うべき手形債務を処理する勘定である。すなわち，支払手形勘定は，支払手段として用いられる手形の種類のいかんを問わず，すべて営業上の取引によって生じた手形債務としての手形代金の支払義務の発生，消滅を処理する勘定である。たんに金融目的のために，手形を振出して金銭を借入れた場合には，支払手形勘定を用いないで手形借入金勘定をもって処理する。

支払手形勘定を用いる場合は，たんに約束手形を振出す場合のみではない。他人振出，自己宛の為替手形を受け取ってこれを引き受けた場合，あるいは自己宛の為替手形を振出，引き受けてこれを他人に交付した場合にも生ずる。すなわち支払手形勘定に記録せられる場合は，つぎのとおりである。

(借)	支 払 手 形	(貸)
手形代金の支払		約束手形の振出
(約束手形の決済)		為替手形の引受
(為替手形の決済)		自己宛為替手形の振出引受

(3) 手形取引については，元帳内における受取手形勘定および支払手形勘定についての明細を記録するため，受取手形記入帳と支払手形記入帳という補助

簿を設ける。その雛型を示せばつぎのとおりとなる。

受取手形記入帳

10

平成○年		摘要	手形種類	手形番号	支払人	振出人又は裏書人	振出日 年月日	満期日 年月日	支払場所	金額	顛末 月日	摘要
8	16	B商店より商品代	為手	#1	C商店		○ 8 16	○ 9 15	××B/K	243,000	8 30	割引
										483,000		

支払手形記入帳

20

平成○年		摘要	手形種類	手形番号	受取人	振出人	振出日 年月日	満期日 年月日	支払場所	金額	顛末 月日	摘要
8	7	乙商店にb商品代	約手	#1	乙商店		○ 8 7	○ 8 21	××B/K	130,000	8 21	決済
										980,000		

約束手形と為替手形について，以下の設例に従って仕訳をしてみよう。

〔例１〕 ８月５日 品川商店は目黒商店から商品¥200,000を仕入れ，代金として約束手形を振り出した。

　（借）仕　　　入　　200,000　　（貸）支　払　手　形　　200,000

〔例２〕 ８月５日 目黒商店は品川商店へ商品¥200,000を売り上げ，代金は品川商店振出の約束手形を受け取った。

　（借）受　取　手　形　　200,000　　（貸）売　　　上　　200,000

〔例３〕 10月１日 目黒商店は満期日（10月４日）に近づいたので取引銀行である武蔵銀行に取立依頼をした。

　（注） 代金取立が行われるまでは，手形債権は消滅しないので，簿記上の取引とはならず仕訳はない。

〔例４〕 10月４日 品川商店は，前記手形が満期となったので，代金を当座預金から支払った。

　　　　（借）支　払　手　形　200,000　　（貸）当　座　預　金　200,000
〔例5〕　10月4日　目黒商店は，武蔵銀行へかねて取立を依頼していた上記手形代金￥200,000が取立済となり，当座預金とした旨の連絡を銀行から受ける。
　　　　（借）当　座　預　金　200,000　　（貸）受　取　手　形　200,000
以上の設例の流れを図示するとつぎのようになる。

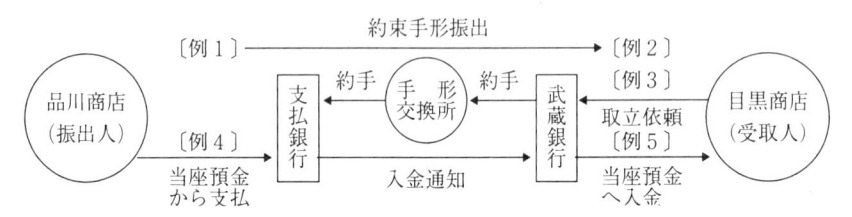

```
                    約束手形振出
           〔例1〕─────────────→〔例2〕
  ┌─────┐          ┌───┐ 約手 ┌───┐ 約手 ┌───┐          ┌─────┐
  │品川商店│          │支払│←───│手 形│←───│武蔵│ 取立依頼 │目黒商店│
  │(振出人)│  〔例4〕 │銀行│      │交換所│      │銀行│ 〔例3〕  │(受取人)│
  └─────┘          └───┘      └───┘      └───┘          └─────┘
            当座預金        入金通知           当座預金
            から支払                           へ入金
```

〔例6〕　10月10日　群馬商店は前橋商店から商品￥100,000を仕入れ，代金のうち￥80,000は得意先福島商店宛，前橋商店受取の為替手形を振り出して支払い，残額は掛とした。
　　　　（借）仕　　　　　入　100,000　　（貸）売　　掛　　金　　80,000
　　　　　　　　　　　　　　　　　　　　　　　買　　掛　　金　　20,000
〔例7〕　福島商店は，かねて買掛金のある仕入先群馬商店振出，当店宛の為替手形￥80,000を呈示され，引受をした。
　　　　（借）買　　掛　　金　　80,000　　（貸）支　払　手　形　　80,000
〔例8〕　10月10日　前橋商店は群馬商店へ商品￥100,000を売り上げ，代金のうち￥80,000は群馬商店振出，福島商店引受済の為替手形を受け取り，残額は掛とした。
　　　　（借）受　取　手　形　　80,000　　（貸）売　　　　　上　100,000
　　　　　　　売　　掛　　金　　20,000
〔例9〕　12月5日　前橋商店は上記為替手形代金を山陽銀行に取立を依頼した。
　　　　（注）〔例3〕と同じ理由から仕訳なし。
〔例10〕　12月9日　福島商店は，群馬商店振出，当店引受の為替手形￥80,000の代金を満期日に当座預金から支払った。

（借）支　払　手　形　　80,000　　（貸）当　座　預　金　　80,000

〔例11〕 12月9日　前橋商店は，かねてより取立依頼しておいた上記為替手形￥80,000について，取立済となり，当座預金とした旨，山陽銀行より連絡を受けた。

（借）当　座　預　金　　80,000　　（貸）受　取　手　形　　80,000

以上の設例の流れを図をもって示すとつぎのようになる。

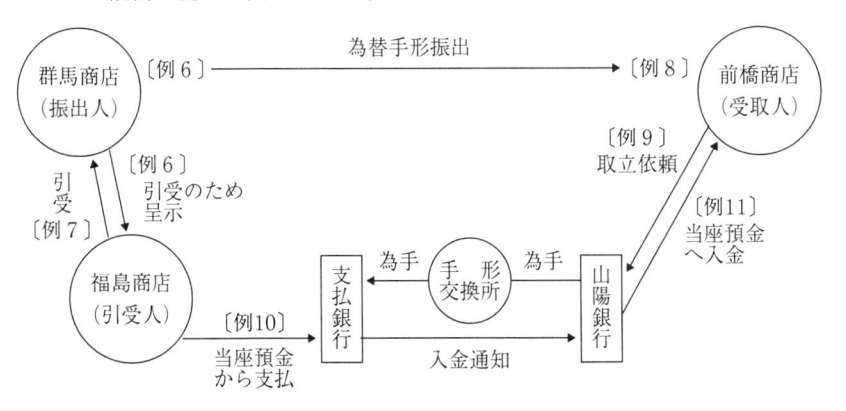

3　手形の裏書と割引

　手許にある手形は相手に対する債権を代表する法律上価値のある証券であるため，手形債権者は債務弁済のため，または資金融通目的のために手持の手形を裏書譲渡することができる。このとき手形の裏面に署名・押印する必要があり，通常これを手形の裏書といっている。この手形の裏書譲渡を目的別に分けると，手形保有者の債務を消滅させるために譲渡する，いわゆる債務弁済目的と，手許の資金不足のため銀行等に売却譲渡する，いわゆる金融目的に分けられる。たんに**手形の裏書**という場合は前者を指し，後者を**手形の売却（割引）**というのが一般的である。

　このような場合には裏書譲渡した手形金額を受取手形勘定の貸方に記入し，借方には弁済された債務の勘定が記入される。また金融目的の場合には手形を売却譲渡した日から満期日までに対する利息（割引料）を差し引かれるが，こ

れを手形売却損勘定を設け，その借方に記入するとともに，手形金額から割引料を差し引いた，いわゆる手取額は現金または当座預金勘定の借方に記入する。

〔例12〕 品川商店は大崎商店から商品￥140,000を仕入れ，その支払として渋谷商店振出，当店受取の約束手形￥100,000を裏書譲渡し，残額は掛とした。

(借) 仕　　　　入　140,000　　(貸) 受　取　手　形　100,000
　　　　　　　　　　　　　　　　　　買　　掛　　金　　40,000

〔例13〕 千葉商店振出の満期日を11月22日とする約束手形￥1,000,000を10月9日に取引銀行で割引率年3.65%にて割り引き，手取金は当座預金とした。

(借) 当　座　預　金　995,500　　(貸) 受　取　手　形　1,000,000
　　　手 形 売 却 損　　4,500

(注)　手形売却損（支払割引料）＝￥1,000,000×0.0365×45÷365＝￥4,500
　　　手形売却損は，両端入れの計算で，売却日（10月9日）と手形満期日（11月22日）を含めた期間計算により算出する。
　　　日数＝45日＝10月分23（31－9＋1）＋11月分22日

4　偶発債務(Contingent liabilities)と備忘記録(Memorandum record)

(1) 裏書手形の処理

　手形債権者が手形を裏書譲渡するときには，その手形に裏書することが必要である。手形に裏書することによって，その手形の振出人がもし手形代金を満期日に支払わない場合，手形裏書人は銀行その他の被裏書人（endorsee）に対して責任を負うことになる。それゆえ，手形裏書譲渡は将来の支払義務が生じることになる。その支払義務を偶発債務という。その債務は実在的 (real) なものよりむしろ偶発的（contingent）なものである。もし振出人がその手形を満期日に支払えば，裏書人の側においては何らの行動を起こすことなくその偶発債務は解消される。これに反し，その手形を振出人が満期日に支払わず，しかも裏書人がその事実の通知を受けた場合にはその債務は実在的なものとなる。このように偶発債務が現実に債務となった場合，その履行によって，まえの手形所

持人に対して当該債務額を請求する権利すなわち遡求権が生じる。したがって，受取手形を裏書譲渡した場合に生じるおそれのある遡求権と偶発債務を処理するため簿記上，当該，偶発的債務の存在を帳簿において明らかにしておくために，備忘記録（Memorandum record）をしておくことがある。その方法には，対照勘定を用いる方法と評価勘定を用いる方法とがある。

まず，対照勘定を用いる方法は，受取手形を裏書譲渡したとき，受取手形勘定の貸方に記入するとともに遡求権を示す手形裏書義務見返勘定を借方に，偶発債務である手形裏書義務勘定を貸方に記入する。また，偶発債務は，手形が不渡になった場合に支払義務を負うことになるので，裏書譲渡にともなう保証債務を時価で評価し，当該時価相当額を保証債務費用勘定の借方と保証債務勘定の貸方に計上する。ただし，優良手形は保証債務を計上しない。そして，裏書譲渡した受取手形が満期日に無事決済されたとき反対仕訳をして対照勘定を消滅させるとともに，保証債務勘定を保証債務取崩益勘定に振り替える。これに対して，評価勘定を用いる方法は，受取手形を裏書譲渡したときには，受取手形勘定の貸方に記入しないで，別に裏書手形勘定という受取手形に対する評価勘定を設けて，その貸方に記入する。また，この裏書譲渡にともなう偶発債務は，手形が不渡になった場合に支払義務を負うことになるので，裏書譲渡にともなう保証債務を時価で評価し，当該時価相当額を保証債務費用勘定の借方と保証債務勘定の貸方に計上する。ただし，優良手形においては，対照勘定のときと同様に保証債務を計上しない。そして，当該受取手形が満期日に無事決済されたとき，裏書手形勘定の借方に記入するとともに受取手形勘定の貸方に記入し，保証債務勘定を保証債務取崩益勘定に振り替える。

〔例14〕 つぎの取引を対照勘定と評価勘定の二つの方法により仕訳しなさい。
1 　商品¥500,000を東京商店より仕入れ，代金のうち¥280,000はかねて受け取っていた横浜商店振出しの約束手形＃7を裏書譲渡し，残額は掛とした。なお，保証債務の時価は，額面の1％である。
2 　上記の手形が満期日に決済された。

(1) 対照勘定による方法

① (借) 仕　　　　　入　　500,000　　(貸) 受　取　手　形　　280,000
　　　　　　　　　　　　　　　　　　　　　買　　掛　　金　　220,000
　　　　保 証 債 務 費 用　　2,800　　　　保　証　債　務　　2,800
　　　　手形裏書義務見返　280,000　　　　手 形 裏 書 義 務　280,000
② (借) 保　証　債　務　　2,800　　(貸) 保証債務取崩益　　2,800
　　　　手 形 裏 書 義 務　280,000　　　　手形裏書義務見返　280,000

(2) 評価勘定による方法

① (借) 仕　　　　　入　　500,000　　(貸) 裏　書　手　形　　280,000
　　　　　　　　　　　　　　　　　　　　　買　　掛　　金　　220,000
　　　　保 証 債 務 費 用　　2,800　　　　保　証　債　務　　2,800
② (借) 裏　書　手　形　　280,000　　(貸) 受　取　手　形　　280,000
　　　　保　証　債　務　　2,800　　　　保証債務取崩益　　2,800

なお，為替手形を振り出した場合，名宛人が引受を拒絶したとき，または引受人が支払を拒絶したときは，振出人が遡求義務を負うことになる。したがって，この場合にも，遡求義務に対する偶発債務の処理が必要である。為替手形を振り出した場合には，為替手形振出義務見返勘定を借方に記入するとともに為替手形振出義務勘定を貸方に記入する。

〔例15〕　仕入先浦和商店に対する買掛金を支払うため，得意先横浜商店宛の為替手形♯8 ¥250,000を振り出して支払った。

(借) 買　　掛　　金　　250,000　　(貸) 売　　掛　　金　　250,000
　　　為替手形振出義務見返　250,000　　　　為替手形振出義務　250,000

(2) 割引手形の処理

手形の所持人は，手形の満期日が到来する前に，取引銀行で当該手形を裏書譲渡して資金を融通してもらうことがある。これを手形の割引という。この場合，割引日から満期日までの利息金額を手形金額から差し引いて資金を獲得する。結局，手形代金より低い金額で手形 (金融資産) を売却したことになるので，割引時に支払う割引料は手形売却損勘定で処理する。

しかし，割引譲渡した手形が満期日に当該手形の振出人あるいは引受人が手形代金を支払えなくなった場合，取引銀行から償還請求を受けるので，当該償還請求に即応した義務を負う偶発債務が生じることになる。同時に当該手形の支払人である振出人あるいは引受人または裏書人に対しては償還請求を行う権利，すなわち遡求権が生じる。したがって，受取手形を取引銀行で割り引いた場合に生じるおそれのある遡求権と偶発債務の簿記上の会計処理として対照勘定を用いる方法と評価勘定を用いる方法がある。

まず，対照勘定を用いる方法は，受取手形を割引譲渡したとき，受取手形勘定の貸方に記入するとともに遡求権を手形裏書義務見返（または割引手形見返）勘定を借方に記入し，偶発債務を表す手形裏書義務（割引手形）勘定を貸方に記入する。また，偶発債務は，手形が不渡になった場合に支払義務を負うことになるので，割引譲渡にともなう保証債務を時価にて評価し，当該時価相当額を保証債務費用勘定の借方と保証債務勘定の貸方に計上する。ただし，優良手形は保証債務を計上しない。そして，割引譲渡した受取手形が満期日に無事決済されたとき反対仕訳をして対照勘定を消滅させるとともに，保証債務勘定を保証債務取崩益勘定に振り替える。これに対して，評価勘定を用いる方法は，受取手形を割引譲渡したときには，受取手形勘定の貸方に記入しないで，別に割引手形勘定という受取手形に対する評価勘定を設けて，その貸方に記入する。また，この割引譲渡にともなう偶発債務は，手形が不渡になった場合に支払義務を負うことになるので，割引譲渡にともなう保証債務を時価で評価し，当該時価相当額を保証債務費用勘定の借方と保証債務勘定の貸方に計上する。ただし，優良手形においては，対照勘定のときと同様に保証債務を計上しない。そして，割引譲渡した受取手形が満期日に無事決済されたとき，割引譲渡勘定の借方に記入するとともに受取手形勘定の貸方に記入し，保証債務勘定を保証債務取崩益勘定に振り替える。

〔例16〕 つぎの取引を対照勘定と評価勘定の二つの方法により仕訳しなさい。
1　東京商店は，横浜商店引受けの為替手形￥200,000を取引銀行で割引し，￥185,000を当座預金とした。なお，手形割引に係る二次的債務として時価

¥1,000が認識された。
2 上記の為替手形が，満期日に決済された。
(1) 対照勘定による方法
① (借) 当 座 預 金　185,000　　(貸) 受 取 手 形　200,000
　　　　手 形 売 却 損　 15,000
　　　　保 証 債 務 費 用　 1,000　　　　保 証 債 務　　 1,000
　　　　手形割引義務見返　200,000　　　　手形割引義務　　200,000
　　　　（または割引手形見返）　　　　　　（または割引手形）
② (借) 手 形 割 引 義 務　200,000　　(貸) 手形割引義務見返　200,000
　　　　（または割引手形）　　　　　　　　（または割引手形見返）
　　　　保 証 債 務　　 1,000　　　　保証債務取崩益　　 1,000
(2) 評価勘定による方法
① (借) 当 座 預 金　185,000　　(貸) 割 引 手 形　200,000
　　　　手 形 売 却 損　 15,000
　　　　保 証 債 務 費 用　 1,000　　　　保 証 債 務　　 1,000
② (借) 割 引 手 形　200,000　　(貸) 受 取 手 形　200,000
　　　　保 証 債 務　　 1,000　　　　保証債務取崩益　　 1,000

5 不 渡 手 形 (Dishonored notes receivable)

　支払期日が到来したにもかかわらず，手形金額が支払われないことを手形の不渡という。

　所持する受取手形が不渡となると，その手形はもはや譲渡することはできない。またすでに裏書譲渡した手形が不渡となった場合には，銀行その他の被裏書人にその旨を通知するとともに，手形代金・不渡の日から手形代金の支払われるまでの利子を請求する。ある場合には，不渡の事実を証明する公正証書 (Notarized statement)，すなわち拒絶証書を裏書人に提出することがある。この証書の代金（拒絶証書作成料，protest fee）は裏書人の負担となる。

第2節　荷為替（荷付為替手形）

　外国や遠隔地の取引先に売上のため商品を送るとき，売主は運送業者に販売商品の発送を委託することがある。そのさい売主は，運送業者から託送品にかかる貨物引換証を受け取る。遠隔地間の取引についての代金の決済は一般の場合に比べ時間を要する。したがって売主はその代金を早く入手するため，取引先を名宛人，自己または銀行を受取人とする為替手形を振り出し，貨物引換証を担保としてその手形を割り引くことがある。これを荷為替（荷付為替手形）の取組という。荷為替の取組は，一般には貨物代金の7～8割（掛）の金額であるが，全額のときもある。後者の場合，通常これを丸為替とよんでいる。

　荷為替に応じた銀行は，その手形と貨物引換証を受け取り，当該手形の決済日までの利息（割引料）を控除して手取金相当額を融資するとともに，荷受人の所在の支店または取引銀行に転送する。そこにおいて荷受人は手形の引受のためにこれを呈示される。荷受人は，呈示された当該手形の引受をしたときに初めて銀行から貨物引換証を受け取るのである。これを引受渡（Delivery against acceptanceD／A）という。なおそのほかに手形代金の支払があったときに貨物引換証を渡す場合もある。これを支払渡（Delivery against payment D／P）という。このように荷為替の取組は為替手形の振出であるから，荷送人には手形上の債権が生ぜず，荷為替の引受人に手形上の債務が生ずるのみである。

〔例17〕　福田商店は，かねて青木商店から注文された商品¥200,000を発送し，商品の発送と同時に¥180,000の荷為替を取り組み，割引料¥2,000を差し引かれ，手取金は当座預金とした。なお，保証債務の時価は額面の1％である。

(借) 手 形 売 却 損　　 2,000　　(貸) 売　　　　　上　　200,000
　　 当 座 預 金　　178,000　　　　 保 証 債 務　　　1,800
　　 売　 掛　 金　　 20,000
　　 保 証 債 務 費 用　 1,800

〔例18〕 青木商店は，上記の荷為替の引受をして，貨物引換証を受け取った。
(借) 未 着 商 品　200,000　(貸) 支 払 手 形　180,000
　　　　　　　　　　　　　　　　　買　掛　金　　20,000

(注) 未着商品については「特殊商品取引」の章にて説明する。

第3節　金融手形

　実際の商品取引の代金決済に利用される手形を商業手形とよぶのに対し，資金融通のための借用証書の代わりに振り出される手形を金融手形または融通手形という。金融手形は，商業手形とその性質を異にするため，商業手形で処理される受取手形勘定・支払手形勘定を用いないで，手形貸付金勘定・手形借入金勘定を設けて処理する。

〔例19〕 岐阜商店に¥500,000を貸し付け，証書として同店振出当店宛3カ月後払の約束手形を受け入れた。
(借) 手 形 貸 付 金　500,000　(貸) 現　　　　金　500,000

〔例20〕 約束手形を振り出して大洋銀行から¥200,000を借り入れ，利息¥5,000を差し引き，手取金は当座預金とした。
(借) 当 座 預 金　195,000　(貸) 手 形 借 入 金　200,000
　　　支 払 利 息　　5,000

【研究問題】
1　商業手形と金融手形の相違について述べよ。
2　手形の譲渡とこれにともなう偶発債務につき説明せよ。
3　評価勘定と対照勘定について説明せよ。
4　荷為替手形について述べよ。
5　つぎの取引を仕訳しなさい（評価勘定を用いること）。
　(1) 神田商店へ商品¥50,000を販売し，代金は同店振出当店宛約束手形を受け取る。
　(2) 神奈川商店へ対する買掛金¥130,000に対し，前記の約束手形を裏書譲渡する。なお，保証債務の時価は額面の1％である。

(3)　裏書譲渡した前記約束手形満期日に入金済の旨，神奈川商店より通知を受けた。
6　つぎの取引を評価勘定と対照勘定を用いて，その仕訳を示せ。
　(1)　取引銀行で，松山商店振出の約束手形￥100,000を割り引き，割引料￥270を差し引き，手取金は当座預金とした。なお，保証債務の時価は額面の1％である。
　(2)　上記の手形が満期日に取立済の旨，銀行より通知があった。
7　つぎの取引の仕訳を示せ。
　(1)　山川商店より裏書譲渡を受けた約束手形￥70,000が不渡となり，大野商店は遡求権を行使するものとし，支払拒絶証書作成料等の諸費用￥1,800を現金で支払った。
　(2)　上記における不渡手形を法定利息￥700とともに現金にて支払を受けた（償還者の仕訳と償還を受けた者の仕訳を示せ）。
8　つぎの仕訳を示せ。
　(1)　村田商店より商品を仕入れ，代金￥80,000に対し，同店宛日付1カ月後払約束手形を振り出した。
　(2)　岡山商店よりの買掛金￥90,000の支払として，得意先川村商店宛一覧後10日払為替手形を振り出した。
　(3)　上記(2)の為替手形の引受が得意先川村商店によってなされた。
9　つぎの仕訳を示せ。
　(1)　国分商店より仕入先大川商店振出当店宛の為替手形￥750,000の呈示を受け引受をなした。
　(2)　当店振出約束手形￥100,000，本日満期日につき，受取人山田商店へ現金にて支払った。
　(3)　川崎商店振出大和商事引受為替手形本日満期日につき，大和商事に支払請求のための呈示をなし，手形金額￥175,000に対し同店振出品川銀行宛の小切手を受け取り直ちに当座預金とした。
10　つぎの取引を仕訳せよ。
　(1)　武蔵野商店へ現金￥150,000を貸し付け，証書として同店振出の約束手形を受け取った。
　(2)　京都商店は四国商店に商品￥600,000を売り渡し本日発送した。発送と同時に貨物引換証の8掛の荷為替手形を取り組み，割引料￥4,800を差し引き，手取金は当座預金とした。なお，保証債務の時価は額面の1％である。
　(3)　四国商店は，上記(2)の荷為替手形の引受をして商品を引き取った。

第11章　その他の債権・債務と繰延資産

第1節　その他の債権・債務

前章までに債権・債務勘定のうち基本的に重要な勘定について詳説してきた。ここでは，それ以外の債権・債務勘定について以下設例によって考察することとする。

1　未収金勘定と未払金勘定

商品売買業における商品取引のように主たる営業活動から継続的に発生する債権・債務は売掛金勘定または買掛金勘定を用いて処理されるが，この勘定はそれ以外の一時的取引，たとえば土地・備品等の買入や売却にともなう取引について生ずる債権・債務を処理するため設けられた勘定である。ただし，不動産業における土地の売買，家具販売業における家具の売買は，その営業が主たる目的であるため，それにかかる債権・債務を処理する勘定は売掛金・買掛金勘定で処理することになる。

〔例1〕　東京商店は，京都商事へ廃品を売却し，代金￥50,000は月末に受け取ることにした。

　　（借）未　収　金　　50,000　（貸）雑　収　入　　50,000

〔例2〕　廃品回収業である京都商事は，上記の商品を東京商店から￥50,000で買い入れ，代金は月末に支払うことにした。

　　（借）仕　　　入　　50,000　（貸）買　掛　金　　50,000

〔例3〕　店舗用備品￥170,000を買い入れ，代金は月末に支払うことにした。

　　（借）備　　　品　　170,000　（貸）未　払　金　　170,000

2　前払金勘定と前受金勘定

　商品の販売に先立って，その代金の一部を内金として授受することがある。この内金は，買手にとっては商品の引渡を受けるまでの債権であり，売手にとっては債務となる。このような内金の性質を有する債権・債務の処理は，前払金勘定（資産勘定）・前受金勘定（負債勘定）で行われる。なお同じ内払の性質を有するものでも，契約の履行を確実にする目的をもって行われる内金を手付金といい，その会計処理としては支払手付金勘定・受取手付金勘定で処理される。

〔例4〕　宮田商店は藤田商店へ商品￥280,000を注文し，内金として￥80,000の小切手を振り出して支払った。

　宮田商店
　　（借）前　払　金　　80,000　　（貸）当　座　預　金　　80,000
　藤田商店
　　（借）現　　　金　　80,000　　（貸）前　受　金　　80,000

〔例5〕　宮田商店は，上記の商品を引き取り，代金のうち，上記の内金を差し引いた残額は掛とした。

　宮田商店
　　（借）仕　　　入　　280,000　　（貸）前　払　金　　80,000
　　　　　　　　　　　　　　　　　　　　買　掛　金　　200,000
　藤田商店
　　（借）前　受　金　　80,000　　（貸）売　　　上　　280,000
　　　　　売　掛　金　　200,000

　〔例4〕，〔例5〕について売買契約を結んでいる場合には，つぎの仕訳となる。

〔例6〕
　宮田商店
　　（借）支　払　手　付　金　　80,000　　（貸）当　座　預　金　　80,000

藤田商店
　　（借）現　　　　　金　　80,000　　（貸）受 取 手 付 金　　80,000

〔例7〕
宮田商店
　　（借）仕　　　　　入　　280,000　　（貸）支 払 手 付 金　　80,000
　　　　　　　　　　　　　　　　　　　　　　買　　掛　　金　　200,000
藤田商店
　　（借）受 取 手 付 金　　80,000　　（貸）売　　　　　上　　280,000
　　　　　売　　掛　　金　　200,000

3　貸付金勘定と借入金勘定

　金銭の貸借を証書によって行う場合，これにともなって発生する債権・債務は貸付金勘定・借入金勘定を設けて処理する。なお，当該貸借期間が1年を超えるときには，たんなる貸付金勘定・借入金勘定に代えて，長期貸付金勘定・長期借入金勘定で処理するのが普通である。

　また，証書による貸付の代わりに約束手形で貸し付けた金額を処理する勘定は，手形貸付金勘定で処理する。また金銭を借り入れ，借用証書でなく約束手形を渡した場合は手形借入金勘定で処理する。この相違を明確に理解する必要がある。

〔例8〕　福山商店は，富山商店から現金¥400,000を借り，富山商店へ借用証書を差し入れた。ただし返済期限は1年以内である。

福山商店
　　（借）現　　　　　金　　400,000　　（貸）借　　入　　金　　400,000
富山商店
　　（借）貸　　付　　金　　400,000　　（貸）現　　　　　金　　400,000

〔例9〕　福山商店は上記借入金とともに利息¥5,000を小切手を振り出して支払う。

福山商店
　（借）借　　入　　金　400,000　　（貸）当　座　預　金　405,000
　　　　支　払　利　息　　5,000
富山商店
　（借）現　　　　　　金　405,000　　（貸）貸　　付　　金　400,000
　　　　　　　　　　　　　　　　　　　　　受　取　利　息　　5,000

4　経　過　勘　定

　期間損益を正しく計算するために，一定の契約に従い，継続して用役の授受が行われる収益と費用については，用役を授受した事実に照らして，収益および費用を修正しなければならない。この必要性から決算期に設けられる勘定を経過勘定という。ここでは理論的なものにのみ触れることにし，具体的なものについては決算整理の章で述べることにする。

(1)　前　払　費　用

　前払費用は，一定の契約に従い，継続して役務の提供を受ける場合，いまだ提供されていない役務に対し支払われた対価をいう。したがって，このような役務に対する対価は，時間の経過とともに次期以降の費用となるものであるから，これを当期の損益計算から除去するとともに貸借対照表の資産の部に計上しなければならない。また，前払費用は，かかる役務提供契約以外の契約等による前払金とは区別しなければならない。

(2)　前　受　収　益

　前受収益は，一定の契約に従い，継続して役務の提供を行う場合，いまだ提供していない役務に対し支払を受けた対価をいう。したがって，このような役務に対する対価は，時間の経過とともに次期以降の収益となるものであるから，これを当期の損益計算から除去するとともに貸借対照表の負債の部に計上しなければならない。また，前受収益は，かかる役務提供契約以外の契約等による前受金とは区別しなければならない。

(3) 未払費用

未払費用は，一定の契約に従い，継続して役務の提供を受ける場合，すでに提供された役務に対していまだその対価の支払が終わらないものをいう。したがって，このような役務に対する対価は，時間の経過にともないすでに当期の費用として発生しているものであるから，これを当期の損益計算に計上するとともに貸借対照表の負債の部に計上しなければならない。また，未払費用は，かかる役務提供契約以外の契約等による未払金とは区別しなければならない。

(4) 未収収益

未収収益は，一定の契約に従い，継続して役務の提供を行う場合，すでに提供した役務に対していまだその対価の支払を受けていないものをいう。したがって，このような役務に対する対価は時間の経過にともないすでに当期の収益として発生しているものであるから，これを当期の損益計算に計上するとともに貸借対照表の資産の部に計上しなければならない。また，未収収益は，かかる役務提供契約以外の契約等による未収金とは区別しなければならない。

5 立替金勘定と預り金勘定

企業は，従業員や役員，他の企業に対して，一時的に立替払を行うことがある。また給料あるいは役務の受入に対する対価の支払時等に源泉所得税を徴収してこれを一時的に預かり，後日税務署へ本人に代わって納付をする場合がある。前者の立替払は，立替金勘定で処理し，後者は預り金勘定で処理する。

なお，役員・従業員との間に生じた立替金・預り金を明確にしておくため，役員立替金勘定・従業員立替金勘定または役員預り金勘定・従業員預り金勘定その他，立替・預りの性質を示す適当な勘定を用いて処理する。

〔例10〕 給料￥205,000から源泉所得税￥3,400および社内旅行積立金￥2,000を差し引き，手取金を現金で支払った。

(借) 給　　　　　料　　205,000　　(貸) 源泉所得税預り金　　　3,400
　　　　　　　　　　　　　　　　　　　　社内旅行積立金預り金　2,000
　　　　　　　　　　　　　　　　　　　　現　　　　　　　金　199,600

〔例11〕 従業員甲山乙太郎の生命保険料￥4,000を現金で立替払した。

　（借）従業員立替金　　　4,000　　（貸）現　　　　　金　　4,000

6　仮払金勘定と仮受金勘定

　現金の収支があったが，それを記入すべき勘定科目が定まらないか，あるいは処理すべき勘定科目が定まっているが，これを精算してみないと金額が確定しないとき，科目または金額が確定するまでの一時的な処理のために仮勘定が設けられる。これには，支出を処理する仮払金勘定と収入を処理する仮受金勘定に分けられる。これらは上記のごとく仮勘定であるから，勘定科目または金額が確定次第，それぞれ確定した勘定に振り替えなければならない。

　なお，当該仮勘定が決算日になっても，いまだ精算されていない場合，貸借対照表の当該仮勘定は，その性質を示す適当な科目で記載する必要がある。たとえば，仮払旅費，従業員仮受金等の科目を用いて処理される。

〔例12〕 店員が北海道へ出張につき，旅費概算額￥80,000を現金で前渡した。

　（借）仮　　払　　金　　80,000　　（貸）現　　　　　金　　80,000

〔例13〕 出張中の店員から￥350,000を送金小切手で受け取る。なお，この送金の内容は不明である。

　（借）現　　　　　金　　350,000　　（貸）仮　　受　　金　　350,000

〔例14〕 店員が出張先から帰り，上記の送金小切手￥350,000は，得意先北海商店からの売掛金の回収と新規の得意先からの注文代金の一部￥100,000であることが判明した。

　（借）仮　　受　　金　　350,000　　（貸）売　　掛　　金　　250,000
　　　　　　　　　　　　　　　　　　　　　　前　　受　　金　　100,000

〔例15〕 旅費を精算し，不足金￥5,500を店員に現金で支払った。

　（借）旅 費 交 通 費　　85,500　　（貸）仮　　払　　金　　80,000
　　　　　　　　　　　　　　　　　　　　　現　　　　　金　　 5,500

7　商品券勘定

　デパート，チェーン店等で自社の商品の引換券（商品券）を発行することがある。当該商品券の発行は，将来その券に記載してある金額相当の自社商品の引渡義務を負うことを意味する。当該義務，すなわち債務は，商品の引渡を終えるまで商品券勘定を設けてその貸方に記入するのである。

〔例16〕　自社商品券￥50,000を発行し，代金を現金で受け取った。

　　（借）現　　　　　金　　50,000　　（貸）商　品　券　　50,000
　　　　　　　　　　　　　　　　　　　　　　（自社商品券）

〔例17〕　商品￥70,000を売り上げ，代金として当店発行の商品券￥50,000と現金￥20,000を受け取った。

　　（借）商　品　券　　50,000　　（貸）売　　　　　上　　70,000
　　　　　現　　　　　金　　20,000

8　未決算勘定

　ある事故の発生を予測し，当該事故の発生にともなう損失に備え，保険等を掛けているのが普通である。たとえば損害保険とか運送保険などはその例である。当該保険を掛けている対象物について保険事由が発生した場合，保険金の支払が行われるまでは相当の時間を要する。しかしながら，この事故について何ら処理せず放置することはかえって事務処理の円滑を失する。そのためすでに判明している事柄の処理から生ずる仕訳の貸借不一致の額を処理する勘定科目として未決算勘定が設けられる。したがって後日，保険金等の支払が確定した場合には，未決算勘定から適当な勘定科目に振り替えられる。

　なお，決算日に至るも未決算勘定に残高がある場合，貸借対照表に記載する科目は，未決算の適当な勘定科目で記載することになる。たとえば火災未決算，風水害未決算等の科目を用いる。

〔例18〕　帳簿価額￥2,500,000の建物（取得価額￥5,000,000）が焼失したため，直ちに保険会社に同額の保険金を請求した。

(借)火災未決算 2,500,000　　(貸)建　　　物 2,500,000

〔例19〕 上記の保険金の査定の結果,保険金は¥2,000,000である旨の通知を受ける。

(借)未　収　金 2,000,000　　(貸)火災未決算 2,500,000
　　　火 災 損 失　 500,000

第2節　繰延資産

　この勘定の特色は,本来損益計算上の費用として支出した部分のうち,その費用の帰属すべき会計期間が次期以降にある場合には,決算に際してこれを当期費用項目から一時的資産として次期に繰延し,資産化しなければならない。かかる繰延費用 (Deferred charges) を繰延資産という。

　現金の収支に関係なく,損益発生の事実に基づいてその期間の損益を計算する方法を**発生主義** (Accrual basis) といい,これに対して,現金の収支に基づいて損益を計算する方法を**現金主義** (Cash basis) とよんでいる。今日の企業会計は一部の小規模の企業を除いては,ほとんど発生主義会計による損益計算を行っている。このように繰延資産は,発生主義計算の立場から各会計年度への費用配分を正確に行う必要から生まれたものである。なお繰延資産が流動資産および固定資産と異なる点は,再び現金に換えられることなく,また,これをもって債務の支払にあてることができないことである。

1　創　立　費 (Organization expenses)

　会社はその設立までに会合費,目論見書の作成費,発起人の報酬その他設立準備のための諸費用を要し,また設立登記のための登記料を支払う。これらの費用は発起人が立て替えておいて,株金の払込があった後,企業から発起人に株主総会の承認を得て返還される。設立に要したこのような費用を創立費という。これは元来が費用であって設立と同時に損失に計上すべきものであるが,経常的な費用ではなく,金額も比較的多額であり,設立年度の第1期に全額を

負担させることは合理的でない。このためこれらの費用を繰り延べ，繰延資産として計上できる。創立費を資産として計上したときは，会社設立後5年以内に毎期均等額を償却する。

〔例20〕 大和商事株式会社は設立費用および登記料のため¥350,000を要した。これは発起人が立替払をしていたため，会社の設立後に小切手で発起人に支払った。

（借）創　立　費　350,000　（貸）当　座　預　金　350,000

〔例21〕 第1期の事業年度（6ヵ月決算）末に創立費¥35,000を償却した。

（借）創 立 費 償 却　35,000　（貸）創　立　費　35,000

2　開　業　費（Business commence expenses）

　企業の業種によっては，設立時から営業活動により収益を得るまでには相当の日時を要し，かつ，この間に地代や家賃，広告宣伝費，通信費，従業員の給料等比較的多額の費用の支出を生ずることがある。この種の開業準備のための費用を開業費という。開業費は企業がいまだ収益を獲得しないうちに生ずる費用であるから，これを負担させる対象がない。このためこの費用を繰延資産として計上することができる。繰延資産として計上したときは，開業すなわち営業活動の開始後，5年以内に毎決算期において均等額以上の償却を行う。

3　開　発　費（Development expenses）

　企業は新製品の発売などのために要する巨額の広告費，市場開拓研究費などその効果がつぎの事業年度以降にも及び，また支出のあった事業年度で経費支弁することが不適当であるような巨額の支出について，これを繰延計算することができる。この種の繰延費用を開発費という。開発費はこれを支出のあった事業年度に一時に損失として計上することは適当ではない。このため支出額を開発費勘定の借方に記入し，その後，効果の及ぶ事業年度に割り振って償却する。なお，創立費，開業費と同じく，この種の費用は支出の後，5年以内に毎決算期において均等額以上の償却をするものとしている。

4 株式交付費 (Stock issue cost)

　新株式の発行にあたって印刷費，株式募集のための広告費，また公募発行のときには，発行事務を金融機関に委託し発行手数料を支払う。このような費用に自己株式の処分費用も含めて株式交付費といい，繰延資産として計上でき，株式発行などの後3年以内に毎期均等額以上の償却をする。なお，株式交付費は新株を発行したときは，その発行のために必要な費用の額である。新株式は旧株式に対する用語であり，このため株式交付費の計上は，既存の株式会社が増資のため株式を発行する場合の費用に限られる。よって新たに株式会社を設立し，設立の時に発行する株式についての株式の発行費用は，ここにいう株式交付費ではなく，創立費として処理される。

〔例22〕　北海商事株式会社は，新株式の発行にあたって発行費￥3,500,000を現金で支払った。

　　（借）株 式 交 付 費　3,500,000　　（貸）現　　　　　金　3,500,000

〔例23〕　第1期事業年度末に新株発行費￥1,200,000を償却した。

　　（借）株式交付費償却　1,200,000　　（貸）株 式 交 付 費　1,200,000

5 社債発行費等 (Bond issue cost)

　社債の発行にあたり直接に支出した金額，たとえば募集広告費，金融機関の取扱手数料，証券会社の取扱手数料，社債申込証・目論見書・社債券等の印刷費，社債登録税等及び新株予約権を発行するための費用を社債発行費等という。この社債発行費等は当該社債の償還期間にわたる費用として，毎期均等額を配分することが理論的である。したがって，社債発行費等を資産として繰り延べたときは，当該社債の償還期限内に毎期均等額以上の償却を行うことを規定している。

〔例24〕　年利率6分，期限10年の社債，額面￥20,000,000を銀行を通じて￥100につき￥95の割合で発行した。発行手数料として額面の1％を支払い，手取金は当座預金とした。

(借) 当 座 預 金 18,800,000　　(貸) 社　　　　債 19,000,000
　　　社 債 発 行 費　　200,000

【研究問題】
　つぎのそれぞれの二つの勘定の相違点をあげよ。
　(1)　売掛金と未収金
　(2)　買掛金と未払金
　(3)　前払金と前払費用
　(4)　未決算と仮払金
　(5)　前受収益と前受金
　(6)　前払金と支払手付金

第12章　固定資産と減価償却費

第1節　固定資産とその取得原価

　固定資産は，現金，売掛金，受取手形，商品等のように決算日の翌日から1年以内に現金化され，あるいは費用化される流動資産に対する概念である。すなわち固定資産とは，土地，建物，備品等営業活動において使用する目的をもって所有する資産であって，その耐用期間が1年を超えるもの，もしくは決算日の翌日から1年を超えて現金化するもの（たとえば長期定期預金，子会社株式，投資有価証券など）の総称である。なお，前者については事務の煩雑性等の考慮から税法上においては，耐用年数が1年を超えるもののほかに，その取得価額が一定価額（税法では10万円）以上のものであることが固定資産の要件とされている。

　土地，建物，備品等の営業用固定資産についての記帳は，各固定資産の種類ごとに勘定を設けて処理する。すなわち，固定資産を買い入れたときは，その取得原価を該当する勘定の借方に記入する。

　固定資産の取得価額は，その資産を取得し，利用するまで直接に要した一切のものを含めた価額である。すなわち，固定資産の買入代金のほか，買入手数料や登録税，あるいは運送費，荷役費，据付費および試運転費などを含むのである。

1　建物勘定 (Building a/c)・構築物勘定 (Immovable structures a/c)

　建物勘定は，営業用に供する店舗，事務所，工場，倉庫等を総括して処理する勘定である。暖房，照明，通風等の付属設備もまた建物勘定の中に含めて処理する。建物は他から買い入れる場合と，新築する場合とがあるが，完成した建物を買い入れたときには，買入代金および仲立人の手数料，登記料その他使

用前に施された修理費，模様替費等を建物の取得価額として建物勘定の借方に記入する。

〔例1〕 店舗用建物¥6,000,000を購入し，その代金は小切手にて支払い，別に購入手数料¥280,000および登記料その他¥35,000は現金にて支払った。

　　（借）建　　　　　物　6,315,000　　（貸）当　座　預　金　6,000,000
　　　　　　　　　　　　　　　　　　　　　　　現　　　　　金　　315,000

建物に付属しないところの土木設備，たとえば，ドック，軌道，貯水池，坑道，煙突，堀，橋のようなものは，別に構築物勘定（Immovable structures a/c）を設けて処理する。

なお，個人企業などにおいて，建物が事業主個人の住宅と兼用になっているような場合には，事業の所有に属する建物はその事業のために使用する実際の面積からその価額を割り出して記帳する必要がある。

〔例2〕 店舗併用住宅を買い入れ，代金¥5,800,000と買入手数料等諸掛費¥200,000を現金で支払った。なお店舗と住宅の面積割合は30：70である。

　　（借）建　　　　　物　1,800,000　　（貸）現　　　　　金　6,000,000
　　　　　引　　出　　金　4,200,000

（注）引出金勘定については次章にて考察する。

2　備品勘定（fixtures a/c）

事務用の機器，パソコン，電話器などで耐用年数が1年を超えており，かつ一定金額以上（税法では10万円以上）のものを処理する勘定である。

3　車両運搬具勘定（Delivery equipment a/c）

営業のため使用される自動車，車両運搬具等をいう。この取得価額は，購入価額に登録手数料等の付随費用を含めたものである。

4 機械装置勘定 (Machinery and equipment a/c)

　製造の用に供される機械もしくは装置ならびにこれらに付属する設備を処理する勘定である。

5 土 地 勘 定 (Land a/c)

　営業の用に供される工場および事務所等の敷地を処理する勘定である。この取得価額は，購入価額に買入手数料，整地費用，登記料等の付随費用を含めたものである。

6 建設仮勘定 (Construction in process a/c)

　建物の建築，新工場内に配置する機械等が一体として機能を果たすまでには相当な期間と資金を必要とするものである。またこれらが機能するまでは数度の支払や種々なる経費が発生する。建設仮勘定とは，このように長期を要する固定資産の購入・建築について，最初の支払から当該固定資産が完成するまで支払った額を処理する勘定である。したがって当該勘定は目的物が完成することにより建物・機械等の勘定へ振り替えられる。建設仮払金勘定ともいう。

〔例3〕　山本建設会社と建物新築契約を結び，請負代金¥7,500,000のうち第1回分として¥3,000,000を小切手で支払った。

　　(借) 建 設 仮 勘 定　3,000,000　　(貸) 当 座 預 金　3,000,000

〔例4〕　第2回分として¥2,000,000を小切手で支払った。

　　(借) 建 設 仮 勘 定　2,000,000　　(貸) 当 座 預 金　2,000,000

〔例5〕　建物が完成し，引渡を受け，残金を小切手で支払った。

　　(借) 建　　　　　物　7,500,000　　(貸) 当 座 預 金　2,500,000
　　　　　　　　　　　　　　　　　　　　　　建 設 仮 勘 定　5,000,000

第2節　減 価 償 却

1　減価償却の意味

　建物，設備，備品などの固定資産は，時の経過や使用により価値が減少する。これを減価といっている。土地は永久資産であるから減価は生じない。この土地を除いては，すべての固定資産は何年かの後にはその耐用年数の終了とともに価値が零となり，あるいは零とならなくても著しい価値の減少を生ずるものである。このように，固定資産の価値の減少の事実を認識して，これを期間損益計算上の費用に計上することを減価償却 (depreciation) といい，当該費用を減価償却費という。

　減価償却は固定資産の取得原価を，各期間の費用として配分するための計算であり，その本質は，原価を基礎とした費用配分計算を行うもので，それは一種の予定見積計算である。したがって，この減価償却を行うためには，通常つぎの三つの前提が与えられる。

　① 　固定資産の取得原価が明らかであること。
　② 　固定資産の耐用年数が明らかであること。
　③ 　固定資産の耐用年数を経過した後に残る残存価額 (scrap value) が明らかであること。

等である。①は，固定資産の取得原価はすでに述べたように，その買入価額および買入に付帯するすべての必要経費であって，その資産買入に要した運賃，機械据付費用，組立費用等も加算される。

　ついで②の前提条件としての耐用年数については，その固定資産の減価を生ずる原因について考察しておく必要があろう。減価要因としてはつぎのものが一般的である。

　A　物質的原因
　　㋐　固定資産の実際的使用による損傷，破損，磨滅，汚損等
　　㋑　固定資産に対する不当な取扱あるいは偶発事故による損害

㈼　たんなる時の経過による風化，化学作用などによる損耗
　B　機能的原因
　　㈭　技術の発達および発明等による陳腐化・旧式化
　　㈰　固定資産の利用によって得るところの生産物または生産的給付に対する需要の変化または消滅
　　㈼　特定の設備財の不適応に基づく事実上の利用性の減少

　以上のごとく諸原因があるが，これらはすべて必ず減価償却の原因となるものとは限らない。減価償却は，本質的に将来生ずべき費用の発生に対する予定見積計算であり，その発生が科学的あるいは経験的に予見できるものは減価償却の原因となるが，まったく予見できない偶発事故の場合は，減価償却の発生原因とはなりえない。それは減価償却外の臨時的損失になるものである。

　ゆえに，前掲のA㈰の偶発事故はもちろんのこと，Bの㈭，㈰，㈼のような損失はすべてが減価償却費の計上とはならない。すなわち，経験率その他によって見積りできるものを計上して，これを固定資産の耐用年数のうえに表すのが減価償却である。

　このようにして，固定資産の耐用年数は何よりもまず固定資産の生産的利用に基づく価値減耗の把握を第一とし，その耐用年数の最大限を画するものは固定資産の使用に基づく物質的な磨滅，破損等である。

　最後に③の点について考察するならば，この残存価額 (scrap value) とは，固定資産がある期間，生産的に利用せられた後に，それが生産的に利用せられ得なくなった場合における処分価額である。それは必ずしも技術的に使用に耐え得なくなったときの価額を意味するものではない。技術的にはなお使用可能であっても，経済的にそれがもたらす効果がその資産の使用，維持，修繕等に要する費用を償うことができなくなったときにおける価額が残存価額となるのである。

　わが国の税法では，平成19 (2007) 年3月31日までに取得した固定資産については課税技術上の要求によって，すべて有形固定資産（ただし坑道を除く）についてこれを取得原価の1割と定め，坑道および無形固定資産についてはこれを

ゼロと定めている。しかし，平成19 (2007) 年4月1日以降に取得した固定資産については国際競争力を高めることから，残存価額を廃止，つまりゼロと定めている。

なおアメリカなどでは，固定資産の残存価額はその処分に要する費用を差し引くときは，ほとんど取得原価は5％にも満たない場合もあれば，またその40％にも達する場合もあって，固定資産の用途，種類等によってまちまちである。

2 減価償却の計算方法

減価償却の計算方法としては，実務上，定額法，定率法および生産高比例法が用いられるが，理論上としては償却基金法や年金法が考えられる。

また，平成19 (2007) 年の税制改正により，平成19 (2007) 年4月1日以後取得した固定資産については，従来の定額法，定率法および生産高比例法にかえて，（新）定額法，（新）定率法（250％定率法）および（新）生産高比例法が適用されることになった。

(1) 定額法（旧定額法）

この方法は直線法とよばれ毎年の減価償却費の計上について，つぎの算式により行うものである。

　　（取得原価－残存価額）÷耐用年数＝毎年の減価償却費

すなわち，固定資産の取得から廃棄されるに至るまでの各期間の損益計算に，できるだけ平均的な償却費を負担させる目的をもって償却を行う場合に採用される。しかし，この方法がもっともよく妥当する場合は，一般につぎのとおりである。

　(a) 資産の利用度が，その全耐用期間，毎期ほぼ同一の額である場合
　(b) 資産のもつ能率が，その全耐用期間，毎期ほぼ同一である場合

この計算方法の特徴をあげるならば，つぎのとおりである。

　① 計算方法が非常に簡単であること
　② 計算が確実に行われること

③ 毎期に計上される費用が均等であるから，期間比較を容易にし，また固定資産の収益性を測る尺度ともなりうること
④ 減価の過程からみて，理論的に正当でないと思われる場合でも，著しく不当な結果を生じないこと
⑤ 毎期一定額を費用に計上することは，企業の財務政策上にも望ましい結果をもたらす場合が多いこと

等があげられる。以下この方法の計算例を示そう。

たとえば，取得原価￥3,000,000の建物（店舗）の1年間の減価償却費は，税法の規定に従い残存価額を原価の10％とし，建物の耐用年数を30年とするとき，つぎのごとく計算される。

$$(\underset{(取得原価)}{￥3,000,000} - \underset{(残存価額)}{￥300,000}) \div \underset{(耐用年数)}{30} = \underset{(減価償却費)}{￥90,000}$$

よって，この建物（店舗）を使用することによって，この企業は毎年￥90,000の減価償却費を計上することになる。

(2) 定率法（旧定率法）

この方法は逓減償却法ともいい，資産の帳簿価額に毎期一定の率を乗ずることによって1期間の減価償却費を計算する方法である。この一定率は，つぎの算式により算定される。

$$償却率\ r = 1 - \sqrt[n]{\frac{残存価額}{取得価額}} \quad (nは資産の耐用年数を示すものとする)$$

この算式はつぎのようにして作られたものである。取得原価をC，残存価額をS，耐用年数をn，償却率をrとするとき，$S = C \times (1-r)^n$

したがって，$(1-r)^n = \frac{S}{C}$　よって，$r = 1 - \sqrt[n]{\frac{S}{C}}$　となる。

この方法では，
① 償却費を後年度ほど減少させるから，後年度ほど増加する維持費，修繕費等を合算するときは，期間的に費用負担を平均化させることができる。
② 固定資産の収益力は初年度ほど大であり，後年度において低下するものが多いから，償却費もまた後年度ほど少なくすべきである。

③ 固定資産の運転費もまた後年度ほど増加するものが多いから，この点についても費用負担の平均化をはかることが可能である。

等の点からも適したものとして一般に認められる。すなわち，資産の帳簿価額は年々償却を行うにともなって減少するものであるから，償却費の金額もまた年々減少する。

なおこの方法の特徴は，

① 計算が簡単であること

　定額法と比較すれば個々の固定資産を別々に計算する場合には複雑であるが，耐用年数が同じであり取得年度を異にする多数の類似資産についてこの方法を適用するときは，各資産の償却額は平均化され，かつ各資産の帳簿価額の合計に対して一括して定率を乗じて償却額を計算するので，かえって計算は簡単化する。

② 初期における償却額が著しく大であること

　この傾向は耐用年数の短い資産ほど著しい。また残存価額を少なく見積もるほど初期の償却額は大となる。たとえば，耐用年数10年以内の短期償却資産にこの方法を適用するときは，初年度からその2割以上を償却することが可能となる（残存価額10%の場合）。

　また，残存価額を3%程度と見積もるときは，同じく耐用年数10年の場合において，その償却率は30%となる。

以上の特徴を総合し，この方法が適用されて，よくその目的を達するものと思われる場合は，

(a) 常に更新のために新しい資産が追加補充される固定資産を保有する場合

(b) 耐用年数が不確定な資産で，なるべく償却を早く多く行おうとする場合

(c) 利益をなるべく初期に控えめに計上して，企業の実質を充実しようとする保守的会計の方針をとる場合（ただし，初期に実際利益の少ない企業においてはこの目的に副うことはできない）

等があげられる。以下簡単にこの算式例をあげよう。

　たとえば，取得原価¥300,000，残存価額¥30,000，耐用年数30年とすると

き前掲の算式を用いて $r = 1 - \sqrt[30]{\dfrac{30,000}{300,000}} = 0.074$ となる。

したがって，毎年の固定資産帳簿価額にこの率を乗じて償却を行っていくときは，30年後すなわち耐用年数経過後には取得原価の10％が残存価額として残ることになるのである。これがまた半年決算を毎期行う場合においては，耐用年数を2倍として計算を行った償却率を適用すればよいことになる。

(3) 生産高比例法（旧生産高比例法）

この方法は，たんに比例法または生産高法ともよばれ，固定資産の価値の減耗は，それらの利用によってもたらす生産高に比例して生ずるものとの前提に立つもので，その算式はつぎのようにして示される。

1期間の減価償却費＝生産物単位当たり減価償却費×1期間の生産量

$$\text{生産物単位当たり減価償却費} = \frac{\text{固定資産の取得価額} - \text{残存価額}}{\text{固定資産の耐用年数中における全生産予定量}}$$

固定資産はそれをもって生産物を生産しまたは用役を提供するものであるから，それが使用しつくされるまでの期間中にどれだけの数量の生産物が生産され，また用役が提供されるかを予定することができる場合および固定資産の消耗がその利用の程度に照応するものである場合には，この方法がもっとも合理的に適用される。鉱山，山林および飛行機などの償却に利用されている。

一般的には，鉱山採掘業，森林伐採業のごとく，最初から採取可能量がほぼ予定して得られる企業に多く適用される。以下，簡単な例を用いて示すとつぎのごとくである。

ある炭坑の出炭可能量を10,000,000トンであるとする。ある年における生産高が500,000トンであるとすれば，¥3,000,000の建物の償却費は，つぎのように計算される（残存価額が取得原価の10％のとき）。

$$(¥3,000,000 - ¥300,000) \times \frac{500,000}{10,000,000} = ¥135,000$$

なおここで生産高比例法を適用する場合に注意すべきことは，実際生産高の総量が予定する量と一致しない結果となった場合の処理である。すなわち実際上の生産高が予定生産高を超過した場合には，それだけいわゆる付加原価を生

ずる。付加原価は事実上の費用でないから，これを費用に計上するときは，同額の金額を原価差益として損益計算書の貸方に記入する必要がある。また，逆に実際上の生産高が予定生産高よりも少ない結果となった場合には，それだけいわゆる原価差損を損益計算書に計上しなければならない。

(4) 償却基金法

この方法は一定額の償却費を費用に計上するとともに，同額の資金を営業外に投資してその元利合計をもって償却総額とするものである。償却額はつぎの算式により計算される。

$$償却基金繰入額 = \frac{(基礎価額 - 残存価額) \times r}{(1+r)^{n-1}}$$

（r＝利子率，n＝耐用年数）

(5) 年　金　法

この方法は固定資産をもって用役の数ヵ年分を一括して買い入れたものと認め，その代価を用役価値の年金現価であると考える。したがって償却額はつぎの年金計算の公式により計算される。

$$償却額 = \frac{(基礎価額 - 残存価額) \times r}{(1+r)^{n-1}} + 基礎価額 \times r$$

その他の方法として各年度の償却率を算術級数的に逓減させる級数法，部分的に取替の可能なものについて取替費をもって減価償却に代える取替法，固定資産を各年度末に再評価する再評価法などがある。

(6) 新税制における減価償却制度

平成19(2007)年の税制改正により減価償却制度の規定が改正された。これによると平成19(2007)年4月1日以後に取得した新規取得資産については償却可能限度額（改正前は取得原価の95％）と残存価額（改正前は取得原価の10％）が廃止され，耐用年数経過後に残存価額を1円（これを備忘価額という）まで償却できるようになった。ただし，平成19年(2007)年3月31日までに取得した資産については従前の方法がそのまま適用されることになっている。

① （新）定額法

平成19(2007)年4月1日以降に取得した固定資産に適用される(新)定額法で

は，残存価額をゼロ（または1円）として計算するため，取得原価を耐用年数で除した金額を減価償却費とする方法である。

　（新）定額法による毎期の減価償却費＝取得原価÷耐用年数

　　または，取得原価×定額法償却率（定額法償却率＝1÷耐用年数）

　なお，平成19(2007)年3月31日までに取得した固定資産に適用される減価償却方法は，従前の定額法（これを旧定額法という）を適用する。

　　旧定額法による毎期の減価償却費＝（取得原価－残存価額）÷耐用年数

　　または，（取得原価－残存価額）×定額法償却率（定額法償却率＝1÷耐用年数）

②　（新）定率法（250％定率法）

　平成19(2007)年4月1日以降に取得した固定資産に適用される（新）定率法は，250％定率法ともいわれ，原則として新定額法償却率に2.5倍した率を（新）定率法として，その償却率を期首帳簿価額に乗じて減価償却費を計算する方法である。

　　（新）定率法による毎期の減価償却率＝期首帳簿価額×（新）定率法償却率

　　　期首帳簿価額＝取得原価－減価償却累計額

　　　|（新）定率法償却率＝（新）定額法償却率×2.5|

　なお，平成19(2007)年3月31日までに取得した固定資産に適用される減価償却法は，従前の定率法（これを旧定率法という）を適用する。

　　旧定率法による毎期の減価償却費＝期首帳簿価額×旧定率法償却率

③　（新）生産高比例法

　平成19(2007)年4月1日以降に取得した固定資産に適用される（新）生産高比例法では，残存価額をゼロ（または1円）として計算するため，取得原価を予測総利用満高または予測総生産高で除して，各年度の利用高または生産高を乗じて計算する方法である。

　なお，平成19(2007)年3月31日までに取得した固定資産に適用される減価償却方法は，従前の生産高比例法（これを旧生産高比例法という）を適用する。

〔例6〕
1 取得原価¥1,000,000，耐用年数5年の固定資産の1年経過後と2年経過後の減価償却費を①（新）定額法と②（新）定率法（250％定率法）により計算しなさい。

① （新）定額法による減価償却費の計算
　　1年経過後の減価償却費　¥1,000,000÷5年＝¥200,000
　　または¥1,000,000×0.2＝¥200,000（定額法償却率　1÷5年＝0.2）
　　2年経過後の減価償却費　¥1,000,000÷5年＝¥200,000
　　または¥1,000,000×0.2＝¥200,000（定額法償却率　1÷5年＝0.2）

② （新）定率法による減価償却費の計算
　　1年経過後の減価償却費　¥1,000,000×0.5＝¥500,000
　　2年経過後の減価償却費　（¥1,000,000－¥500,000）×0.5＝¥250,000
　　（新）定率法償却率　0.2（定額法償却率）×2.5＝0.5

2 上記1の固定資産を従来の定額法（旧定額法）と従来の定率法（旧定率法）により計算しなさい。なお，残存価額は取得原価の1割とし，旧定率法の償却率は0.369とする。

① 従来の定額法（旧定額法）による減価償却費の計算
　　1年経過後の減価償却費　（¥1,000,000－¥100,000）÷5年
　　　　　　　　　　　　　　＝¥180,000
　　または（¥1,000,000－¥100,000）×0.2＝¥180,000（定額法償却率　1÷5年＝0.2）
　　2年経過後の減価償却費　（¥1,000,000－¥100,000）÷5年
　　　　　　　　　　　　　　＝¥180,000
　　または（¥1,000,000－¥100,000）×0.2＝¥180,000（定額法償却率　1÷5年＝0.2）

② （旧）定率法による減価償却費の計算
　　1年経過後の減価償却費　¥1,000,000×0.369＝¥369,000
　　2年経過後の減価償却費（¥1,000,000－¥369,000）×0.369＝¥232,839

3 減価償却費の記帳

　減価償却費を帳簿に記録する方法には一般につぎの二つの方法がある。その一つは直接法であり他は間接法である。以下この記帳方法についても簡単に考察してみよう。

　① 直　接　法

　直接法 (direct method) は控除法ともいわれ，減価償却費を直接その固定資産の勘定から差し引く方法である。すなわち，償却額を直接に当該固定資産勘定の貸方に記入する方法である。

　② 間　接　法

　間接法 (indirect method) とは減価償却費の計上によって直接資産の価額を減少せずに，減価償却累計額勘定を設けて資産の取得価額（その後の増加を含む）から減価償却累計額を控除する処理法である。すなわち，固定資産の価額は，これを最初のまま繰り越して，償却額は別に減価償却累計額勘定という評価勘定を設けてその貸方に記入する方法である。

　直接法によるときは，固定資産の繰越金額は年の経過とともにしだいに減少するから，終わりにはその固定資産原価と既償却額との関係を知ることが不可能である。しかしこの間接法においては，固定資産の取得価額とその償却累計額は別個に表示される。ただし固定資産の現在の帳簿価額を知るためには，その借方金額から減価償却累計額勘定の貸方金額を差し引かねばならない。以下，両者についてその仕訳および元帳の記入方法について例示しよう。

〔例7〕　購入価格￥1,000,000の建物を定額法により減価償却する。耐用年数25年，残存価額は原価の10％とする。

　　　　まず償却額を求めればつぎのとおりである。

　　　　償却額＝（￥1,000,000－￥100,000）÷25＝￥36,000

　　　　仕訳および各勘定への記入はつぎのとおりである。

《直接法》

　　（借）減 価 償 却 費　　36,000　　（貸）建　　　　物　　36,000

《間接法》

(借)減価償却費　36,000　　(貸)建物減価償却累計額　36,000

《直接法》		《間接法》	
(借) 建物	(貸)	(借) 建物	(貸)
取得原価 1,000,000	減価償却費 36,000	取得原価 1,000,000	

(借) 減価償却費	(貸)	(借) 建物減価償却累計額	(貸)
建物 36,000			減価償却費 36,000

(借) 減価償却費	(貸)
建物減価償却累計額 36,000	

第3節　固定資産の売却・廃棄

　固定資産の磨耗のため使用に耐えなくなったとか，あるいは新技術により，よりよい性能を有する機械が発明された等の理由により，現在使用中のものを売却または除却（retirement）する場合がある。

　固定資産が売却または除却された場合における記帳は，減価償却の記帳法が直接法か間接法かにより異なるが，いまそれを売却と除却とに区分して説明する。

　直接法により減価償却の記帳を行っている場合の固定資産勘定は，常に帳簿残高（取得原価マイナス減価償却累計額）を示すものである。よって不用になった備品を現金で売却した場合，現金勘定の借方に記入するとともに，売却の対象となった備品の帳簿価額を当該勘定の貸方に記入する。このとき，売却価格と帳簿価額に差額があった場合には，固定資産売却損益勘定に記入する。

　固定資産売却損または売却益は，過年度の減価償却費の過大または過少計上，物価変動，売却巧拙等が考えられる。

　また間接法により減価償却の記帳を行っている場合，固定資産勘定は取得原価をもって記帳されており，当該固定資産に対する減価償却の累計額は減価償

却累計額勘定に記入されている。よって固定資産の売却時には，売却の対象となった固定資産勘定の貸方に記入するとともに，当該固定資産にかかる減価償却の累計額は減価償却累計額勘定の借方に記入する必要がある。

＜売却の場合＞

〔例8〕 取得原価￥100,000の備品を￥30,000で売却し，代金は現金で受け取った。ただし同備品に対する減価償却費の累計額は￥60,000であった。

《直接法》

(借)	現 金	30,000	(貸)	備 品	40,000
	固定資産売却損	10,000			

《間接法》

(借)	備品減価償却累計額	60,000	(貸)	備 品	100,000
	現 金	30,000			
	固定資産売却損	10,000			

＜除却の場合＞

〔例9〕 取得原価￥100,000の備品が不用になったので廃棄処分した。ただし同備品に対する減価償却費の累計額は￥60,000であった。

なお，当備品の売却価額は￥5,000である。

《直接法》

(借)	貯 蔵 品	5,000	(貸)	備 品	40,000
	固定資産除却損	35,000			

《間接法》

(借)	備品減価償却累計額	60,000	(貸)	備 品	100,000
	貯 蔵 品	5,000			
	固定資産除却損	35,000			

(注) 固定資産を廃棄した場合は，帳簿価額相当は固定資産除却損勘定の借方に記入するものであるが，当該廃棄処分された固定資産に売却価値（scrap value）があった場合には，売却価値相当を貯蔵品勘定の借方に記入し，残額を固定資産除却損とする。

第4節　無形固定資産と投資その他の資産

　無形固定資産とは，1年を超え利用できるもので具体的な形を有しない権利などの資産のことをいう。無形固定資産には，特許権，借地権，意匠権，著作権，商標権，実用新案権，鉱業権などの法律により保護された法律上の権利と経済的優位性を表すのれんがある。

　無形固定資産を取得したときには，取得原価で処理する。法律上の権利である無形固定資産の決算における償却は，それぞれの法律上の存続期間に従い，残存価額をゼロとし，原則として定額法（鉱業権については，生産高比例法によることも可能）により行われる。また，直接法により記載する。なお，のれんの計算方法と償却については，株式会社会計を参照のこと。

〔例10〕
1　独自の技術を開発し，特許権を取得した。これに要した費用￥3,200,000と登録料￥160,000は小切手を振り出して支払った。

　　（借）特　　許　　権　3,360,000　　（貸）当　座　預　金　3,360,000
2　上記1の特許権の償却をおこなう。なお，償却期間は8年とする。

　　（借）特 許 権 償 却　420,000　　（貸）特　　許　　権　420,000
　　　特許権償却の計算　￥3,360,000÷8年＝￥420,000

　投資その他の資産には，長期にわたる貸付けをあらわす長期貸付金，他の会社を株式により支配する目的の子会社株式，株式を投資目的で保有する投資有価証券など長期利殖目的とするものや，長期間にわたる費用の前払い額をあらわす長期前払費用などがある。

【研究問題】
1　固定資産の意義について述べよ。
2　前払金勘定と建設仮勘定の異同点について述べよ。
3　減価償却の意義と会計処理の方法について述べよ。

4 固定資産売買損益の発生原因を分析し,分析した結果,もっとも理想とする会計処理法について述べよ。

第13章　個人企業の資本取引の記帳

1　資本金勘定（Capital stock a/c）

　個人企業では，資本の元入れや追加出資額をこの勘定において処理する。すなわち企業主が出資したときこの勘定の貸方に，引き出したときはこの勘定の借方に記入する。残高は常に貸方に生じ企業主の現在出資額を示すものである。また営業活動の結果生じた純利益は企業主に帰属するものであるから，引き出されずにある場合には，企業主の出資額はそれだけ増加することになり，この勘定の貸方に記入し，その反対に純損失の場合には，この勘定の借方に記入する。

```
          資　本　金
  引 出 高 │ 元 入 高
  純 損 失 │ 追加出資額
          │ 純 利 益
```

2　引出金勘定（Drawing a/c）

　個人企業のもとでは，企業主が生活費その他私用の目的で営業上の資金を引き出すことがきわめて多い。企業主の引出額をそのつど資本金勘定の借方に記入すると，資本金勘定の記録はいたずらに複雑となって，その計算が不明瞭となる。したがって別に引出金勘定という一時的な資本勘定を設け，企業主の引出額はすべてこの勘定の借方に記入しておき，期末決算時にその合計額を一括して資本金勘定の借方に振り替えることが一般に行われるのであるが，このような勘定を引出金勘定という。なお引出金勘定の代わりに，事業主借・事業主貸勘定を設けてもよい。

〔例1〕　店主私用のため事業の現金¥20,000を引き出す。

(借) 引　出　金　20,000　　（貸）現　　　　金　20,000

〔例 2〕 当期の引出金合計￥100,000を資本金勘定へ振り替える。

(借) 資　本　金　100,000　　（貸）引　出　金　100,000

これを簡単に図示すれば，次のようになる。

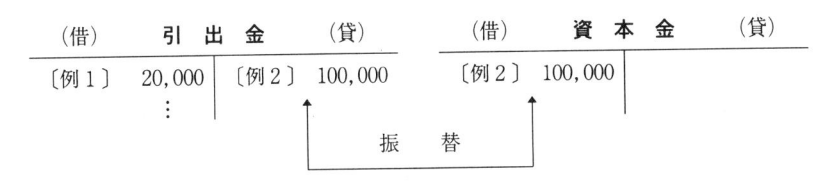

(借)	引　出　金	(貸)	(借)	資　本　金	(貸)
〔例1〕 20,000	〔例2〕 100,000		〔例2〕 100,000		

振　替

【研究問題】

1　引出金勘定を設ける意義について述べよ。
2　引出金勘定の性格について述べよ。

第14章　決算整理

第1節　決算整理の意義

　企業会計の目的は正しい期間損益計算と期末における財政状態を明らかにすることによって，企業をとりまく利害関係者の利害調整に役立つことである。この目的達成のために，期中における当該企業の財産の増減および損益の発生状況を帳簿に記録しなければならない。

　すでに述べてきたように簿記における取引の概念からは財産の増加・減少は記録できるとしても，増価・減価等の取引として現れない損益の発生は記録されない。またそこには費用・収益の因果関係も重要視されないのである。しかしながら期間損益計算は成果計算ともいわれるごとく，努力に対する成果が重要視される。したがって増価・減価等による損益の発生や，費用・収益の対応関係等の事項は期間損益計算に影響を及ぼすものであり，十分に考慮しなければならないのである。そのことは裏を返していえば，資産・負債については期末に適正な数値に訂正することを意味し，また費用と収益の因果関係を見直すことでもある。その見直し整理の結果生じた事項を**決算整理事項**という。これを決算にあたって整理するための手続を決算整理といい，この整理に必要な記入を**決算整理記入**という。また，決算整理記入は仕訳帳を通して行うが，決算整理記入するための仕訳は一般的に**決算仕訳**という。

　以上のように決算整理とは企業会計の目的を果たすに不完全な記録を決算時に完全な記録に整理することをいう。したがって帳簿を締め切るにあたっての勘定間の振替整理とは，その性質をまったく異にするので，その相違を明確に区別しなければならない。

第2節　商品勘定の整理

1　分記法における整理

分記法で会計処理した場合における商品勘定の残高は常に手許の商品の現在高である。したがって当該商品勘定残高が期末における実地棚卸高と一致している場合は決算整理は不要である。

2　総記法における整理

総記法で会計処理した場合，原則として商品勘定の借方が仕入高，貸方が売上高を意味する。したがって，総記法の場合の決算整理は，期末に棚卸高が零の場合，商品勘定の残高は貸方に生じ，商品売買益を示す。したがって，このときには資産勘定である商品勘定から収益勘定である商品売買益勘定へ振り替え処理される。しかし継続的に商品の売買業を営んでいる場合，期末に棚卸商品が存しないことは稀である。したがって一般には，商品の実地棚卸を行って，その有高を決定するとともに商品売買益をも計算し，商品売買益勘定へ振り替える。商品売買益はつぎのようにして計算されるが，当該売買益は商品勘定の貸方に期末商品有高を記入することによって自動的に計算されるのである。それは下図をみても明らかである。すなわち貸方に期末商品有高を記入すれば，借方に記入されている前期繰越と純仕入高から期末商品棚卸高が控除され，当該貸借差額（売上原価）は貸方に記入されている売上高に自動的に対応され商品売買益が計算される。これを商品売買益勘定へ振り替えることにより，商品勘定は期末の商品の有高を示し，かつ商品売買益も勘定面に表せるのである。

　　商品売買益＝売上高－売上原価
　　売上原価＝期首商品棚卸高＋当期純仕入高－期末商品棚卸高

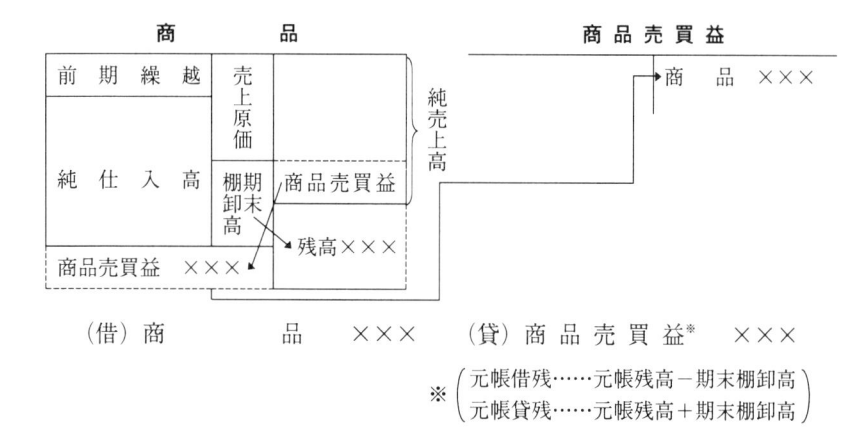

```
      商        品                    商 品 売 買 益
┌─────────┬───┬─────┐                   ┌→商  品  ×××
│前 期 繰 越│売上│     │純                 │
│         │原価│     │売                 │
├─────────┼───┼─────┤上                 │
│         │棚 │商品売買益│高              │
│純 仕 入 高│期末│     │                  │
│         │高 │残高×××│                │
├─────────┴───┴─────┤                   │
│商品売買益 ×××        │                   │
└─────────────────┘                   │
```

(借) 商　　　品　　×××　　(貸) 商 品 売 買 益※　×××

※ (元帳借残……元帳残高−期末棚卸高)
　(元帳貸残……元帳残高＋期末棚卸高)

ただし，元帳借残＞期末棚卸の場合はつぎの仕訳となる。

(借) 商 品 売 買 益　×××　　(貸) 商　　　品　×××

3　3分法における整理

3分法における決算整理の方法には**総額法**と**純額法**の二つの会計手続がある。

総額法による決算整理の方法は，仕入勘定で売上原価を計算し，これを損益勘定借方に振り替えるとともに，売上勘定から純売上高を損益勘定の貸方に振り替え損益勘定で売上総利益を対応計算する方法である。なお，企業会計原則・損益計算書原則1Bに「費用及び収益は，総額によって記載することを原則とし，費用の項目と収益の項目とを直接に相殺することによってその全部又は一部を損益計算書から除去してはならない」と規定している。損益計算書の作成は，この損益勘定をもとにして作成するものであるから，この方法が適当である。

純額法については，売上原価を仕入勘定にて計算する点では総額法の場合と同様である。しかし，計算された売上原価を損益勘定へ振り替えず，売上勘定借方に振り替え，ここで売上総利益を計算してから損益勘定へ振り替える方法である。

(1) 総額法の場合

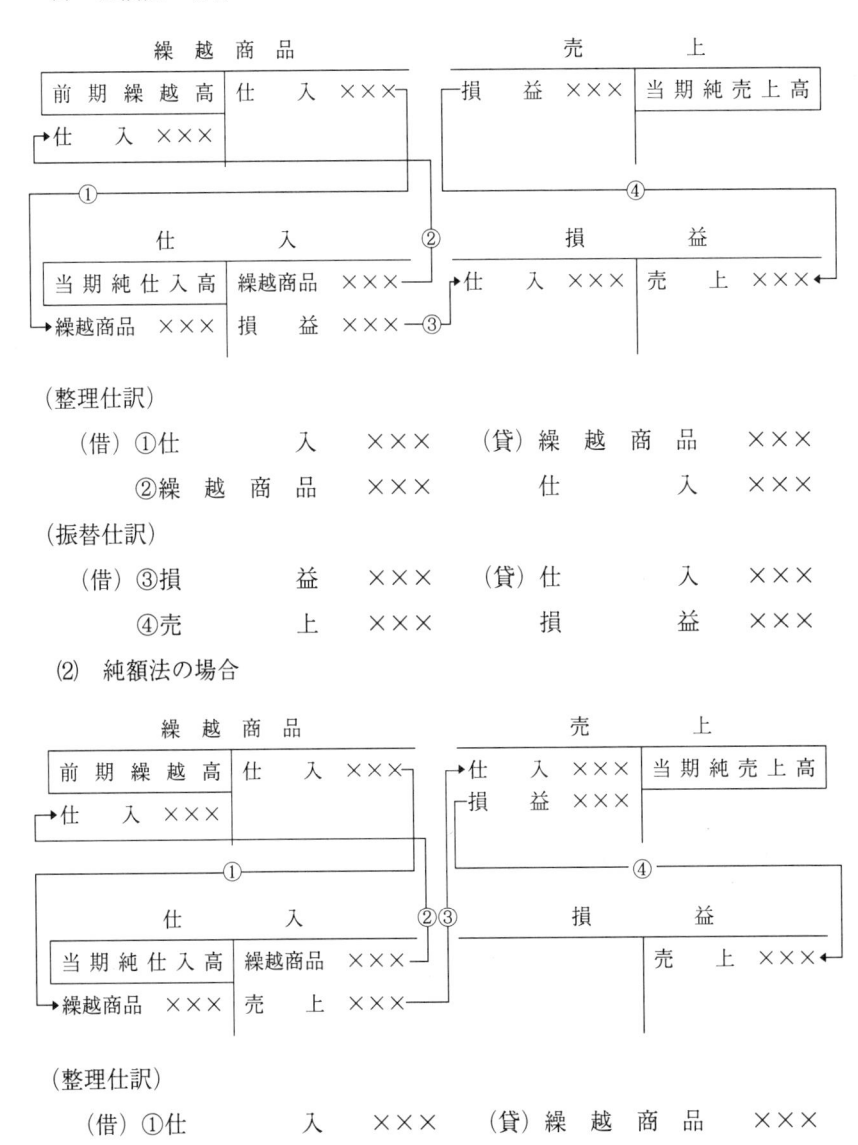

```
        繰 越 商 品                    売        上
前期繰越高 │仕  入 ×××        ┌損  益 ×××│当期純売上高
↱仕  入 ×××│                 │
│                             │
└──────①──────┐              └─────④─────┐
        仕        入      ②      損        益
当期純仕入高│繰越商品 ×××─┐   ↱仕  入 ×××│売  上 ×××←
↱繰越商品 ×××│損  益 ×××─③
```

(整理仕訳)
  (借) ①仕   入   ×××   (貸) 繰 越 商 品   ×××
      ②繰 越 商 品   ×××   仕   入   ×××
(振替仕訳)
  (借) ③損   益   ×××   (貸) 仕   入   ×××
      ④売   上   ×××   損   益   ×××

(2) 純額法の場合

```
        繰 越 商 品                    売        上
前期繰越高 │仕  入 ×××       ↱仕  入 ×××│当期純売上高
↱仕  入 ×××│                │損  益 ×××│
│                             │
└──────①──────┐              └─────④─────┐
        仕        入     ②③     損        益
当期純仕入高│繰越商品 ×××─┐                 │売  上 ×××←
↱繰越商品 ×××│売  上 ×××─┘
```

(整理仕訳)
  (借) ①仕   入   ×××   (貸) 繰 越 商 品   ×××
      ②繰 越 商 品   ×××   仕   入   ×××

(振替仕訳)
　　(借) ③売　　　　上　×××　　(貸) 仕　　　　入　×××
　　　　 ④売　　　　上　×××　　　　 損　　　　益　×××

〔例1〕 つぎの取引を転記し，決算にあたって行うべき仕訳を示し，元帳を締め切りなさい。元帳締切は英米式とし，期首棚卸高¥20,000および期末棚卸高を¥81,500とする。

(1) 商品¥50,000を現金で仕入れる。

(2) 商品原価¥25,000を35,000で掛売する。

(3) (1)で仕入れた商品のうち¥5,000を品違いのため返品し，現金を受け取る。

(4) 商品¥60,000を掛で仕入れる。

(5) (2)で売却した商品について¥1,000の値引と¥2,000（原価1,500）の返品を受ける。

(6) 原価¥20,000の商品を¥30,000で現金売する。

《分記法》

	商　　品				商品売買益		
前期繰越	20,000	(2)売掛金	25,000	(5)売掛金	1,500	(2)売掛金	10,000
(1)現　金	50,000	(3)現　金	5,000	①損　益	18,500	(6)現　金	10,000
(4)買掛金	60,000	(6)現　金	20,000		20,000		20,000
(5)売掛金	1,500	次期繰越	81,500				
	131,500		131,500				

－振替仕訳－
　　① (借) 商 品 売 買 益　　18,500　　(貸) 損　　　　益　　18,500

《総記法》

商 品			
前期繰越	20,000	(2) 売 掛 金	35,000
(1) 現　　金	50,000	(3) 現　　金	5,000
(4) 買 掛 金	60,000	(6) 現　　金	30,000
(5) 売 掛 金	3,000	次期繰越	81,500
① 商品売買益	18,500		
	151,500		151,500

商品売買益			
② 損　　益	18,500	① 商　　品	18,500

－整理仕訳－

① （借）商　　　　品　　18,500　　（貸）損　　　　益　　18,500

－振替仕訳－

② （借）商 品 売 買 益　　18,500　　（貸）損　　　　益　　18,500

《３分法（総額法）》

繰 越 商 品			
前期繰越	20,000	① 仕　　入	20,000
② 仕　　入	81,500	残　　高	81,500
	101,500	次期繰越	101,500

仕　　　入			
(1) 現　　金	50,000	(2) 現　　金	5,000
(4) 買 掛 金	60,000	② 繰越商品	81,500
① 繰越商品	20,000	④ 損　　益	43,500
	130,000		130,000

売　　　上			
(5) 売 掛 金	3,000	(2) 売 掛 金	35,000
③ 損　　益	62,000	(6) 現　　金	30,000
	65,000		65,000

損　　　益			
④ 仕　　入	43,500	③ 売　　上	62,000

－整理仕訳－

① （借）仕　　　　入　　20,000　　（貸）繰 越 商 品　　20,000

② （借）繰 越 商 品　　81,500　　（貸）仕　　　　入　　81,500

－振替仕訳－

③ （借）売　　　　上　　62,000　　（貸）損　　　　益　　62,000

④ （借）損　　　　益　　43,500　　（貸）仕　　　　入　　43,500

4 期末商品の評価

　期末商品（棚卸高）の評価には，帳簿棚卸高（単位当り原価×期末帳簿数量）と実地棚卸高（単位当り時価×期末実地数量）がある。帳簿棚卸高(A)は，損益計算書の売上原価を計算するために使用され，実地棚卸高(B)は，貸借対照表の「商品」の記載金額となる。

　　・帳簿棚卸高(A)＝原価×帳簿数量
　　・実地棚卸高(B)＝時価×実地数量

帳簿棚卸高と実地棚卸高の差額は，下図のように，さらに単位当りの原価と単位当り時価との評価差額から計算される商品評価損と，帳簿数量と実地数量との数量差異（棚卸減耗数量）から計算される棚卸減耗費に分解される。

　　・商品評価損(C)＝（原価－時価）×実地数量
　　・棚卸減耗費(D)＝（帳簿数量－実地数量）×原価

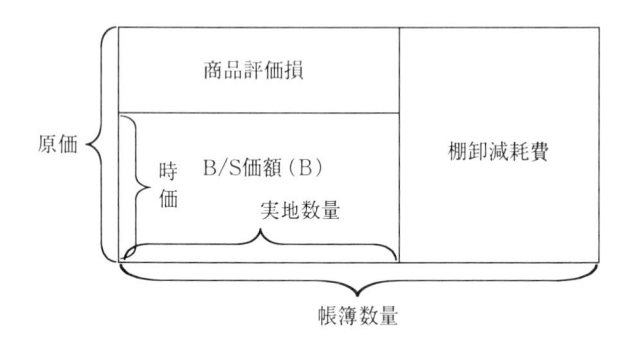

```
         ┌─────────────────────┬──────────┐
         │      商品評価損      │          │
   原価 ┤ ├──────────────────┤          │
         │時│                  │ 棚卸減耗費│
         │価│ B/S価額（B）     │          │
         │  │   実地数量       │          │
         └──┴──────────────────┴──────────┘
                    └─────── 帳簿数量 ───────┘
```

　三分法（総額法）による決算仕訳は次のとおり。

第14章 決算整理 145

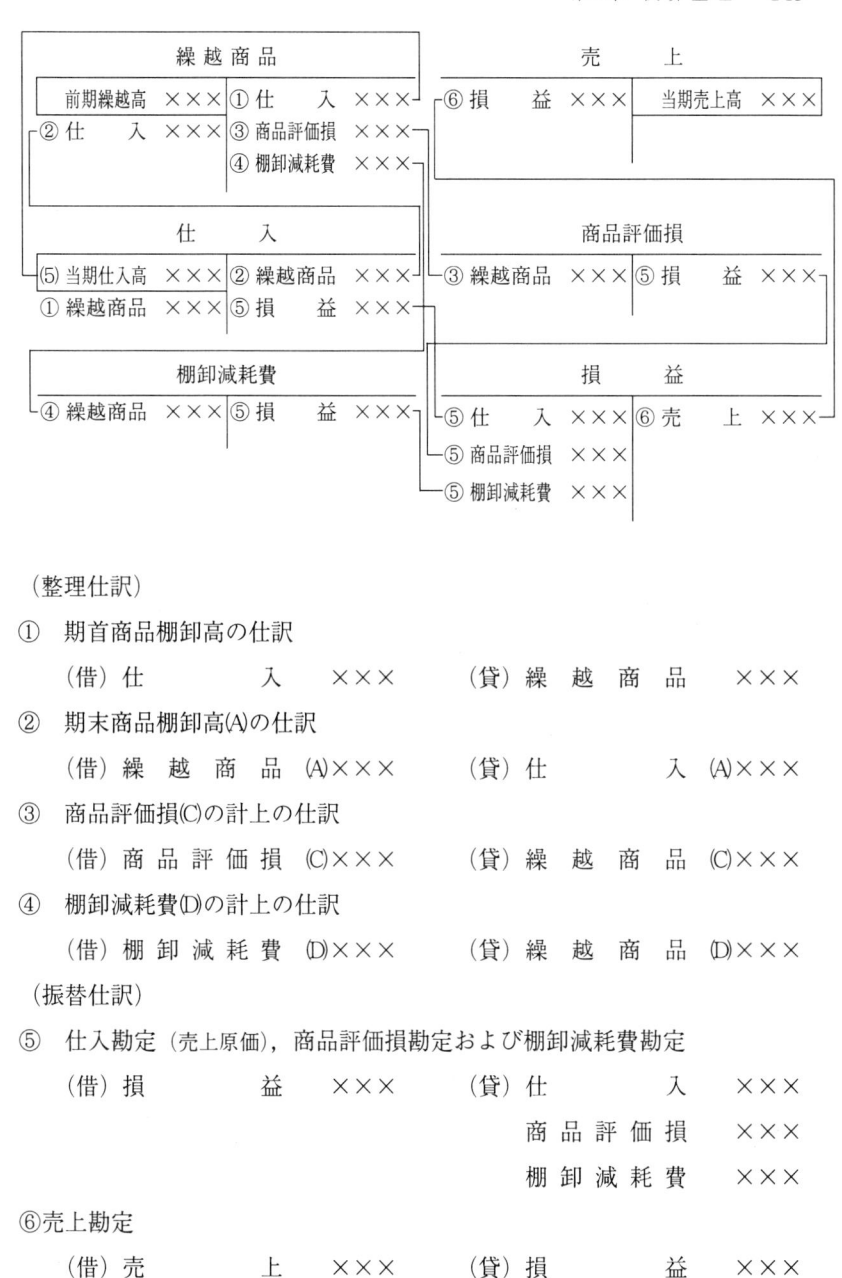

```
        繰 越 商 品                           売        上
前期繰越高 ×××│① 仕    入 ×××    ⑥ 損  益 ×××│当期売上高 ×××
② 仕    入 ×××│③ 商品評価損 ×××
              │④ 棚卸減耗費 ×××

        仕        入                       商品評価損
⑤ 当期仕入高 ×××│② 繰越商品 ×××    ③ 繰越商品 ×××│⑤ 損   益 ×××
① 繰越商品   ×××│⑤ 損   益 ×××

        棚卸減耗費                         損        益
④ 繰越商品 ×××│⑤ 損   益 ×××    ⑤ 仕    入 ×××│⑥ 売   上 ×××
                                 ⑤ 商品評価損 ×××
                                 ⑤ 棚卸減耗費 ×××
```

（整理仕訳）

① 期首商品棚卸高の仕訳

　　（借）仕　　　　入　×××　　（貸）繰　越　商　品　×××

② 期末商品棚卸高(A)の仕訳

　　（借）繰　越　商　品 (A)×××　　（貸）仕　　　　入 (A)×××

③ 商品評価損(C)の計上の仕訳

　　（借）商 品 評 価 損 (C)×××　　（貸）繰　越　商　品 (C)×××

④ 棚卸減耗費(D)の計上の仕訳

　　（借）棚 卸 減 耗 費 (D)×××　　（貸）繰　越　商　品 (D)×××

（振替仕訳）

⑤ 仕入勘定（売上原価），商品評価損勘定および棚卸減耗費勘定

　　（借）損　　　益　×××　　（貸）仕　　　　入　×××
　　　　　　　　　　　　　　　　　　商 品 評 価 損　×××
　　　　　　　　　　　　　　　　　　棚 卸 減 耗 費　×××

⑥売上勘定

　　（借）売　　　上　×××　　（貸）損　　　益　×××

なお，上記の商品評価損や棚卸減耗費の全部または一部を，原価性を認め売上原価に算入する場合がある。この場合には，商品評価損や棚卸減耗費を，売上原価を計算する勘定である仕入勘定に振り替える。

　　（借）仕　　　　　入　　×××　　（貸）商　品　評　価　損　×××
　または
　　（借）仕　　　　　入　　×××　　（貸）棚　卸　減　耗　費　×××

〔例2〕 つぎの勘定と期末商品棚卸高の資料から，三分法（総額法）による決算にあたって行うべき仕訳を示し，元帳を締め切りなさい。元帳締切は英米式とする。

（資料）期末商品棚卸高　　原　　価　@￥500　　帳簿数量　163個
　　　　　　　　　　　　　時　　価　@￥490　　実地数量　158個

繰越商品
前期繰越	20,000	①仕　　入	20,000
②仕　　入	81,500	③商品評価損	1,580
		③棚卸減耗費	2,500
		次期繰越	77,420
	101,500		101,500

仕　入
当期仕入高	105,000	②繰越商品	81,500
①繰越商品	20,000	⑥損　　益	43,500
	125,000		125,000

売　上
⑤損　　益	62,000	当期売上高	62,000

商品評価損
③繰越商品	1,580	⑥損　　益	1,580

棚卸減耗費
④繰越商品	2,500	⑥損　　益	2,500

損　益
⑥仕　　入	43,500	⑤売　　上	62,000
⑥商品評価損	1,580		
⑥棚卸減耗費	2,500		

－整理仕訳－

① （借）仕　　　　　入　　20,000　　（貸）繰　　越　　商　　品　　20,000
② （借）繰　越　商　品　　81,500　　（貸）仕　　　　　入　　81,500
③ （借）商　品　評　価　損　1,580　　（貸）繰　　越　　商　　品　　1,580
④ （借）棚　卸　減　耗　費　2,500　　（貸）繰　　越　　商　　品　　2,500

－整理記入－

⑤ （借）売　　　　　上　　62,000　　（貸）損　　　　　益　　62,000

⑥ (借) 損　　　　　益　47,580　　(貸) 仕　　　　　入　43,500
　　　　　　　　　　　　　　　　　　　商 品 評 価 損　1,580
　　　　　　　　　　　　　　　　　　　棚 卸 減 耗 費　2,500

〔例3〕　例2で，ア商品評価損と棚卸減耗費の原価性を認め，全額を売上原価に振り替えたときの仕訳と，イ損益勘定に振り替える仕入勘定の仕訳を示しなさい。

ア　(借) 仕　　　　　入　4,080　　(貸) 商 品 評 価 損　1,580
　　　　　　　　　　　　　　　　　　　棚 卸 減 耗 費　2,500
イ　(借) 損　　　　　益　47,580　　(貸) 仕　　　　　入　47,580

第3節　貸倒引当金の期末修正・表示方法

1　貸倒引当金の期末修正法

貸倒引当金勘定は債権金額に対する控除的評価勘定であって，評価性引当金である。

企業は決算期ごとに，売掛金・手形債権等の残高についてあらかじめ貸倒額を見積もって，貸倒引当金を設定する。前期において設定した貸倒引当金について残高がある場合の会計処理には，通常つぎの二つの方法がある。なお，実務では，実績法と呼ばれる(1)差額法（差額計上法）が採用され，(2)洗替法は認められなくなっている。

(1)　差額法（差額計上法）又は実績法

期末における貸倒引当金の残高が，新たに設定しようとする貸倒引当金に満たない場合，その不足分だけを貸倒引当金勘定の貸方に追加計上し，逆に，その残高が新たに設定しようとする貸倒引当金の額を超えるときは，その超過額を貸倒引当金勘定の借方に記入するとともに，貸倒引当金戻入（益）勘定の貸方に記入する方法である。

$$\text{当期貸倒引当金設定額（貸倒引当金繰入額）} = \text{売掛金・手形債権等の期末残高} \times \text{貸倒率} - \text{貸倒引当金期末残高}$$

〔例4〕 売掛金期末残高¥3,000,000に対して、3％の貸倒れを見積もった。なお、貸倒引当金期末残高は¥20,000ある。

　（借）貸倒引当金繰入(額)　　70,000　　（貸）貸倒引当金　　70,000

(2) 洗替法

期末において貸倒引当金の残高があるのは、前期末における貸倒れの見積もりが過大であったためであると考えられる。このため、この残高を前期において過大に計上された貸倒損失の修正額として、いったん、その全額を戻入れるために、貸倒引当金戻入益勘定の貸方に記入するとともに、新たに貸倒引当金を設定する方法である。なお前に述べた差額法における貸倒引当金戻入益勘定の残高は、収益として損益勘定に振り替えられ前期損益修正額として特別利益になる。

〔例5〕 売掛金期末残高¥2,000,000に対して、3％の貸倒れを見積もった。なお、貸倒引当金期末残高は¥100,000ある。

　（借）貸倒引当金　　100,000　　（貸）貸倒引当金戻入(益)　100,000
　　　　貸倒引当金繰入(額)　60,000　　　　貸倒引当金　　60,000

2 貸倒引当金の表示方法

貸倒引当金の貸借対照表上における表示方法については、売掛金・受取手形その他の債権に対する貸倒引当金を、その債権が属する科目ごとに、債権金額または債権の取得価額から控除する形式で記載する。いわゆる総額主義による表示が、明瞭表示の観点からも望ましい表示方法であるといえよう。

〔例6〕 売掛金期末残高¥2,000,000に対する貸倒予想額を4％、また受取手形期末残高¥1,000,000に対する貸倒予想高を3％と見積もった。

　　　売　掛　金　　　　2,000,000
　　　　貸倒引当金　　　△80,000　　1,920,000
　　　受　取　手　形　　1,000,000
　　　　貸倒引当金　　　△30,000　　　970,000
　　　（この方法を科目別控除方式という）

または

売　掛　金	2,000,000	
受　取　手　形	1,000,000	
貸　倒　引　当　金	△110,000	2,890,000

（この方法を一括控除方式という）

第4節　売買目的有価証券評価損益の計上

　売買目的有価証券には，公債・社債・株式などがあるが，証券取引所などで取引される売買目的有価証券は相場の変動があるため，取得原価と時価との間に相違がみられる。そのため，決算に際して売買目的有価証券を評価する必要がある。

　平成12年4月1日以後開始する事業年度から売買目的有価証券は，期末現在の時価による評価を行い，評価差額は，当該期間の有価証券評価損益として損益計算上の当期損益で処理する。すなわち，売買目的有価証券の時価が帳簿価額より低い場合には，有価証券評価損を計上する。つまり，有価証券評価損勘定の借方に記入するとともに売買目的有価証券勘定の貸方に記入する。また逆に，時価が帳簿価額より高い場合には，有価証券評価益を計上する。つまり，売買目的有価証券勘定の借方に記入するとともに有価証券評価益勘定の貸方に記入する。

　また，複数の売買目的有価証券を所有している場合で，評価益と評価損が存在しているときには，相殺してその差額を計上する。

〔例7〕
1　決算に際し，手持ちのA株式1,000株（帳簿価額@￥240）が値下がりし，@￥220となったので1株につき￥20の評価損を計上した。
　（借）有価証券評価損　　20,000　　（貸）売買目的有価証券　　20,000
　　（@￥240－@￥220）×1,000株＝￥20,000
2　決算に際し，手持ちのB株式1,000株（帳簿価額@￥240）が値上がりし，

＠¥250となったので1株につき¥10の評価益を計上した。

　（借）売買目的有価証券　　10,000　　（貸）有価証券評価益　　10,000

3　上記の1と2が存在したときの評価替の仕訳をしなさい。

　（借）有価証券評価損　　　10,000　　（貸）売買目的有価証券　10,000

　　A株式(評価損)△¥20,000＋B株式(評価益)¥10,000＝△¥10,000(評価損)

第5節　損益の繰延・見越

1　繰延および見越勘定

　費用および収益を現金主義によらず，発生主義によって把握する場合には，すでに費用として支払った金額あるいはすでに収益として受け取った金額のうち，その効果が次期以降に継続するものについては，その次期以降に相当する効果の部分を見積もって，これを資産または負債として繰り延べなければならない。このために「前払費用勘定」および「前受収益勘定」等が設けられるが，これらの勘定を総称して**繰延勘定**または**未経過勘定**という。

　また一方，発生主義によれば，まだ実際に現金の支払いあるいは現金を受け取ってはいないけれども，決算に際しては，当然にその期の費用または収益として計上しなければならない。そこでこれらについてその期の費用，収益に追加計上するとともに，「未払費用勘定」または「未収収益勘定」を設ける。この二つの勘定を総称して**見越勘定**という。この見越勘定と繰延勘定は，決算期に設け翌期首にすぐ振り替え戻すため，一般に**経過勘定**とよばれている。

　以下，要約すれば，費用，収益の繰延，見越勘定には，つぎの四つがある。

　①　前払費用勘定　(費用の繰延)……資産
　②　前受収益勘定　(収益の繰延)……負債
　③　未払費用勘定　(費用の見越)……負債
　④　未収収益勘定　(収益の見越)……資産

2 費用の繰延

　当期に支払った保険料・地代・利息など費用として記帳した額のうちに，次期以降に属する前払分が含まれているときは，その額を資産として認識して次期に繰り延べ，すでに記帳した費用から差し引く。これを費用の繰延といい，資産として次期に繰り延べた前払分を前払費用という。前払費用には前払保険料（または未経過保険料），前払地代，前払利息がある。

〔例8〕

(1) 4月1日　損害保険会社と火災保険契約（期間1年）を結び，保険料1年分￥120,000を小切手をもって支払う。ただし決算日は12月31日とする。

　（借）保　　険　　料　　120,000　　（貸）当　座　預　金　　120,000

(2) 12月31日　決算期にあたり，(1)の保険料の前払分を計算し，前払分を次期に繰り延べる。

　（借）前 払 保 険 料　　30,000　　（貸）保　　険　　料　　30,000

(3) 12月31日　保険料勘定の残高を損益勘定に振り替えた。

　（借）損　　　　　益　　90,000　　（貸）保　　険　　料　　90,000

(4) 12月31日　前払保険料勘定の残高を残高勘定へ振り替えた。

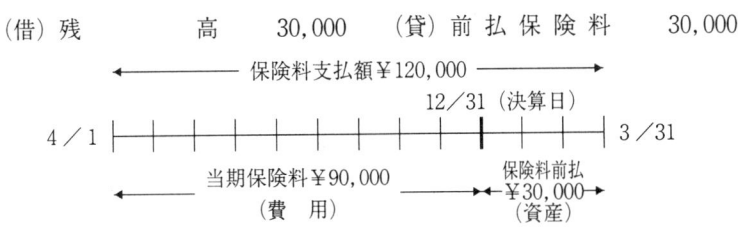

　（借）残　　　　　高　　30,000　　（貸）前 払 保 険 料　　30,000

```
          ←────── 保険料支払額￥120,000 ──────→
                              12/31（決算日）
    4/1 ├──┼──┼──┼──┼──┼──┼──┼──┼──┤ 3/31
          ←─── 当期保険料￥90,000 ───→  保険料前払
                  （費用）            ←￥30,000→
                                        （資産）
```

　前払保険料は次期になれば，その期の費用となるから，次期の最初の日付で保険料勘定に振り戻しておく。これを**再整理**または**再振替**といい，このための仕訳を**再整理仕訳**または**再振替仕訳**という。

(5) 1月1日　前払保険料￥30,000を振り戻した。

　（借）保　　険　　料　　30,000　　（貸）前 払 保 険 料　　30,000

　このように，前払保険料勘定などの経過勘定を設けて前払分をこれに振り替

えて行う決算整理の方法を**間接整理法**という。これに対し経過勘定を設けず，損益勘定から当期分の損益額だけを損益勘定へ振り替え，残額を次期繰越として繰り越す方法を**直接整理法**または**簡便整理法**という。

〔例8〕から間接整理法・直接整理法を勘定面で示せばつぎのとおりとなる。

《間接整理法》

保　　険　　料

4／1	当座預金	120,000	12/31	前払保険料	30,000
			〃	損　　益	90,000
		120,000			120,000

前 払 保 険 料

12/31	保　険　料	120,000	12/31	次期繰越	30,000
1／1	前期繰越	30,000			

《直接整理法》

保　　険　　料

4／1	当座預金	120,000	12/31	損　　益	90,000
			〃	次期繰越	30,000
		120,000			120,000
1／1	前期繰越	30,000			

3　収益の繰延

　当期に受け入れた受取地代・受取家賃などのうちに決算日以降に属する前受分があるときは，その額を負債と認識して次期に繰り延べ，当期の収益から差し引く。これを収益の繰延といい，負債として次期に繰り延べた前受分を前受収益という。前受収益には前受地代，前受家賃，前受利息などがある。

〔例9〕
(1)　7月1日　家賃1年分￥1,200,000を現金で受け取る。
　　（借）現　　　　金　1,200,000　　（貸）受　取　家　賃　1,200,000

(2) 12月31日　決算にあたり，家賃の前受額を計算し，前受額を次期に繰り延べる。

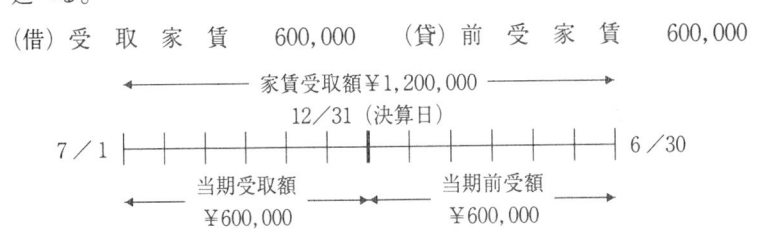

　　（借）受　取　家　賃　　600,000　　（貸）前　受　家　賃　　600,000

```
                家賃受取額¥1,200,000
                    12/31（決算日）
   7/1 |―|―|―|―|―|―|●|―|―|―|―|―|―| 6/30
             当期受取額        当期前受額
             ¥600,000         ¥600,000
```

4　費用の見越

　地代・家賃・利息などが発生しているにもかかわらずいまだ支払われていない場合でも，これらの未払分を見積もって当期の費用に計上し，かつ当該未払額を一時的な負債として認識し次期に繰り越す。これを費用の見越といい，負債として次期に繰り越される未払分を未払費用という。未払費用には未払地代，未払家賃，未払利息などがある。

〔例10〕

(1) 12月31日　決算にあたり，当期の地代の未払額¥60,000を計上した。

　　（借）支　払　地　代　　60,000　　（貸）未　払　地　代　　60,000

(2) 12月31日　支払地代の当期分¥240,000（支払分¥180,000，未払分¥60,000）を損益勘定に振り替えた。

　　（借）損　　　　　益　　240,000　　（貸）支　払　地　代　　240,000

```
    （支払日）              9/30  （決算日）
   1/1 |―|―|―|―|―|―|―|―|●|―|―|―| 12/31
         すでに支払った地代      未払分
            ¥180,000         ¥60,000
         ――― 1年分の支払地代¥240,000 ―――→
                    ↓
                P/L（借方）
```

(3) 1月1日　未払地代¥60,000を支払地代勘定に再振替えした。

　　（借）未　払　地　代　　60,000　　（貸）支　払　地　代　　60,000

(4) 1月31日　当月分¥20,000と前年度の上記の未払地代¥60,000を現金で支払った。

　　（借）支　払　地　代　80,000　　（貸）現　　　　　金　80,000

5　収益の見越

　不動産や金銭を貸与している場合，すでに当期の収益として発生しているが決算日現在においても収入がない場合には，決算日までにおける未収分を見積もって当期の収益に計上し，この未収分を資産（請求権）として認識する。これを収益の見越といい，資産として認識された未収分を未収収益という。未収収益には未収地代，未収家賃，未収利息などがある。

〔例11〕

(1) 12月31日　決算にあたり，貸付金に対する当期の利息の未収額¥40,000を計上した。

　　（借）未　収　利　息　40,000　　（貸）受　取　利　息　40,000

(2) 12月31日　受取利息の当期分¥96,000（すでに受け取った分¥56,000，未収額¥40,000）を損益勘定に振り替えた。

　　（借）受　取　利　息　96,000　　（貸）損　　　　　益　96,000

(3) 1月1日　未収利息¥40,000を受取利息勘定に再振替えした。

　　（借）受　取　利　息　40,000　　（貸）未　収　利　息　40,000

(4) 1月31日　当月分の利息¥8,000と上記の前年度の未収利息¥40,000を現金で受け取った。

　　（借）現　　　　　金　48,000　　（貸）受　取　利　息　48,000

```
            （受取日）              8/1           （決算日）
    1/1 ├──┼──┼──┼──┼──┼──┼──┼──┼──┼──┼──┤ 12/31
            └──すでに受け取った地代──┘└────未収分────┘
                    ¥56,000                    ¥40,000
            ←──────── 1年分の受取利息¥96,000 ────────→
                              ↓
                          P/L（貸方）
```

【研究問題】

1　決算仕訳と振替仕訳の相異を述べよ。
2　3分法による総額法と純額法の相異について述べよ。
3　費用・収益の繰延，見越を計上を行う理由について述べよ。
4　平成×年12月31日における東京商事(株)の元帳の勘定残高は次のごとくであった。期末整理事項を参照し，精算表を完成しなさい。

〔勘定残高〕

現　　　　金	¥ 70,000	売　掛　金	¥400,000	有価証券	¥100,000
繰越商品	130,000	備　　　品	300,000	買　掛　金	200,000
貸倒引当金	4,000	減価償却累計額	90,000	資　本　金	(x)
売　　　　上	870,000	受取手数料	50,000	仕　　　入	650,000
給　　　料	150,000	支払家賃	70,000	支払保険料	36,000

〔期末整理事項〕

① 現金実際有高は¥68,000であった。不足分は雑損とする。
② 期末商品たな卸高　¥150,000
③ 有価証券評価額　¥95,000
④ 減価償却費
　　備品取得原価の10%計上
⑤ 貸倒引当金
　　売掛金残高の3%に訂正（差額計上法によること）
⑥ 保険料の前払分　¥3,000
⑦ 手数料の未収分　¥27,000

第15章　特殊商品取引

第1節　未着商品

1　貨物引換証の入手

　遠隔地間の取引では，通常売主は商品を運送業者に依頼し，当該商品についての引換証（貨物代表証券）を受け取る。売主はその商品が買主の手許に到着する前に，貨物引換証を郵送することになる。これは商品が到着したとき直ちに引き換えられるようにするためである。

　買主は貨物代表証券を受け取ったとき，当該貨物代表証券にかかる商品の所有権を取得するため，簿記上の取引となり，これについての会計処理は仕入勘定の借方に記入する。しかし当該商品は運送過程にあるため，すでに手許に届いた商品と区別した勘定を設ける必要がある。このため設けられる勘定が未着商品勘定である。

　買主は仕入先から注文品にかかる貨物引換証または船荷証券などの貨物代表証券を先に受け取ったとき，未着商品勘定の借方に記入し，後日商品が到着し，貨物代表証券を現品に引き換えたときは未着商品勘定から仕入勘定の借方に振り替える。

〔例1〕
① 山口商店振出の荷為替手形¥250,000，日の丸銀行より呈示を受け，引受を行い貨物引換証を受け取る。

　（借）未 着 商 品　　250,000　　（貸）支 払 手 形　　250,000

② 上記商品が到着し，引取運賃¥2,500を現金にて支払う。

　（借）仕　　　　　入　　252,500　　（貸）未 着 商 品　　250,000
　　　　　　　　　　　　　　　　　　　　　現　　　　金　　　2,500

2 貨物代表証券の裏書譲渡

　貨物代表証券は，運送過程にある商品にかかる引換証であるため，当該商品が到着する前に，貨物代表証券を裏書することによって得意先に売り渡すことができる。このときの処理については，すでに学んだ分記法・総記法・3分法の方法がある。

〔例2〕
① 長崎商店より買い入れた未着商品￥100,000を船荷証券をもって￥115,000で別府商店に売却し，代金は現金にて受け取った。

《分記法》

（借）現	金	115,000	（貸）未 着 商 品	100,000
			未着商品売買益	15,000

《総記法》

（借）現	金	115,000	（貸）未 着 商 品	115,000

《3分法》

（借）現	金	115,000	（貸）未着商品売上	115,000
			（または売上）	
仕	入	100,000	未 着 商 品	100,000

第2節　委 託 販 売

1　積　送　品

　委託販売とは，一定の手数料を支払うことによって他人に自己の商品を販売してもらう販売形態をいう。委託販売のために発送する商品にかかる所有権は受託者が販売するまでは委託者に留保するため，それまでは簿記上の取引とはならない。しかし，手許にある商品と委託販売のため積送した商品を区別するため積送品勘定を設け，仕入勘定から積送品勘定の借方に振り替えて備忘記録をしておく。

委託販売の場合，いかなる時点で売上として認識すべきかという問題が生ずる。積送した時点では販売が成立したとはいえず，受託者が第三者に積送品を売り上げた時点で販売が成立する。受託者は委託者に商品が販売された事実を知らせるために売上計算書（または仕切精算書）を委託者に送付する。なお，受託者は販売手数料を受け取る。

積送品が売上済になって，受託者から売上計算書を受け取ったときの処理についても未着商品と同じく分記法・総記法・3分法の方法がある。

〔例3〕
① 10月10日　甲商品¥50,000を山形商店へ委託販売のため積送し，積送諸掛¥1,200を現金にて支払う。

　　（借）積　　送　　品　　51,200　　（貸）仕　　　　　入　　50,000
　　　　　　　　　　　　　　　　　　　　　　現　　　　　金　　 1,200

② 10月28日　山形商店より積送品売上済の通知があり，売上高¥63,780，販売手数料¥4,820，手取金¥58,960という売上計算書を受け取った。

《分記法》
　　（借）積　送　未　収　金　　58,960　　（貸）積　　送　　品　　51,200
　　　　　（または売掛金）
　　　　　　　　　　　　　　　　　　　　　　　　積送品売買益　　 7,760

《総記法》
　　（借）積　送　未　収　金　　58,960　　（貸）積　　送　　品　　58,960
　　　　　（または売掛金）

《3分法》
　　（借）積　送　未　収　金　　58,960　　（貸）積　送　品　売　上　58,960
　　　　　（または売掛金）
　　　　　仕　　　　　　　入　　51,200　　　　　積　　送　　品　　51,200

2　補　助　簿

委託販売が比較的少ないときは，積送品勘定を委託先の地名または商号をつけた積送品勘定（たとえば，山形向積送品）を用いることによって当該勘定の管

理が可能であろう。しかし委託先が数多くなった場合，積送品勘定を統制勘定とし，補助簿として積送品元帳を設け，委託先ごとにその明細を記入することになる。

積 送 品 元 帳

山 形 商 店

平成○年		摘　　　　　要		借　方	貸　方
10	10	販売委託のためつぎのとおり積送した			
		甲　商　品　　100個　　@500		50,000	
	〃	積 送 諸 掛　　　　　現 金 払		1,200	
	28	売上計算書到着			
		売　　上　　高	63,780		
		諸　　掛			
		運　　　　賃	1,200		
		保　管　料	1,500		
		雑　　　　費	520		
		手　数　料	1,600	4,820		58,960
		積送品売買益		7,760	
				58,960	58,960

第3節　受託販売

　受託販売とは委託販売を依頼された側，すなわち受託者の立場からみた場合をいう。受託販売においては積送された商品は委託者の所有するものである。受託者は委託者に代わって販売業務を行う。このように委託者との間に生ずる債権，債務を受託販売勘定で処理するのであるが，受託品は預り品で所有権がないので，これを受け取っても仕訳をする必要がない。

　しかし取引，保管などのために要した費用は委託者のための立替払であり，いずれも受託販売勘定の借方に記入する。また委託された商品の売上代金は委託者に対する預り金であるから，その勘定の貸方に記入する。このように受託販売勘定は委託者との間に生じた債権，債務関係を処理する勘定であるから，

その性質は人名勘定と同様である。

〔例4〕
① 埼玉商店より商品¥370,000の販売を委託された荷為替手形¥300,000を振り向けられ，引き受けをした。

(借)受 託 販 売　300,000　　(貸)支 払 手 形　300,000

② 引受をした上記荷為替手形¥300,000を小切手を振り出して支払い，同時に引取運賃¥3,800を現金にて支払う。

(借)支 払 手 形　300,000　　(貸)当 座 預 金　300,000
　　受 託 販 売　　3,800　　　　現　　　　金　　3,800

③ 委託を受けた上記商品全部を¥410,000で売り渡し，うち¥370,000を当店宛の約束手形で受け入れ，残額は掛とする。

(借)受 取 手 形　370,000　　(貸)受 託 販 売　410,000
　　売 掛 金　　 40,000

④ 次の売上計算書を作成し，手取金を埼玉商店へ第二銀行小切手にて送金する。

	売　上　計　算　書		
売　上　高			410,000
諸　　　掛			
引 取 運 賃		3,800	
保　管　料		2,400	
発　送　費		1,500	
手　数　料		12,000	19,700
	差　　　引		390,300
	内　　　金		300,000
	残　　　金		90,300

(借)受 託 販 売　 15,900　　(貸)保 管 料　　　 2,400
　　　　　　　　　　　　　　　　発 送 費　　　 1,500
　　　　　　　　　　　　　　　　受 取 手 数 料　12,000
(借)受 託 販 売　 90,300　　(貸)当 座 預 金　 90,300

(注) 上記売上計算書中，引取運賃はすでに記帳済であり，保管料および発送費は費用としてすでに支出してあるものを埼玉商店に負担させるのである。手数料は受託者の収益である。

①〜④の取引を販売受託勘定に記入すればつぎのようになる。

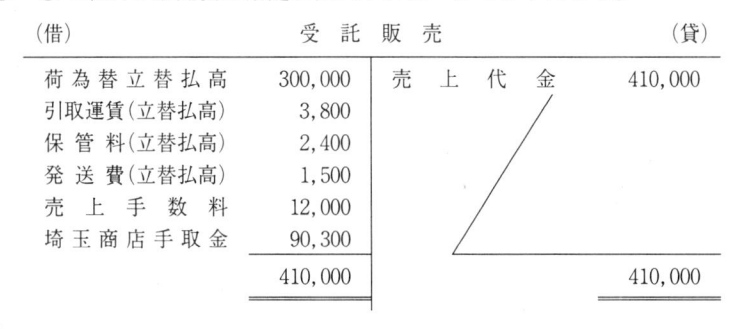

(借)	受 託 販 売		(貸)
荷 為 替 立 替 払 高	300,000	売 上 代 金	410,000
引 取 運 賃（立替払高）	3,800		
保 管 料（立替払高）	2,400		
発 送 費（立替払高）	1,500		
売 上 手 数 料	12,000		
埼 玉 商 店 手 取 金	90,300		
	410,000		410,000

第4節　委託買付

商品を他人に委託して買い入れることを委託買付という。委託買付に関する記帳方法は普通の商品仕入の場合と同じである。

〔例5〕

① 京都商店へA商品300個の買付を委託した。

　　仕訳なし

② 上記委託買付の手付金として，送金小切手￥250,000を送付した。

　(借) 支 払 手 付 金　250,000　　(貸) 当 座 預 金　250,000

③ 上記委託品が届き，買付代金および諸掛，手数料合計￥416,500から前払手付金を差し引き送金小切手で支払った。

　(借) 仕　　　　　入　416,500　　(貸) 当 座 預 金　166,500
　　　　　　　　　　　　　　　　　　　　支 払 手 付 金　250,000

第5節　受託買付

　他人から委託を受けて商品の買付を行うことを受託買付という。受託買付勘定（Indents a/c）とは，このような受託買付にともなって発生する委託者との間の債権，債務を処理する勘定である。委託者から買付のための手付金，あるいは内金を受け入れたときは，委託者からの一時預りであるからこれをこの勘定の貸方に記入する。受託した商品を買い入れたときは，その商品は委託者のものであって自分のものではないのでこれを仕訳する必要はない。ただたんに補助簿に記入するのみでよい。しかしながらその商品の買入のために支払った買付代金，運賃，積込費などの諸経費は，委託者に対する立替払であるから，これを買付手数料とともにこの勘定の借方に記入する。また発送貨物に対して荷為替を取り組んだときは，その金額をこの勘定の貸方に記入する。したがってこの勘定の借方残高は，委託者に対する立替残金を示すことになるから，買付計算書送付のとき，これを委託者の人名勘定に振り替えるかあるいはそのままにして委託者から送金してきたときこれを締め切るのである。

　なお買付受託の口数が少ない場合は，総勘定元帳に各委託者別の受託買付勘定を設けて処理するが，口数が多い場合には総勘定元帳には1個の受託買付勘定を設けて処理し，その内訳明細は受託買付記入帳である補助簿において処理する。

〔例6〕
① 11月10日　名古屋商店からA商品の買付を委託され，内金として¥70,000を送金小切手で受け入れた。
　（借）現　　　　　金　70,000　（貸）受　託　買　付　70,000
② 11月15日　上記の受託買付品を福島商店から¥460,000で掛買いした。
　（借）受　託　買　付　460,000　（貸）買　　掛　　金　460,000
③ 11月21日　上記の買付品を発送し，発送費¥12,000は小切手を振り出して支払った。

(借) 受 託 買 付　12,000　　(貸) 当 座 預 金　12,000

④ 名古屋商店へつぎの買付計算書を送付し，立替金の請求をした。

	買 付 計 算 書		
買 付 代 金			460,000
諸　掛			
発 送 費		12,000	
保 管 料		9,000	
雑 費		3,400	
手 数 料（3％）		13,800	38,200
	合　　　計		498,200
	内　　　金		70,000
	差引立替金		428,200

(借) 受 託 買 付　26,200　　(貸) 保 管 料　　9,000
　　　　　　　　　　　　　　　　雑 費　　3,400
　　　　　　　　　　　　　　　　受 取 手 数 料　13,800

⑤ 名古屋商店から上記請求金額を送金小切手で受け取り，当座預金に預け入れた。

(借) 当 座 預 金　428,200　　(貸) 受 託 買 付　428,200

受 託 買 付 元 帳
名 古 屋 商 店

平○	成年	摘　　　　　要	借　方	貸　方
11	10	A 品　　　　　　200個		70,000
		受託買付を受け，内金を送金小切手で受け取る。		
	15	福島商店から買入　　　　　掛買		
		A商品　　　　200個　　@2,300	460,000	
		受託品発送，発送費小切手払	12,000	
	〃	買付計算書送付		
		保 管 料	9,000	
		雑 費	3,400	
		手 数 料（3％）	13,800	
	21	送金小切手で入金		428,200
			498,200	498,200

先にも述べたが，買付品の発送にあたっては，これに対して荷為替を取り組むことがあるが，この場合の例をあげるならばつぎのとおりである。

⑥　名古屋商店へ買付計算書を送付するとともに，¥400,000の荷為替を取り組み，割引料¥2,500を差し引き，手取金は当座預金とした。割引料は当店の負担とする。

（借）当　座　預　金　　397,500　　（貸）受　託　買　付　　400,000
　　　割　引　料　　　　2,500

第6節　試用販売

試用販売とは顧客に一定期間商品を試験的に試用させ，顧客から気に入ったときに買い取ってもらう販売形態をいう。この場合，商品の発送は財産の増減と無関係であるから簿記上の取引ではない。しかし，試用販売のため商品を顧客に積送していることを帳簿上明らかにするための備忘記録を行う。この備忘記録には，商品を積送したとき性質の相反する二つの勘定，すなわちこの場合「試用販売売掛金」と「試用販売」の各勘定を設け，当該商品の売価をもって記録し，顧客から買取の意思表示を受けたときに，積送時の仕訳の逆仕訳を行い相殺する方法（これを「対照勘定法」と以下称す）および積送品の場合と同じように手許にある商品と試用販売のため積送した商品とを区別するため「試用販売商品」勘定を設け，その勘定の借方に仕入勘定から振り替えて処理する方法（これを「試用販売商品勘定法」と以下称す）がある。なお，この試用販売商品勘定法によった場合，顧客から買取の意思表示を受けたときには，その処理には分記法・総記法・3分法の三つの方法がある。これはまったく未着商品の販売，委託販売の場合と同じである。

〔例7〕　次の取引の仕訳をせよ。

12月15日　　A商店に商品10個（原価@¥100，売価@¥130）を試用販売のために送付した。

12月20日　　A商店より商品8個を買い取る旨の通知を受けたが，残りの2個

については何ら通知を受けていない。

	対照勘定法	試用販売商品勘定法
12/15	(試用売掛金) 1,300 　(試用販売) 1,300	(試用販売商品) 1,000 　(仕　　　入) 1,000

	対照勘定法	分　記　法	総　記　法	3　分　法
12/20	(売　掛　金) 1,040 　(試用販売) 1,040 (試用販売) 1,040 　(試用売上) 1,040	(売　掛　金) 1,040 　(試用販売商品) 800 　(試用売上益) 240	(売　掛　金) 1,040 　(試用販売商品) 1,040	(売　掛　金) 1,040 　(試用売上) 1,040

第7節　割賦販売

　代金を分割して支払う契約の販売を割賦販売（Instalment sales）という。すなわち，売買契約の成立と同時に買手に商品を引き渡し，代金はこれを分割支払することを契約する販売方法で，この支払方法には，月賦，半年賦，年賦等種々なものがあるが，金額の大きい土地，建物等の支払を除いて，もっとも多く利用されるものは月賦販売である。ゆえにこの割賦販売のことを月賦販売ともよんでいる。割賦販売の処理法については，売上収益の認識時期あるいは売上原価と利益の区別などに関する見解の相違によって，つぎのごとくいくつかの方法が存在する。

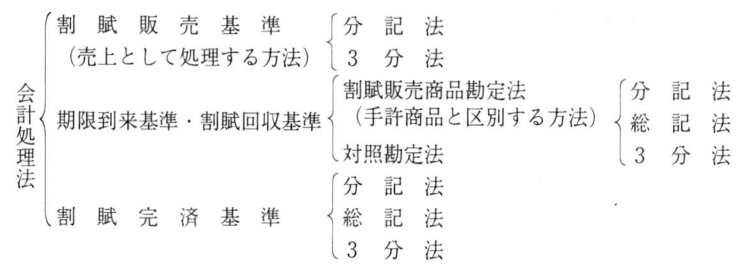

会計処理法
├ 割賦販売基準（売上として処理する方法）
│　├ 分記法
│　└ 3分法
├ 期限到来基準・割賦回収基準
│　├ 割賦販売商品勘定法（手許商品と区別する方法）
│　│　├ 分記法
│　│　├ 総記法
│　│　└ 3分法
│　└ 対照勘定法
└ 割賦完済基準
　　├ 分記法
　　├ 総記法
　　└ 3分法

（注1）　割賦販売基準…割賦販売契約時に販売益を全額計上し，期末に未回収賦金にかかる含み利益（未実現利益）を控除して実現

利益に修正する方法
　　　　　　　期限到来基準…賦金支払日に販売益を計上するもので税法がとっている基準
　　　　　　　割賦回収基準…賦金回収時に賦金回収相当分の販売益を計上する基準
　　　　　　　割賦完済基準…賦金全額完済時に，その割賦販売にかかる販売益の全額を計上するもので，もっとも保守的な基準
　（注2）　上掲の区分法は会計学上の観点からの区分であるが，所有権の移転関係からも区分が可能である。
　　　　㋐　商品の引渡と同時に所有権が買主に移転するものとする方法…販売基準
　　　　㋑　賦金の回収のつど，所有権が買主に移転するものとする方法…割賦回収基準・割賦販売基準
　　　　㋒　賦金完済時に所有権が買主に移転するものとする方法…割賦完済基準

割賦販売の仕訳方法には以上のごとく種々あるが，以下設例をもって割賦販売基準・割賦回収基準による仕訳の例を示そう。

〔例8〕　つぎの割賦販売に関する取引を仕訳しなさい。
　　掛売価¥1,000,000の商品を2カ月毎¥282,000を4回払の月賦契約で売り渡した。ただし原価は掛売価の80％とする。
　　㋐　売渡の契約をしたとき
　　㋑　第1回割賦金入金のとき
　　㋒　2回賦金回収後決算のとき
　　㋓　次期になり，直ちに回収不能になり割賦販売商品を¥300,000に評価し，取り戻したとき。

第15章 特殊商品取引 *167*

		契約成立時	第1回賦金回収時	決　算　時	回収不能時
(売上計上として)処理する方法	分記法	(割賦売掛金) 1,128,000　(仕　入) 800,000　(割賦売上益) 328,000	(現　金) 282,000　(割賦売掛金) 282,000	(割賦売上益) 164,000　(割賦売上益引当金) 164,000 (注1)	(割賦戻り商品) 300,000　(割賦売上益引当金) 164,000　(割賦戻り商品損失) 100,000　(割賦売掛金) 564,000
	3分法	(割賦売掛金) 1,128,000　(割賦売上) 1,128,000	(現　金) 282,000　(割賦売掛金) 282,000	(割賦売上益) 164,000　(割賦売上益控除) 164,000 (注2)	上と同じ
割賦回収基準	手許商品区分法による3分法	(割賦販売商品) 800,000　(仕　入) 800,000　上と同じ	(現　金) 282,000　(割賦販売商品) 200,000　(割賦売上益) 82,000	仕訳なし	(割賦戻り商品) 300,000　(割賦戻り商品損失) 100,000　(割賦販売商品) 400,000
	総記法	上と同じ	(現　金) 282,000　(割賦販売商品) 282,000	(割賦販売商品) 164,000　(割賦販売益) 164,000	上と同じ
	3分法	(割賦売掛金) 1,128,000　(割賦販売) 1,128,000	(現　金) 282,000　(割賦売掛金) 282,000	(仕　入) 400,000　(割賦販売) 400,000　(繰越商品) 400,000　(仕　入) 400,000	上と同じ
	対照勘定法		(現　金) 282,000　(割賦売掛金) 282,000　(割賦売上) 282,000		(割賦戻り商品) 300,000　(割賦戻り商品損失) 100,000　(割賦売上) 400,000　(割賦売掛金) 564,000

(注1) 割賦販売基準はたんなる販売基準と異なり、割賦販売のため商品を引き渡したときのその割賦販売にかかる利益を全額計上するが、決算期末において未回収賦金がある場合、その賦金に合まれている利益は未実現利益であって実現利益のみにかかる利益であり、回収賦金にかかる利益を未実現利益のため商品には割賦販売のため商品を引き渡したときと区別して利益計上しているので、これを実現利益に修正するものである。したがって、分記法の場合には利益を区別して利益計上したときと商品を引き渡したときと利益を修正しなければならない。このときにかかる仕訳は借方に割賦売上益、また貸方には見返勘定として割賦売上益引当金勘定を設けて仕訳する。
未回収賦金￥564,000には未実現利益(282,000×4−1,000,000×0.8)×2/4＝164,000を控除し修正しなければならない。
(注2) (注1)の仕訳における仕訳け方の考えは全額同じ仕訳けをしているため、売上総利益を計算表示するときに、3分法の場合には、割賦売掛金にも含まれている未実現利益相当分を計上しなければならない。それにかかる利益を計算しにくく、それにかかる仕訳は売上総利益として控除するには、割賦売上控除を設ける方の借方に記載するとともに、割賦売掛金を控除しなければならない。したがってこの仕訳の貸方に計算する未実現利益を間接的に控除する勘定として、その貸方に記載するとし、割賦売上益引当金勘定を設け、その貸方に記載する。したがってこの仕訳は売上総利益を計算する前段階としての未実現利益を控除する仕訳である。

第8節　先物予約売買

　将来一定の時期に商品の受渡をする売買契約を，先物予約売買勘定で処理する。すなわち，予約売買は多くの場合，契約の履行を確実に保証するため予約金を受け取る。この契約は法律上有効であるが，商品の受渡が終わるまでは仕入あるいは売上取引として記帳しないのが一般的である。それは当事者の一方が違約金を出して解約することがあるからである。それゆえ売買契約を締結したときには備忘的記録だけをしておき，商品の受渡が行われたとき初めて売買が生じたものとして記録する。この備忘記録には，売り渡した方では売渡契約，売渡契約未収金，買い受けた方では，買受契約，買受契約未払金という対照勘定を用いる。すなわち，売渡契約勘定は将来商品を契約価格で引き渡すべき義務を，売渡契約未収金勘定は商品を引き渡した場合生ずる代金の請求権を示すのである。買受契約勘定は将来において契約価格で商品を引き取る権利，買受契約未払金勘定はそのときの代金支払義務を示すのである。以下これらの点について簡単に仕訳でもって例示しよう。

〔例9〕
① 　A商店はB商店から商品￥500,000を30日後渡しの約定で買い入れ，手付金￥100,000を小切手を振り出して支払った。

A商店の仕訳

(借) 買　受　契　約　　500,000　　(貸) 買受契約未払金　　500,000
　　　支　払　手　付　金　　100,000　　　　　当　座　預　金　　100,000

B商店の仕訳

(借) 売渡契約未収金　　500,000　　(貸) 売　渡　契　約　　500,000
　　　現　　　　　金　　100,000　　　　　受　取　手　付　金　　100,000

② 　B商店は期日にA商店へ商品を引き渡し，代金は手付金を差し引き，小切手で受け取った。

A商店の仕訳
　（借）仕　　　　入　　500,000　　（貸）支 払 手 付 金　　100,000
　　　　　　　　　　　　　　　　　　　　　当 座 預 金　　400,000
　（借）買受契約未払金　500,000　　（貸）買 受 契 約　　500,000
B商店の仕訳
　（借）受 取 手 付 金　100,000　　（貸）売　　　　上　　500,000
　　　　現　　　　金　　400,000
　（借）売 渡 契 約　　500,000　　（貸）売渡契約未収金　500,000

【研究問題】
1　つぎの用語について収益の実現基準について簡単に述べよ。
　(1)　一般の売上
　(2)　委託販売
　(3)　試用販売
　(4)　割賦販売
2　未着商品勘定・積送品勘定を設ける意義について述べよ。

第16章　帳簿組織

第1節　帳簿組織の発展

　帳簿組織とは，会計上必要とする帳簿を設けて各帳簿間に有機的な記帳関連をもたせることをいう。企業会計の重要な目的でもある期間利益の算定のためには，まず取引がもれなくしかも合理的に記録され，かつ明瞭に計算されなければならない。そして企業の財政状態および経営成績を外部の利害関係者に報告するための基礎資料として帳簿を備えなければならない。また企業規模の拡大にともない，取引の種類や内容が複雑になり，これらを容易にするためにも帳簿組織が必要となる。いいかえれば，帳簿組織が不備であれば合理的な会計実務は期待することができず，適正な財務諸表は作成されないのである。

　帳簿組織の歴史的発展を考察してみると，世界最初の複式簿記であるといわれるヴェニスの簿記法では，取引について，日記帳→仕訳帳→元帳の順に行われた。当時日記帳が取引の原始記入簿として使用されたのは，13〜15世紀の時代は貨幣制度がいまだ統一されず，種々の貨幣が使用されていたため，まず日記帳に取引のままの貨幣単位で記帳し，これを統一的な貨幣単位に換算して仕訳帳に仕訳記入をしたためである。その後，貨幣制度が統一され，日記帳は使用されなくなり，仕訳帳→元帳の帳簿組織となった。この組織は単一仕訳帳元帳制（イタリア式帳簿組織）と称され，複式簿記の基本的な帳簿である。

　しかしながら，この単一仕訳帳元帳では企業のことごとくの取引を1冊の仕訳帳にのみ記入する結果，ある特定の取引についてまとまった記録を得ることが不可能である。

　したがって，この帳簿組織のほかに，特定の取引を記録するための諸帳簿，たとえば，現金出納帳・当座預金出納帳・仕入帳・売上帳などが使用されるに

なった。この発展段階における帳簿組織では，主要簿と補助簿との区分が明瞭になっているが，しかし，記帳の分業が不可能なことや企業規模の拡大にともない勘定科目の数が増すと元帳は膨大となり，その取扱が不便となるなどの欠点があり，つぎにイギリス式帳簿組織の発展をみるに至った。

イギリス式帳簿組織にあっては，従来，補助簿として使用してきた帳簿を特殊仕訳帳として利用し，特殊仕訳帳から総勘定元帳への合計転記ならびに相手勘定への個別転記（特別欄を設けた場合は相手勘定についても合計転記）を行う。なお，特殊元帳を設け，同種の勘定科目はこれを一般の元帳から分離して総勘定元帳の簡略化をはかったものである。しかしながら，このような帳簿組織をとるとしても，原始簿である多数の仕訳帳からの総勘定元帳への別個転記や合計転記が錯綜される結果，転記の誤りが多くなる。また合計試算表の合計額と普通仕訳帳の合計額とを照合することも不可能となり，元帳記録の正確性の確認が期待できない場合が多くなる。この欠点を改良したのが大陸式簿記法である。大陸式簿記法では，特殊仕訳帳から総勘定元帳への合計転記について普通仕訳帳に合計仕訳を行う手続をとるのである。

複式簿記を前提とした仕訳帳および元帳を中心とする帳簿の分割については第2節以下で考察する。

第2節　単一仕訳帳制

1　単一仕訳帳

すでにここまで学んできたように，すべての取引はただ1冊の仕訳帳を通して総勘定元帳へ転記する帳簿組織をとってきた。このような帳簿システムを通常単一仕訳帳制とよんでいる。

単一仕訳帳制をとる場合の仕訳帳の様式には，すでに今まで考察してきたようなもののほかに，つぎに示すような貸借の金額欄を左右両側に設けたものがある。この形式の仕訳帳を用いる場合には，タイトルのすぐ下の日付には各頁の最初の取引の日付を付し，その他の取引日は取引を区切る横線の中央に記入

する。

仕　訳　帳

平成〇年5月1日

借　　方	元丁	摘　　　要	元丁	貸　　方
		諸　　口　（資　本　金）	30	10,000,000
1,100,000	1	（現　　　金）		
8,900,000	15	（建　　　物）		
		上記の資産で開業		
		────── 2日 ──────		
150,000	10	（備　　　品）（現　　金）	1	150,000
		金庫購入		

2　多桁式仕訳帳

　仕訳帳のもっとも単純な組織は1冊の仕訳帳をもって構成され，すべての取引を発生順に記入し，これから元帳転記を行うのであるが，この組織は企業の規模が複雑化し取引の発生数が多くなると，当然，いろいろな不便を生ずることになる。第一に記帳と転記の労力が大であるということ。すなわち，仕訳帳には各取引につき貸借双方の科目を記載することが必要であり，これから元帳へ転記するには各科目ごとに個別的に行わなければならないからである。しかも記帳事務の分担が不可能であり，同時に2人以上の人が仕訳記入をすることができない。そこで仕訳帳を適当に改良した多桁式仕訳帳が考案された。この多桁式仕訳帳の特徴としてはつぎのごとくである。

　(1)　転記の手数と時間とが節約される。
　(2)　元帳転記における誤謬の可能性を減少する（個別転記を行わず一定期ごとの総合転記を行う）。
　(3)　元帳関係口座の記入数が減少し，記入事項の通覧に便利である。
　以下，六桁仕訳帳の例を示そう。

〔例1〕
　9月1日　現金¥500,000を元入れして営業を開始する。

3日　営業用備品￥80,000を現金にて買い入れる。
5日　山本商店より商品￥150,000を掛買した。
10日　大阪商店へ商品￥120,000を掛売した。
21日　大阪商店より売掛金￥120,000を現金にて受け取る。
30日　本月営業費￥30,000を現金にて支払う。

六 桁 仕 訳 帳

平成〇年9月1日

商 品	現 金	諸 口	元丁	摘　　要	元丁	諸 口	現 金	商 品
	500,000		✓	（現　金）（資 本 金） 現金元入	7	500,000		
				── 3日 ──				
		80,000	2	（備　品）（現　　金） 営業用備品購入	✓		80,000	
				── 5日 ──				
150,000			✓	（商　品）（山本商店） 商品掛買	3	150,000		
				── 10日 ──				
		120,000	4	（大阪商店）（商　　品） 商品掛売	✓			120,000
				── 21日 ──				
	120,000		✓	（現　金）（大阪商店） 売掛金を現金で回収	4	120,000		
				── 30日 ──				
		30,000	6	（営 業 費）（現　　金） 本月分営業費支払	✓		30,000	
150,000	620,000	230,000	✓		✓	770,000	110,000	120,000
		620,000	1	現　金／現　　金	1	110,000		
		150,000	5	商　品／商　　品	5	120,000		
		1,000,000				1,000,000		

総 勘 定 元 帳

現　　　　金　　　　1	什 器 備 品　　　2
9/30 仕訳帳 620,000 ｜ 9/30 仕訳帳 110,000	9/3 現　金 80,000 ｜

山 本 商 店 3	大 阪 商 店 4
	9/5 商　　品 150,000	9/10 商　　品 120,000	9/21 現　　金 120,000

商　　　　品 5	営　　業　　費 6
9/30 仕訳帳 150,000	9/30 仕訳帳 120,000	9/30 現　　金 30,000	

資　　本　　金   7
	9/1 現　　金 500,000

第3節　複数仕訳帳制（その1）

1　複数仕訳帳制

　企業の取引量が僅少で，しかもその内容が簡単である場合には，単一仕訳帳で十分である。しかし取引量が増加すると仕訳帳への記帳や元帳への転記が増大するのみならず，補助簿への記入もそれにともない増大する。そのため記帳はきわめて煩雑になり，かつ多数の手間を要することになる。

　そこで企業取引を主要簿・補助簿への二重記帳の手数を省くため，現金出納帳，売上帳，仕入帳等の補助記入帳に勘定科目欄および元帳欄を設けてこれらの補助記入帳を仕訳帳として用いる方法がとられることがある。現金の出納や商品の仕入・売上等についての取引は，従来の仕訳帳に記入する必要がなくなり，かつ仕訳帳と補助記入帳への二重記帳の手数を省くことができ，またそのほうが元帳への仕訳記入を分担できる等の長所を有する。内部牽制を重視する企業にとって有効となる。

　このように，ある補助記入帳を特定取引の仕訳帳として用いるとき，これを特殊仕訳帳という。これに対し普通の仕訳帳を普通仕訳帳といい，このような普通仕訳帳と特殊仕訳帳を有する帳簿組織を**複数仕訳帳制**という。

　複数仕訳帳のもとにおける普通仕訳帳の記入事項はつぎのとおりである。

(1) 開始仕訳

事業年度における前期繰越の仕訳，これは合計試算表の作成の意義を高めるのに不可欠なものである。

(2) 特殊仕訳帳に記帳されない取引

普通仕訳帳に記入される事項は特殊仕訳帳の範囲および会計処理のいかんによって異なるが，6冊制の場合には，利益処分，備忘記録がほとんどである。

(3) 誤謬訂正の仕訳

誤記脱漏等の誤りを発見した場合には，発見日における新しい取引として訂正仕訳を行う。

(4) 開業・合併・営業譲受等の場合

開業・合併・営業譲受等があった場合，開始仕訳と同じように仕訳を行う。なおこの場合，特殊仕訳帳に記入される科目は特殊仕訳帳の元丁欄へチェックマークを記して総勘定元帳へは転記しない。

(5) 特殊仕訳帳からの合計転記仕訳

特殊仕訳帳の合計転記は必ずしも普通仕訳帳を経由しなければならない理由はないが，合計試算表を作成する場合，普通仕訳帳の合計額と合計試算表の合計額の照合により誤謬発見の手掛りとするから，理論的には普通仕訳帳を総勘定元帳へ転記する。

(6) 決算整理締切仕訳（振替仕訳）

決算時における各種の整理仕訳および集合勘定たる損益勘定・残高勘定への振替仕訳。

2　特殊仕訳帳の種類

特殊仕訳帳は，利用してきた補助簿のうち，特定の取引をその発生順に記録する補助記入帳を仕訳帳として使用することにあった。したがって，特殊仕訳帳の種類もおのずから限定されるものである。どの補助記入帳を特殊仕訳帳として用いるかは，企業規模，取引量等によって選定されるが，一般にはつぎのものがある。

1．現金出納帳（当座預金出納帳）　　2．仕　訳　帳
　　3．売　上　帳　　4．受取手形記入帳　　5．支払手形記入帳

以上が特殊仕訳帳として用いられるものである。なお複数仕訳帳制は，その使用される仕訳帳の数によって，2冊制，4冊制，6冊制などに分けられる。

3　2冊制による記帳法

2冊制とは，仕訳帳を2冊利用するものである。複数仕訳帳のもとでは常に普通仕訳帳が用意されていなければならない。したがって2冊制による記帳法は普通仕訳帳のほかに特殊仕訳帳をもう1冊使用する。それは通常現金出納帳または当座預金出納帳を用いる。

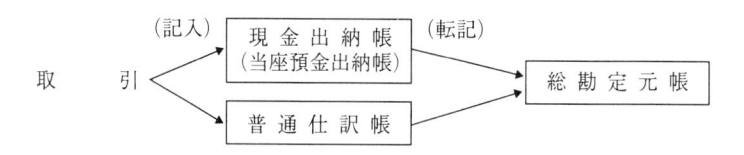

```
                    （記入）  現　金　出　納　帳  （転記）
                          ┌→（当座預金出納帳）──┐
     取　　引　┤                                  ├→　総　勘　定　元　帳
                          └→　普　通　仕　訳　帳──┘
```

現金の取引は一般にもっとも多く発生するものであり，量が多いばかりでなく，現金に対しては計算違いや不正などが起こりやすく，危険が他の勘定よりも多く発生する。それゆえ，収支に関する責任を明白にし，また現金のコントロールを完全に行うことが必要である。

(1)　仕訳帳としての現金出納帳

現金出納帳が特殊仕訳帳として使用される場合には，それが補助簿として使用される場合の帳簿形式である摘要欄と金額欄のほかに，さらに勘定科目欄と元丁欄が新設される。

(2)　現金出納帳への記入

現金出納帳への記入方法は，入金取引を借方に，出金取引を貸方に，いずれも現金に対する相手勘定を勘定科目欄へ記入するとともに，現金の相手科目を総勘定元帳へ転記する。これにより仕訳帳には記帳しないのである。

(3)　現金出納帳から総勘定元帳への転記

現金出納帳より元帳への転記は，一般につぎのごとくである。

① 借方の勘定科目欄に記入されている各勘定科目は総勘定元帳における当該勘定口座の貸方へ，また貸方の勘定科目欄に記入されている各勘定科目は総勘定元帳における当該勘定口座の借方へそれぞれ個別的に転記する。

② 借方の金額欄の合計額を総勘定元帳の現金勘定の借方へ，また貸方の金額欄の合計額を総勘定元帳の現金勘定の貸方へ，それぞれ定期的（たとえば，週・月ごと）に転記する。

また現金出納帳の締切については，借方の合計金額に前期の繰越額を加えたものから，貸方の合計金額を差し引いた金額を当期の残高として貸方に朱記し，貸借を平均させる。

〔例2〕 普通仕訳帳のほか，現金出納帳を特殊仕訳帳として用いるとき，つぎの取引を普通仕訳帳と特殊仕訳帳に記入し，かつ総勘定元帳に転記しなさい。

7月1日 現金￥500,000を元入して開業した。
 〃 備品￥80,000を現金で買い入れた。
 2日 大分商店から商品￥200,000を仕入れ，代金は現金で支払った。
 4日 山口商店へ商品￥150,000を売却し，代金は現金で受け取った。
 5日 長崎商店から商品￥180,000を仕入れ，代金のうち￥80,000は現金で支払い，残りは掛とした。
 7日 広島商店へ商品￥120,000を売却し，代金のうち￥100,000は現金で受け取り，残りは掛とした。
 8日 長崎商店に対する買掛金の支払として￥30,000は現金で支払い，残額は同店宛の約束手形を振り出した。
 12日 岡山商店へ商品￥50,000を売却し，代金は現金で受け取った。
 15日 広島商店に対する売掛金￥20,000を現金で受け取った。
 20日 佐賀商店から，商品￥50,000を仕入れ，代金のうち￥30,000は現金で支払い，残額は掛とした。
 28日 長崎商店宛に振り出した約束手形￥70,000を現金で支払った。
 30日 営業費￥25,000を現金で支払った。

現　金　出　納　帳

日付		摘　　要	元丁	金　額	日付		摘　　要	元丁	金　額
7	1	資　本　金	✓	500,000	7	1	備　　品	3	80,000
	4	売　　上	8	150,000		2	仕　　入	7	200,000
	7	〃	〃	100,000		5	〃	〃	80,000
	12	〃	〃	50,000		8	長崎商店	5/仕1	30,000
	15	広島商店	2/得1	20,000		20	仕　　入	7	30,000
						28	支払手形	4	70,000
						30	営　業　費	9	25,000
				820,000					515,000
		前 期 繰 越		0			次 期 繰 越		305,000
				820,000					820,000

普　通　仕　訳　帳

日付		摘　　　要	元丁	借　方	貸　方
7	1	（現　　金）	✓	500,000	
		（資　本　金）	6		500,000
	5	（仕　　入）	7	100,000	
		（買　掛　金）	5/仕1		100,000
	7	（売　掛　金）	2/得1	20,000	
		（売　　上）	9		20,000
	8	（買　掛　金）	5/仕1	70,000	
		（支　払　手　形）	4		70,000
	20	（仕　　入）	7	20,000	
		（買　掛　金）	5/仕2		20,000
	31	（現　　金）	1	820,000	
		（諸　　口）	✓		820,000
	〃	（諸　　口）	✓	515,000	
		（現　　金）	1		515,000

（注1）　営業開始の仕訳は普通仕訳帳を通して，元帳へ転記を行う。よって，普通仕訳帳における現金￥500,000は出納帳締切時に一括して転記を行うため，元丁帳欄へ✓を記入し，転記を行わない。また現金出納帳の借方金額欄￥500,000の転記は，普通仕訳帳からすでに資本金勘定へ転記済であるため，元丁欄へ✓を記入し，転記を行わない。

(注2) 現金出納帳締切にともない，現金勘定への転記は普通仕訳帳を通して行う。この場合，現金入出金の相手方はすでにその入出金時に該当する元帳へ転記済であるため，仕訳の相手方（諸口）の元丁欄には✓を記入し，転記済であることを示すのである。

総勘定元帳

現　　　金　　　　1		売　掛　金　　　2	
7/31 出納帳 820,000	7/31 出納帳 515,000	7/7 売　上 20,000	7/15 出納帳 20,000

備　　　品　　　　3		支　払　手　形　　4	
7/1 出納帳 80,000		7/28 出納帳 70,000	7/8 買掛金 70,000

買　掛　金　　　　5		資　本　金　　　6	
7/8 支払手形 70,000	7/5 仕　入 100,000		7/1 現　金 500,000
7/28 出納帳 70,000	7/20 〃 20,000		

仕　　　入　　　　7		売　　　上　　　8	
7/2 出納帳 200,000			7/4 出納帳 150,000
7/5 〃 80,000			7/7 〃 100,000
〃 買掛金 100,000			〃 売掛金 20,000
7/20 出納帳 30,000			7/12 出納帳 50,000
〃 買掛金 20,000			

営　業　費　　　　9	
7/30 出納帳 25,000	

得意先元帳

広　島　商　店　　1	
7/7　　　20,000	7/15　　　20,000

仕入先元帳

長　崎　商　店　　1	
7/8　　　30,000	7/5　　　100,000
〃　　　70,000	

佐　賀　商　店　　2	
	7/20　　　20,000

4　4冊制による記帳法

4冊制とは，現金出納帳（または当座預金出納帳）のほかに，さらに仕入帳と

売上帳を特殊仕訳帳として用いる帳簿組織である。

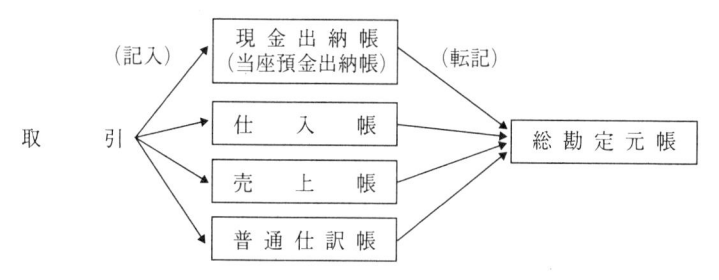

```
                    ┌─現金出納帳────┐
                    │ (当座預金出納帳) │
         (記入)     ├──────────┤ (転記)
取　引 ──┼────→│  仕  入  帳   │────→ 総勘定元帳
                    ├──────────┤
                    │  売  上  帳   │
                    ├──────────┤
                    │  普 通 仕 訳 帳 │
                    └──────────┘
```

(1) 仕訳帳としての仕入帳・売上帳

仕入帳・売上帳が特殊仕訳帳として使用される場合には，それが補助簿として使用されている帳簿形式である摘要欄と金額欄のほかに，総勘定元帳へ直接転記できるように，相手勘定科目欄と元丁欄を設けなければならない。

(2) 仕入帳への記入

(a) 仕入帳に記入する取引は，仕入関係のすべて，すなわち仕入・返品・値引が記入される。返品・値引は補助簿への記入のところですでに述べたように仕入帳に朱記し，仕入高の減少記入であることを明示する。

なお，仕入代金の支払条件には，掛のほかに現金や手形による場合がある。現金の仕入については仕入帳と出納帳との双方に記入され，出納帳も特殊仕訳帳化されているときにはこれらの双方から取引の発生により転記されるとともに，帳簿締切日に合計転記の際にさらに転記され，二重の転記が行われることになる。そこでこの二重転記を避けるためにつぎのいずれかの方法をとる。すなわち，現金仕入については，

① これはすべての仕入取引を掛仕入とみなして仕入時に記入し，それから仕入先人名勘定に転記する。この掛代金を直ちに現金で支払ったものとして同時に現金出納帳にも記入する。

② 仕入帳からは総勘定元帳の現金勘定へ転記を行わず，また現金出納帳からは総勘定元帳の仕入勘定へ転記を行わない。すなわち，この両帳簿における相手方勘定科目の個別転記をともに省略するということが行われる。そして，そのためには，後日二重転記とならないよう，この両帳簿の元丁

欄にそれぞれ✓印をつけておく。
③　現金出納帳と仕入帳のうちいずれか一方だけを記入し，他方への記入を省略する。
④　現金仕入勘定は特別の勘定を新設する。そして，仕入帳に記入された現金仕入取引をもってこの勘定の借方へ転記するのである。
(b)　総勘定元帳への転記については次のような方法がある。
①　仕入のつど摘要欄に記載されている相手勘定科目を，総勘定元帳の当該勘定口座の貸方へそれぞれ個別的に転記する。
②　金額欄の合計額（総仕入高）を，総勘定元帳の仕入勘定の借方へ，定期的に総合転記する。
③　朱記されている仕入値引・返品の合計額を総勘定元帳の仕入勘定の貸方へ，定期的に転記する。

(3) 売上帳への記入

売上帳が特殊仕訳帳として用いられている場合のその記帳方法および総勘定元帳への転記手続は，仕入帳の場合に準ずる。一般に売上記録は，仕入記録よりも多数発生するから，売上帳は仕入帳の場合と比較するとその便益はより大である。

売上帳の記帳方法は仕入帳の場合に準じて行えばよい。すなわち摘要欄の科目は売上のつど総勘定元帳の当該口座の借方に個別転記を行い，売上勘定の貸方へは，定期的に，たとえば月末にその合計額を転記するのである。得意先元帳が設けられているときは各人名勘定への個別転記を取引発生日に行い，総合転記は売掛金勘定借方と売上勘定貸方のみに行う。

なお，現金売上については，現金出納帳と売上帳との双方に記入されるから，総勘定元帳の現金勘定と売上勘定にはこの両帳簿から二重に転記されるという危険性が存在する。そこでこの二重転記を避けるために，まず，売上帳からは現金勘定へ個別転記を行わず，また現金出納帳からは売上勘定へ個別転記を行わないか，あるいは現金売上を一応掛売上とみなして売上帳を記入し，その代金を直ちに取り立てたものとして，同時に現金出納帳に記入する。

つぎに戻り品の発生した場合のその処理法については，仕入帳の戻しの場合に準じて行う。

① 売上帳へ朱記し，得意先元帳を設けている場合は，当該帳簿へ記入する。
② 売上帳を締め切るにあたり，合計額が総売上高を示すようにする。
③ 上記合計額を計算次第，値引・返品の朱記分を集計し，当該額を総売上高から差し引くように明示する。

これらの①・②・③の転記は普通仕訳帳をとおして売上勘定・売掛金勘定へ転記する。

5　6冊制による記帳法

6冊制とは，現金出納帳（または当座預金出納帳）・仕入帳・売上帳のほか，さらに受取手形記入帳・支払手形記入帳をも特殊仕訳帳として用いる帳簿組織である。

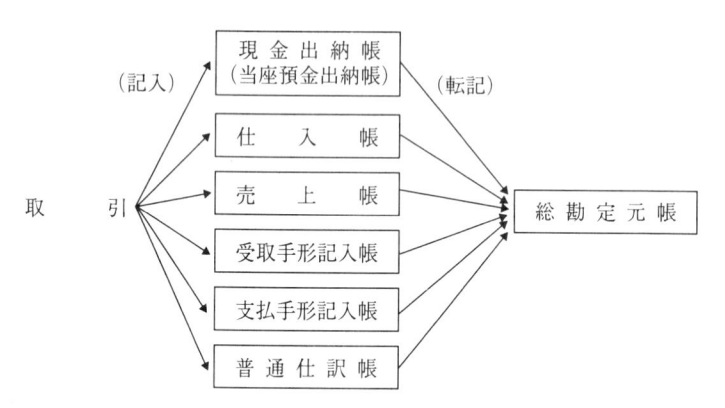

```
              現金出納帳
         (記入)（当座預金出納帳）(転記)
              仕　入　帳
              売　上　帳
取　引                          総勘定元帳
              受取手形記入帳
              支払手形記入帳
              普通仕訳帳
```

(1) 仕訳帳としての受取手形記入帳・支払手形記入帳

受取手形記入帳・支払手形記入帳を特殊仕訳帳として使用する場合には，補助簿として使用されている帳簿形式に，勘定科目欄と元丁欄を設けることによってできる。

(2) 受取手形記入帳および支払手形記入帳への記入

受取手形記入帳および支払手形記入帳への記入は，手形にかかわる取引，つ

まり手形債権・債務の発生の取引が記入される（裏書・回収等による消滅は特殊仕訳帳としての手形帳には関係なく，たんにてん末欄に記録するにとどまる）。

受取手形記入帳へは「受取手形」として借方に仕訳されるすべてを記入することとなり，勘定科目欄へは受取手形の相手科目を記入する。支払手形記入帳への記入要領もこれに準ずる。

(3) 総勘定元帳への転記

受取手形記入帳・支払手形記入帳の勘定科目欄に記入した勘定の金額は，その記入したつど該当する総勘定元帳の勘定口座へ転記を行い，受取手形勘定・支払手形勘定への転記は，定期的に金額欄の合計額を一括して転記することになる。

なお，一取引が受取手形記入帳または支払手形記入帳のいずれかと他の特殊仕訳帳への記入となる場合には，二重転記を防ぐために双方の元丁欄に✓印をつけておく。

第4節　複数仕訳帳制（その2）

1　多桁式特殊仕訳帳

多桁式仕訳帳の特徴については第2節の2で述べたとおりである。すなわち同じ勘定科目が頻繁に生ずるとき，その勘定科目について後日一括転記ができるような欄を設け，その合計額を定期的に一括して総勘定元帳に転記することにより転記手数を省くことにあった。

前節においては，その点はまったく考慮することなく，たんに二重記帳の手間を省くことにあった。しかもこの長所のほかに取引のつど総勘定元帳への転記の手数が省けることになれば記帳能率も上がるのである。この2点の長所は特殊仕訳帳の金額欄を，頻繁に現れる勘定科目についてのものとその他のものに分けることにより，前者については定期的に一括転記することにより，相当に転記手数を省くことができる。このような目的のための特別欄をもつ特殊仕訳帳を多桁式特殊仕訳帳とよんでいる。

2 多桁式現金出納帳

　この多桁式現金出納帳は，特殊仕訳帳としての現金出納帳に特別欄を設けたものである。特別欄はとくに頻繁に発生する売上，売掛金欄を借方に，また買掛金，営業費欄を貸方に併設する帳簿である。多桁式出納帳は金額欄が六桁あるところから六桁現金出納帳ともいわれる。多桁式現金出納帳への記入方法は，多桁式仕訳帳のところで理解した特別欄への記入とまったく同じである。すなわち，特別欄へ記入された金額は取引の発生した日付で総勘定元帳へは転記せず，月末等において定期的に一括転記するのである。したがって取引発生日には転記不用のマーク（✓）を元丁欄へ付しておけばよい。

　つぎにこの例を示そう。

〔例3〕

　9月1日　前月繰越高，現金￥60,000
　　　4日　水谷商店より商品￥20,000を現金にて買い入れる。
　　　7日　太田商店へ商品￥35,000を現金にて売却する。
　　　8日　山川商店より売掛金￥40,000を現金にて受け取る。
　　10日　野田商店へ買掛金￥50,000を現金にて支払う。
　　14日　通信費￥3,000を現金にて支払う。
　　18日　松原商店振出当店受け取りの約束手形￥65,000本日満期につき現金にて支払を受ける。
　　20日　陳列戸棚￥100,000を現金にて買い入れる。
　　25日　旅費￥15,000を現金にて支給する。

第16章 帳簿組織

現金出納帳

平成○年		勘定科目	摘要	元丁	売上	売掛金	諸口
9	7	売 上	太田商店	✓	35,000		
	8	売掛金	山川商店	✓		40,000	
	18	受取手形	松原商店	3			65,000
	30	売 上		12	35,000		
	〃	売掛金		4		40,000	35,000
	〃	入 金 計		1			40,000
		前月繰越		✓			140,000
							60,000
							200,000

平成○年		勘定科目	摘要	元丁	買掛金	営業費	諸口
9	4	仕 入	水合商店	13			20,000
	10	買掛金	野田商店	✓	50,000		
	14	営業費	通信費	✓		3,000	
	20	備品	陳列戸棚	6			100,000
	25	営業費	旅費	✓		15,000	
	30	買掛金		8	50,000		120,000
	〃	営業費		14		18,000	50,000
	〃	出金計		1	188,000	18,000	18,000
		次月繰越		✓			188,000
							12,000
							200,000

現 金　1

9/1	前期繰越	60,000	9/30	現金出納帳	188,000
30	現金出納帳	140,000			

受取手形　3

| 9/1 | 前期繰越 | ××× | 9/18 | 現金出納帳 | 188,000 |

売 掛 金　4

| 9/1 | 前期繰越 | ××× | 9/30 | 現金出納帳 | 40,000 |

備 品　6

| 9/1 | 前期繰越 | ××× | | | |
| 20 | 現金出納帳 | 200,000 | | | |

買 掛 金　8

| 9/30 | 現金出納帳 | 50,000 | 9/1 | 前期繰越 | ××× |

売 上　12

| | | | 9/30 | 現金出納帳 | 18,000 |

仕 入　13

| 9/4 | 現金出納帳 | 20,000 | | | |

営 業 費　14

| 9/30 | 現金出納帳 | 18,000 | | | |

3　多桁式仕入帳および多桁式売上帳

　企業において仕入取引が多い場合，あるいは仕入活動のために独立の部門が設けられている場合には仕入帳を特殊仕訳帳として用いることが多い。同じく売上取引が多い場合には，記帳と転記の手数を省くため，売上帳もまた特殊仕訳帳として用いられるのである。仕入帳および売上帳を特殊仕訳帳として使用し，もしも総勘定元帳に買掛金および売掛金の総括勘定が設けてある場合には，この仕入帳および売上帳の金額欄はこれを掛と諸口との二つに区分するほうが便利である。すなわち，商品の売買取引のうち，掛売買はこの両帳簿の掛売買欄に記入するとともに現金売買その他は諸口欄に記入するのである。そして掛売買については，そのつど仕入先元帳の貸方あるいは得意先元帳の借方に記入するとともに一定期ごとにその合計額を買掛金勘定の貸方あるいは売掛金勘定の借方に転記する。また諸口欄については，これを総勘定元帳の当該勘定口座のある借方あるいは貸方に個別的に転記するとともにその合計額を前述の掛売買欄の合計額と加算して，これを仕入勘定の借方あるいは売上勘定の貸方に転記する。

　なお，仕入商品を戻した場合あるいは売上商品が戻った場合には，売買取引の場合，朱記しなければならない。

　つぎに例を示して，この両者の帳簿を明らかにしよう。

〔例4〕

　10月2日　名古屋商店からA商品3,000個を@200で掛買した。

　　　4日　岐阜商店からB商品1,000個を@¥350で買い入れ，代金は約束手形を振り出して支払った。

　　　5日　京都商店へつぎのとおり掛売した。

　　　　　　A商品2,000個@¥230　B商品500個@¥400

　　　7日　大阪商店からC商品2,000個を@¥400で買い入れ，代金のうち¥300,000を現金にて支払い，残額は掛とした。

　　　10日　岡崎商店へC商品1,000個を@¥470で売却し，代金のうち

¥270,000は現金で受け取り,残額は同店振出の約束手形を受け取る。
16日　名古屋商品から買い入れたA商品のうち,220個は品質不良のため返品した。
20日　静岡商店へA商品2,000個を＠¥250で掛売した。
25日　島田商店からD商品1,000個を＠¥300で買い入れ,為替手形¥300,000を裏書譲渡した。
28日　富士商店へD商品500個を＠¥350で売却し,代金のうち¥125,000は現金で受け取り,残額は掛とした。
30日　富士商店へ売却したD商品のうち,50個は品質不良のため返品された。なお代金は売掛金より差し引いた。

仕　入　帳

平成○年	勘定科目	摘　要	元丁	買掛金	諸　口
10 2	買　掛　金	名古屋商店　　　　　諸　口 A商品　3,000個　＠¥200	仕1	600,000	
4	支払手形	岐阜商店　　　　　約　手 B商品　1,000個　＠¥350	3		350,000
7		大阪商店　　　　　諸　口 C商品　2,000個　＠¥400			
	現　　金	現金払い	✓		300,000
	買　掛　金	掛払い	仕2	500,000	
16	買　掛　金	名古屋商店　　　　戻　し A商品　220個　＠¥200	仕1	44,000	
25	受取手形	島田商店　　　　　為手裏書 D商品　1,000個　＠¥300	1		300,000
31		掛総仕入高	4	1,100,000	1,100,000
〃		総仕入高	5		2,050,000
〃		戻し高	5/4		44,000
		純仕入高			2,006,000

売　上　帳

平成〇年		勘定科目	摘　　　要	元丁	売掛金	諸　口
10	5	売 掛 金	京都商店　　　　　　　　　　掛 A商品　2,000個　@¥230　¥460,000 B商品　　500個　@¥400　¥200,000	得1	660,000	
	10		岡崎商店　　　　　　　　　諸　口 C商品　1,000個　@¥470			
		現　　金	現金受取	✓		270,000
		受取手形	約手受取	1		200,000
	20	売 掛 金	静岡商店　　　　　　　　　　掛 A商品　2,000個　@¥250	得2	500,000	
	28		富士商店　　　　　　　　　諸　口 D商品　500個　@¥350			
		現　　金	現金受取	✓		125,000
		売 掛 金	掛受取	得3	50,000	
	30	売 掛 金	富士商店　　　　　　　　　戻　り D商品　50個　@¥350	得3	17,500	
	31		掛総売上高	2	1,210,000	1,210,000
	〃		総　売　上　高	6		1,805,000
	〃		戻　り　高	6/2		17,500
			純　売　上　高			1,787,500

総　勘　定　元　帳

受　取　手　形　　　　　　1		売　掛　金　　　　　　2	
10/10 売上帳 200,000	10/25 仕入帳 300,000	10/30 売上帳 1,210,000	10/30 売上帳 17,500

支　払　手　形　　　　　　3		買　掛　金　　　　　　4	
	10/4 仕入帳 350,000	10/30 仕入帳 44,000	10/30 仕入帳 1,100,000

仕　　　入　　　　　　5		売　　　上　　　　　　6	
10/30 仕入帳 2,050,000	10/30 仕入帳 44,000	10/30 売上帳 17,500	10/30 売上帳 1,805,000

仕 入 先 元 帳

	名 古 屋 商 店	1		大 阪 商 店	2
10/16戻し 44,000	10/2	600,000		10/7	500,000

得 意 先 元 帳

	京 都 商 店	1		静 岡 商 店	2
10/5 660,000			10/20 500,000		

	富 士 商 店	3
10/28 50,000	10/30戻り	17,500

　以上に述べた二桁仕入帳および二桁売上帳は，もっぱら記帳手続の省略を目的としたものであるが，そのほかに仕入分析あるいは売上分析などの目的から，普通の金額欄のほかにさらに品名別，部門別，条件別，地域別などの内訳欄を設ける場合がある。

〔例5〕　＜問1＞前節〔例2〕の取引を，仕訳帳として普通仕訳帳のほかに仕入勘定と売上勘定の特別欄を有する現金出納帳を使用する場合の仕訳帳への記入と総勘定元帳への転記を示しなさい。

　　　　＜問2＞または特殊仕訳帳としてさらに仕入帳(特別欄:買掛金勘定)，売上帳（特別欄：売掛金勘定）をも使用している場合についてはどうか。なおこの場合に現金出納帳の特別欄は買掛金勘定と売掛金勘定の二つとする。

<問1>

現　金　出　納　帳　　1

日付		摘　要	元丁	売　上	諸　口	日付		摘　要	元丁	仕　入	諸　口
7	1	資　本　金	✓		500,000	7	1	備　品	3		80,000
	4	売　　　上	✓	150,000			2	仕　入	✓	200,000	
	7	〃	✓	100,000			5	〃	✓	80,000	
	12	〃	✓	50,000			8	長崎商店	5/仕1		30,000
	15	広島商店	2/得1		20,000		20	仕　入	✓	30,000	
							28	支払手形	4		70,000
							30	営　業　費	9		25,000
				300,000	520,000					310,000	205,000
	31		8	300,000			31		7		310,000
	〃	入　金　計	1	820,000			〃	出　金　計	1		515,000
		前月繰越			0			次月繰越	✓		**305,000**
					820,000						820,000

普　通　仕　訳　帳　　1

日付		摘　　要	元丁	借　方	貸　方
7	1	（現　　金）	✓	500,000	
		（資　本　金）	6		500,000
	5	（仕　　入）	7	100,000	
		（買　掛　金）	5/仕1		100,000
	7	（売　掛　金）	2/得1	20,000	
		（売　　上）	9		20,000
	8	（買　掛　金）	5/仕1	70,000	
		（支払手形）	4		70,000
	20	（仕　　入）	7	20,000	
		（買　掛　金）	5/仕2		20,000

総　勘　定　元　帳

現　　　金　　　　1		売　掛　金　　　　2	
7/31 出納帳 820,000	7/31 出納帳 515,000	7/ 7 売　上 20,000	7/15 出納帳 20,000

備　　　品　　　　3		支　払　手　形　　4	
7/ 1 出納帳 80,000		7/28 出納帳 70,000	7/ 8 買掛金 70,000

第16章 帳簿組織

買　掛　金　　　5		資　本　金　　　6
7/ 8 支払手形 70,000 ｜ 7/ 5 仕　入 100,000 7/28 出 納 帳 30,000 ｜ 7/20 〃　　 20,000		｜ 7/ 1 現　金 500,000

仕　　　入　　　7		売　　　上　　　8
7/ 5 買 掛 金 100,000 7/20 〃　　　 20,000 7/31 出 納 帳 310,000		｜ 7/ 7 売 掛 金 20,000 ｜ 7/31 出 納 帳 300,000

営　業　費　　　9
7/30 出 納 帳 25,000

得意先元帳

広　島　商　店　　　1
7/ 7　　　 20,000 ｜ 7/15　　　 20,000

仕入先元帳

長　崎　商　店　　　1
7/ 8　　　 30,000 ｜ 7/ 5　　　 100,000 　〃　　　 70,000 ｜

佐　賀　商　店　　　2
｜ 7/20　　　 20,000

<問2>

現　金　出　納　帳　　　1

日付		摘　要	元丁	売掛金	諸　口	日付		摘　要	元丁	買掛金	諸　口
7	1	資本金	✓		500,000	7	1	備品	3		80,000
	4	売上	✓		150,000		2	仕入	✓		200,000
	7	〃	✓		100,000		5	〃	✓		80,000
	12	〃	✓		50,000		8	長崎商店	✓/仕1	30,000	
	15	広島商店	✓/得1	20,000			20	仕入	✓		30,000
							28	支払手形	4		70,000
							30	営業費	9		25,000
				20,000	800,000					30,000	485,000
	31		2		20,000		31		5		30,000
	〃		1		820,000		〃		1		515,000
		前月繰越	✓		0			次月繰越	✓		**305,000**
					820,000						820,000

仕 入 帳

日付		摘　　要	元丁	買掛金	諸　口
7	2	現　　金	✓		200,000
	5	〃	✓		80,000
	〃	長崎商店	✓/仕1	100,000	
	20	現　　金	✓		30,000
	〃	佐賀商店	✓/仕2	20,000	
				120,000	310,000
	31	掛仕入高	5		120,000
		純仕入高			430,000

売 上 帳

日付		摘　　要	元丁	売掛金	諸　口
7	4	現　　金	✓		150,000
	7	〃	✓		100,000
	〃	広島商店	✓/得1	20,000	
	12	現　　金	✓		50,000
				20,000	300,000
	31	掛売上高	2		20,000
		純売上高			320,000

普 通 仕 訳 帳

1

日付		摘　　　　要	元丁	借　方	貸　方
7	1	（現　　金）	✓	500,000	
		（資 本 金）	6		500,000
	8	（買 掛 金）	5/仕1	70,000	
		（支払手形）	4		70,000

総 勘 定 元 帳

　　　　　現　　　　金　　　　1

7/ 1 資本金 500,000	7/31 出納帳 515,000
7/31 出納帳 820,000	

　　　　　売　掛　金　　　　2

7/31 売上帳 20,000	7/31 出納帳 20,000

　　　　　備　　　品　　　　3

7/ 1 出納帳 80,000	

　　　　　支　払　手　形　　　　4

7/28 現　金 70,000	7/ 8 買掛金 70,000

　　　　　買　掛　金　　　　5

7/ 8 支払手形 70,000	7/31 仕入帳 120,000
7/31 出納帳 30,000	

　　　　　資　本　金　　　　6

	7/ 1 現　金 500,000

　　　　　仕　　　入　　　　7

7/31 仕入帳 430,000	

　　　　　売　　　上　　　　8

	7/31 売上帳 320,000

　　　　　営　業　費　　　　9

7/30 出納帳 25,000	

得　意　先　元　帳				仕　入　先　元　帳			
広　島　商　店			1	長　崎　商　店			1
7/ 7	20,000	7/15	20,000	7/ 8	30,000	7/ 5	100,000
				〃	70,000		

佐　賀　商　店			2
		7/20	20,000

4　特殊仕訳帳と二重仕訳金額の削除

　数冊の特殊仕訳帳を使用しているとき，一つの取引が2冊の特殊仕訳帳に記入される場合がある。たとえば商品の現金仕入については現金出納帳と仕入帳に記入される。このような場合，元帳への二重転記を防止するため元丁欄へ，✓印を付け転記を除外してきた。

　特殊仕訳帳の帳簿組織を採用している場合，特殊仕訳帳から総勘定元帳へ合計転記するときは，前述してきたように，各仕訳帳から月末に転記する方法と，次ページの例のように普通仕訳帳を通して行う方法の二つがある。後者の普通仕訳帳を通じて行う方法では，基本的に普通仕訳帳の合計と合計試算表の合計を一致させる方法である。しかし，多数の特殊仕訳帳が利用されているとき，一つの取引が二つの特殊仕訳帳に記入されていることがあるので，これについては金額的に二重仕訳となる。そのため合計転記を行う場合，普通仕訳帳の合計額からこの二重仕訳金額を削除しないと合計試算表の総合計額と一致せず，合計試算表作成の意義が低下するため，二つの特殊仕訳帳にまたがって記入された取引の金額，その他二重に仕訳されている金額を摘出して合計し，それを普通仕訳帳の合計額から控除することがある。この手続を二重仕訳金額の削除という。

普通仕訳帳

日付		摘要		元丁	借方	貸方
7	1	(現　金)		✓	500,000	
			(資本金)	6		500,000
		現金追加出資				
	8	(買掛金)		5/仕1	③ 70,000	
			(支払手形)	4		70,000 ③
		手形代金支払い				
	31	(現　金) 諸口		1	820,000	
			(売掛金)	2		20,000
			(諸口)	✓		800,000
		現金出納帳借方より				
	〃	諸口 (現　金)		1		515,000
		(買掛金)		5	30,000	
		(諸口)		✓	485,000 ①	
		現金出納帳貸方より				
	〃	(仕　入) 諸口		7	② 430,000	
			(買掛金)	5		120,000
			(諸口)	✓		310,000
		仕入帳より				
	〃	諸口 (売　上)		8		320,000
		(売掛金)		2	20,000	
		(諸口)		✓	300,000	
		売上帳より			2,655,000	2,655,000
		二重仕訳金額控除			1,110,000	1,110,000
		資本金　現金仕入　現金売上				
		500,000+310,000+300,000			1,545,000	1,545,000

合算試算表の合計額と一致すべき額

（含まれている）③
② 現金売上分含まれている
① 現金仕入分含まれている

第5節　元　　　帳

1　元帳の分割

　記帳事務の分担と能率をはかるためには，仕訳帳のみでなく元帳についても同じことがいえる。すでに明らかにしたように，仕訳帳の場合，補助簿の記入がそれぞれの特殊仕訳帳を通じて分散的に行われる。他方，これらの記録は合計転記または個別転記の方法を通じて総勘定元帳に集められるのである。元帳も，仕訳帳と同じように，いくつかに分割して記録事務の分担と能率化をはかるとともに，分割された元帳に記入される数値の合理的な統合方法が工夫されるようになった。

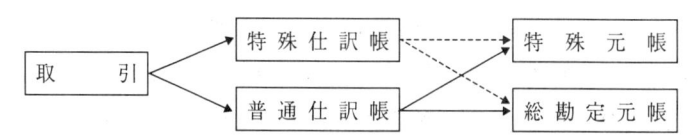

```
                ┌─ 特殊仕訳帳 ╌╌╌╌> 特 殊 元 帳
  取　　引 ─────┤           ╲ ╱
                └─ 普通仕訳帳 ╌╌╌╌> 総 勘 定 元 帳
```

　元帳の分割は，勘定口座数が増大し，一つの帳簿のみで記入することは，不可能でもあり，また困難となったとき，それらをまとめて独立の帳簿とするものである。たとえば，得意先人名勘定をまとめた得意先元帳あるいは仕入先人名勘定をまとめた仕入先元帳などを独立の元帳として用いるのである。このような，総勘定元帳より分離された別冊の元帳を**特殊元帳**とよぶ。この特殊元帳を用いて勘定記録の事務を分割する帳簿組織を**分割元帳制**という。これを図示すればつぎのごとくである。

　現在，一般に実務において多く利用されている帳簿組織は，このような多数の主要簿からなるところの多数簿制とよばれるものである。これはまた分割仕訳帳元帳制ともよばれるものである。なお，元帳を分割して口座の整理を行うための工夫は，口座数のもっとも多い得意先ならびに仕入先の人名勘定口座を分離することから始まったといわれているが，これらの勘定は，ただたんに口座数が多いばかりでなく，企業の活動分野での変化に応じてしばしば改善されなければならないのである。

そこで，この種の勘定口座を一括して別個の帳簿とすれば勘定の整理が容易となる。このため，まず特殊元帳として得意先元帳と仕入先元帳とを分割するに至ったのである。このほか，さらに商品元帳，積送品元帳，固定資産元帳，営業費元帳，投資元帳などが必要に応じて設けられる。分割元帳制による長所としては，(1)記帳の分担化をはかることができる。(2)元帳口座の数を整理し，その取扱を容易にすることができる。(3)元帳と補助簿記入の二重の手数を省くことができるなどの点である。しかし，この反面つぎのような欠点も認められる。(1)元帳を分割するため，個別転記，合計転記の関係が複雑となり誤りが生じやすい。(2)各元帳の勘定記入の正否を，自己検証によって確かめることが不可能である。(3)それぞれの元帳は企業活動の一部分のみを示すにすぎず，全体の状況を把握することができないなどの点である。

このような元帳の分割から生ずる欠点を補い，組織的関連の全体を明らかにするためには，分割された勘定口座の数値を再び集めなければならない。すなわち，元帳を分割する場合に，総勘定元帳と分割元帳とを有機的に関連づけることが必要となる。このための方法としては，一般につぎの二つのものがある。

(1) 補助元帳制

元帳の分割は，まず統制勘定を用いて特定勘定群を集めて補助元帳とする方法である。たとえば，仕入先元帳を新たに設ける場合，仕入先人名勘定を総括するところの買掛金勘定を総勘定元帳におくのである。この結果，総勘定元帳からも企業の活動状況を全般的に知ることができるとともに，分離された元帳は統制勘定を通じて総勘定元帳に結合され，これと照合することが可能となる。このような分割元帳を補助元帳制というのである。

(2) 独自平均元帳

前に述べた補助元帳には，仕訳のうち貸借いずれか一方だけの記入が行われている。たとえば，得意先元帳の借方には，

　　　(借) 売　掛　金　×××　　　(貸) 売　　　　上　×××

の仕訳のうち，借方売掛金についての記入だけが行われており，またその貸方には，

（借）相　手　勘　定　×××　　（貸）売　掛　金　×××
の仕訳のうち，貸方売掛金についての記入だけが行われている。このように，補助元帳の記入は仕訳の双方を含むものではないから，補助元帳から直ちに試算表を作成して正確な企業活動の状況判断を求めることはできない。しかし，この補助元帳に補助勘定を設け，その補助元帳に対する統制勘定の金額を貸借反対にこの補助勘定に記入すれば，補助元帳独自の試算表を作成することが可能である。たとえば，仕入先元帳には買掛金勘定と同一の金額を貸借反対に記入する補助勘定を設定し，得意先元帳には売掛金勘定と同一の金額を貸借反対に記入する補助勘定を設けるのである。このような補助勘定を**照合勘定**または**整理勘定**とよんでいる。補助元帳に照合勘定を加えれば，その補助元帳は複式記入が行われることによって，独自の試算表を作成することができる。このような補助元帳を**独自平均元帳**（Self balancing ledger）という。

　照合勘定への記入は，各種の仕訳帳から総勘定元帳の統制勘定に転記するとき，これと貸借を反対に転記するのである。たとえば，得意先元帳に設けた照合勘定貸方には，売上帳の売掛金欄合計を転記し，またその借方には，(1)出納帳借方売掛金欄合計，(2)売上帳掛売戻り（朱記）合計，(3)受取手形記入帳売掛金欄合計等を転記する。得意先元帳や仕入先元帳の各口座が得意先名や仕入先名になっているのに対して，それぞれの補助元帳に設ける照合勘定の口座名は，総勘定元帳となる。

　いま，この独自平均元帳の形式およびその記入要領を，得意先元帳について記入例により説明すればつぎのごとくである。

〔例6〕
　9月3日　つぎのとおり商品を掛売する。
　　　　　　千葉商店　¥81,000　立川商店　¥62,000　両国商店　¥54,000
　　15日　千葉商店へ商品¥24,000を現金売する。
　　20日　売掛代金のうち，つぎのとおり現金にて回収する。
　　　　　　千葉商店　¥60,000　立川商店　¥62,000　両国商店　¥40,000
　　29日　立川商店へ商品¥63,000を売却し，うち¥50,000は現金にて受け

198

取り，残額は掛とする。

30日　立川商店より商品￥10,000の返品を受ける。

<h3>現 金 出 納 帳</h3>

1

平成○年		摘　要	元丁	売掛金	諸　口	平成○年		摘　要	元丁	売掛金	諸　口
9	15	(売　上)千葉商店	✓		24,000						
	20	(売掛金)千葉商店	得1	60,000							
	〃	(　〃　)立川商店	〃2	62,000							
	〃	(　〃　)両国商店	〃3	40,000							
	29	(売　上)立川商店	✓		50,000						
		売掛金勘定貸方	総2	162,000	162,000						
					236,000						
		前　期　繰　越			3,000	9	30	次期繰越			239,000
					239,000						239,000

<h3>売　上　帳</h3>

1

日付		摘　　　要		元丁	借　方	貸　方
9	3	(千葉商店)	掛　売	得1	81,000	
	〃	(立川商店)	〃	〃2	62,000	
	〃	(両国商店)	〃	〃3	54,000	
	15	(千葉商店)	現金売	✓		24,000
	29	(立川商店)	諸　口			50,000
		￥50,000は現金で受け取り		✓		
		残額は掛とする。		得2	13,000	
	30	(立川商店)	返品	得2	10,000	
			掛総売上高	総2	210,000	210,000
			総 売 上 高			284,000
			戻 り 高			10,000
			純 売 上 高			274,000

総勘定元帳

売　掛　金　　2

日付	摘要	仕丁	借方	日付	摘要	仕丁	貸方
9 30	売 上 帳	1	210,000	9 30	現金出納帳	1	162,000
				〃	売 上 帳	〃	10,000
				〃	次 期 繰 越	✓	38,000
			210,000				210,000

得意先元帳

千葉商店　　1

日付	摘要	仕丁	借方	日付	摘要	仕丁	貸方
9 3	売 上 帳	1	81,000	9 30	現金出納帳	1	60,000
				〃	次 期 繰 越	✓	21,000
			81,000				81,000

立川商店　　2

日付	摘要	仕丁	借方	日付	摘要	仕丁	貸方
9 3	売 上 帳	1	62,000	9 20	現金出納帳	1	62,000
29	〃	〃	13,000	30	売 上 帳	〃	10,000
				〃	次 期 繰 越	✓	3,000
			75,000				75,000

両国商店　　3

日付	摘要	仕丁	借方	日付	摘要	仕丁	貸方
9 3	売 上 帳	1	54,000	9 20	現金出納帳	1	40,000
				30	次 期 繰 越	✓	14,000
			54,000				54,000

総勘定元帳整理勘定

4

日付	摘要	仕丁	借方	日付	摘要	仕丁	貸方
9 30	現金出納帳	1	162,000	9 30	売 上 帳	1	210,000
〃	売 上 帳	〃	10,000				
〃	次 期 繰 越	✓	38,000				
			210,000				210,000

得意先元帳試算表

残高	合計	#	勘定科目	合計	残高
21,000	81,000	1	千 葉 商 店	60,000	
3,000	75,000	2	立 川 商 店	72,000	
14,000	54,000	3	両 国 商 店	40,000	
	172,000	4	総勘定元帳整理勘定	210,000	38,000
38,000	382,000			382,000	38,000

　帳簿組織の発展は，このように記帳事務の分割と集中化という過程をとって行われた。すなわち一方では仕訳帳の分化と，他方では元帳の分化という形で，企業の分業組織の発達に適応した分割仕訳帳制が成立する。これに，さらに多数の補助簿が組み合わされて，もっとも進歩した帳簿組織ができあがるのである。

　仕訳帳および元帳分割の一形態を示すならばつぎのごとくである。

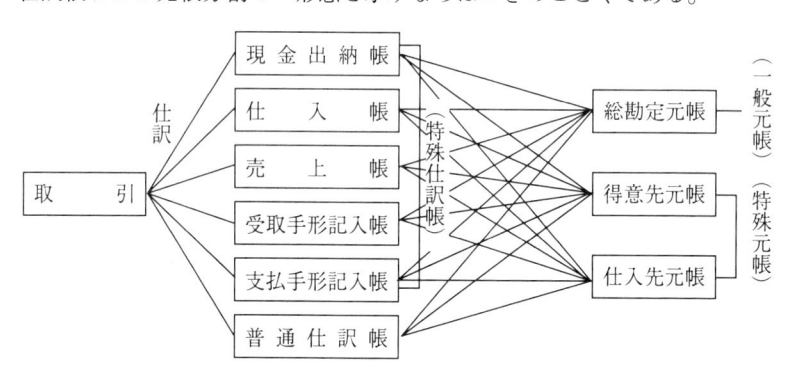

```
                現金出納帳 ┐
                仕 入 帳  │                ┌ 総勘定元帳 ─(一般元帳)
取引 ─ 仕訳 ─ 売 上 帳  │(特殊仕訳帳) ─┤
                受取手形記入帳│                ├ 得意先元帳 ┐
                支払手形記入帳┘                └ 仕入先元帳 ┘(特殊元帳)
                普通仕訳帳
```

2　仕訳元帳

　企業が小規模で，日常発生する取引も僅少でその数も限られており，勘定科目数も少ない場合には，仕訳帳と元帳とを合併して1冊の帳簿としてこれを利用することができる。これを**仕訳元帳**（Journal ledger）とよび，この帳簿では勘定科目数だけの金額欄を設けることによって元帳を省略できる。すなわち，取引の記入によって仕訳と同時に金額欄において元帳の記入ができるので転記の必要はまったくなくなる。また，仕訳元帳では繰越額が試算表の役目を果たす。このように記帳が非常に簡単である。日常あまり記入のない勘定科目については特別の金額欄を設けず，最後に諸口欄を設けて記入するようにすれば，これを少しでも緩和することが可能である。この形式を示すならば次頁のようである。

3　秘密元帳

　経営の政策上，ある特定の勘定については経営者以外のものに知らせたくない場合に，とくにこれらの勘定を総勘定元帳から分離して別冊の元帳に移し秘密に記入することがある。このように一般元帳から分離独立したこの種の元帳を**秘密元帳**（Private ledger）とよぶ。

　秘密元帳に設けられる勘定には，普通一般につぎのようなものがある。

　①役員報酬・賞与，②商品棚卸，③借入金およびその利息，④損益に属する勘定および集合損益勘定，⑤建物，備品などである。

　これらの帳簿をそれぞれ独自平均元帳にするため，照合勘定として総勘定元帳には秘密元帳勘定を，秘密元帳には一般元帳勘定（総勘定元帳勘定）を設ける。なお，秘密元帳への記帳は秘密仕訳帳を通じて行う。

　たとえば，給料勘定を秘密元帳に設けた場合，給料の支払はつぎのように仕訳記帳される。

　一般元帳……（借）秘密元帳勘定　×××　　（貸）現　　　　金　×××
　秘密元帳……（借）給　　　料　×××　　（貸）一般元帳勘定　×××

仕　　　訳

日付		摘　　要	金　額	現　金 借方	現　金 貸方	商　品 借方	商　品 貸方	売掛金 借方	売掛金 貸方
9	1	現　金　元　入	300,000	300,000					
	4	機　械　買　入	165,000		165,000				
	7	名古屋商店より商品買掛	250,000			250,000			
	10	大阪商店へ商品掛売	180,000				180,000	180,000	
	12	商　品　現　金　売	50,000	50,000			50,000		
	16	京都商店より商品買掛	120,000			120,000			
	18	名古屋商店へ買掛金支払	150,000		150,000				
	20	事務用消耗品買入	4,000		4,000				
	25	大阪商店より売掛金一部回収	60,000	60,000					60,000
	30	店員本月分給料支払	15,000		15,000				
			1,294,000	410,000	334,000	370,000	230,000	180,000	60,000
	30	残　高　現　金	76,000		76,000				
		〃　　　商　品	195,000				195,000		
		〃　　　売掛金	120,000						120,000
		〃　　　機　械	165,000						
		買掛金残高	220,000						
		資本金　〃	336,000						
		損　益　営業費	19,000						
		商　品　損　益	55,000			55,000			
		損　益　資本金	36,000						
			2,516,000	410,000	410,000	425,000	425,000	180,000	180,000

元　　　帳

買　掛　金		機　　械		営　業　費		資　本　金		残高勘定及び 損　益　勘　定	
借　方	貸　方	借　方	貸　方	借　方	貸　方	借　方	貸　方	借　方	貸　方
							300,000		
		165,000							
	250,000								
	120,000								
150,000									
				4,000					
				15,000					
150,000	370,000	165,000		19,000			300,000	残　高　勘　定	
								76,000	
								195,000	
								120,000	
								165,000	
			165,000						
220,000									220,000
							336,000		336,000
								556,000	556,000
								損　益　勘　定	
					19,000			19,000	
									55,000
						36,000		36,000	
370,000	370,000	165,000	165,000	19,000	19,000	336,000	336,000	55,000	55,000

現在では企業経理の公共的性格に基づき，経理自由の制限や経理公開への要請が社会一般に浸透してきているので，個人企業の性格をもつ事業の場合以外には，このような秘密元帳を採用する余地がほとんどなくなっているといえよう。

第6節　証憑および伝票

1　証　　憑

商取引において，相手方との間に証拠記録の資料として受け渡される書類を**証憑**（Voucher）とよんでいる。これには注文書，納品書，送り状，請求書，領収証，売上計算書などがある。これらの証憑は，取引成立に関する重要な証拠記録資料であるから，相手方から受け取ったものは，その日付，番号を記入して大切に保存しておかなければならない。また当方が作成して送付するものは写や控を取って保存する。なお，これらの証憑は取引の事実を証明する証拠書類として重要であるのみならず，企業の規模が大きくなってくると，その取引を記録するための手段としてもますます重要である。

なお，証憑はそれ自体帳簿ではなく，取引の証拠書類であるが，ある種の証憑は伝票や帳簿に利用し，記帳の手数を省くことができる。

2　伝　　票

取引を最初に受け付けた係がこれを他の関係各係に伝えるため，証憑に基づいて取引の要領を記載した紙片を**伝票**（Slip）といい，仕訳帳の代わりに利用する場合もある。

伝票制度には，1伝票制と3伝票制および5伝票制がある。

(1)　1伝票制

1伝票制は，取引を仕訳を行う場合，仕訳帳の代わりに次ページのような貸借仕訳伝票を用いて，伝票から総勘定元帳に転記する方法である。

〔例7〕　1月9日　信州家具店から事務用机￥150,000を購入し，代金のうち

¥50,000は現金で支払い、残額は掛けとした。(伝票番号10)

| No. 10 | 貸借仕訳伝票 平成○年1月9日 | 主任印 | 会計印 | 係印 |

勘定科目	元丁	借　方	勘定科目	元丁	貸　方
備　　品		150,000	現　　金		50,000
			未　払　金		100,000
合　　計		150,000	合　　計		150,000
摘要　信州家具店から事務用机購入

(2) 3伝票制

3伝票制とは、①入金伝票、②出金伝票および③振替伝票を用いる方法である。

① 入金伝票

取引において入金されたものは、すべてこの伝票に記入される。

入金取引の借方は常に現金勘定であるから、この伝票はたんに貸方の相手方勘定科目だけ表示される。通常赤色で印刷されているので赤伝票ともよばれている。

〔例8〕　9月26日　神奈川商店にA商品¥150,000（＠¥100, 1,500個）を売却し、代金は現金で受け取った。(伝票番号5)

| No. 5 | 入金伝票 平成○年9月26日 | 主任印 | 会計印 | 係印 |

科目	売　　上	会社名	神奈川商店
摘　　　要		金　額	
A商品　1,500個　＠¥100		150,000	
合　　　計		150,000	

② 出金伝票

出金取引の場合にはこの伝票に記入される。出金取引では，貸方が常に現金勘定であるから，この伝票にはたんに借方の相手方勘定科目だけが記入される。この伝票は青色で印刷されているので一般に青伝票ともよばれている。

〔例9〕　9月27日　神田家具店から備品（机）¥100,000を現金で買い入れた。
　　　　（伝票番号12）

No. 12	出　金　伝　票　平成○年9月27日	主任印	会計印	係印

科　目	備　品	会社名	神田家具店
摘　　　要		金　額	
机購入			100,000
合　　計			100,000

③ 振替伝票

現金取引以外の取引はすべてこの伝票に記入される。

〔例10〕　9月29日　信州電気店からパソコン1台¥150,000を購入し，代金のうち¥100,000は小切手を振り出して支払い，残額は掛けとした。（伝票番号18）

No. 18	振　替　伝　票　平成○年9月29日	主任印	会計印	係印

勘定科目	元丁	借　方	勘定科目	元丁	貸　方
備　　品		150,000	当座預金		100,000
			未　払　金		50,000
合　計		150,000	合　計		150,000
摘要　信州電気店からパソコン購入					

なお，一部現金仕入があったときには，a．仕入勘定を分割して，現金仕入は，出金伝票に相手勘定を仕入として，残りを振替伝票に記入する方法（仕入分割法）と，b．仕入勘定を分割しないで掛仕入が行われたように振替伝票に記入し，一部出金額を，振替伝票に記入した掛代金の支払として入金伝票に記入する方法（仕入非分割法）がある。

〔例11〕 9月27日 東京商店からA商品200個，@¥1,000，¥200,000を仕入れ，代金の半額は，現金で支払い，残額は掛けとした。なお，簡略伝票による。

＜仕入分割法＞

振替伝票 No.13 平成○年9月27日				出金伝票 No.5 平成○年9月27日	
借方科目	金額	貸方科目	金額	勘定科目	金額
仕 入	100,000	買掛金	100,000	仕 入	100,000

＜仕入非分割法＞

振替伝票 No.13 平成○年9月27日				出金伝票 No.5 平成○年9月27日	
借方科目	金額	貸方科目	金額	勘定科目	金額
仕 入	200,000	買掛金	200,000	買掛金	100,000

また，一部現金売上があったときには，a．売上勘定を分割して，現金売上は，入金伝票に相手勘定を売上として，残りを振替伝票に記入する方法（売上分割法）と，b．売上勘定を分割しないで掛売上が行われたように振替伝票に記入し，一部入金額を，振替伝票に記入した掛代金の回収として入金伝票に記入する方法がある（売上非分割法）。

〔例12〕 9月27日 東京商店へA商品150個，@¥2,000，¥300,000を売り上げ，代金の¥100,000は，現金で受け取った。なお，簡略伝票による。

<売上分割法>

振替伝票 No.13			
平成○年 9 月 27 日			
借方科目	金　額	貸方科目	金　額
売　掛　金	200,000	売　　　上	200,000

入金伝票 No.5	
平成○年 9 月 27 日	
勘定科目	金　額
売　　　上	100,000

<売上非分割法>

振替伝票 No.13			
平成○年 9 月 27 日			
借方科目	金　額	貸方科目	金　額
売　掛　金	300,000	売　　　上	300,000

出金伝票 No.5	
平成○年 9 月 27 日	
勘定科目	金　額
売　掛　金	100,000

(3)　5 伝 票 制

5伝票制とは，入金伝票，出金伝票，仕入伝票，売上伝票および振替伝票を用いる方法である。

5伝票制では，商品を仕入れたときには，掛仕入として仕入伝票に，商品を売り上げたときには，掛売上として売上伝票に記入する方法である。売上伝票，仕入伝票以外の入金伝票，出金伝票および振替伝票は3伝票制のときの記入方法とが同じである。

① 仕 入 伝 票

商品を仕入れたときには，全額掛仕入として記入する。なお，仕入値引きや仕入返品は，相手勘定を買掛金として仕入伝票に赤記入する。

〔例13〕　9月25日　浦和商店からA商品@¥1,000, 200個, ¥200,000を掛で仕入れた。(伝票番号12)

仕　入　伝　票　No. 12						主任印	会計印	係印
浦和商店　殿	平成○年 9 月 25 日							
品　　名	数　　量	単　　価	金　　額	摘　　要				
A　商　品	200	1,000	200,000	掛け				
合　　計			200,000					

また，仕入代金の全部または一部が現金仕入または手形仕入のときには，仕入代金全額を買掛金として記入した仕入伝票のほかに，全部または一部現金出金額を買掛金の支払いとして出金伝票に記入する。また全部または一部が手形仕入のときには，掛仕入として記入した仕入伝票のほかに，手形金額を買掛金の支払いとして振替伝票に記入する。

〔例14〕　9月25日　浦和商店へＡ商品＠￥1,000,200個，￥200,000を仕入れ，代金の半額は現金で支払い，残額は掛けとした。なお，簡略伝票による。

仕 入 伝 票　No.13	
平成○年9月25日	
商店名(掛)	金　　額
浦 和 商 店	200,000

入 金 伝 票　No.5	
平成○年9月25日	
勘 定 科 目	金　　額
買　　掛　　金	100,000

② 売上伝票

　商品を売り上げたときには，全額掛売上として記入する。なお，売上値引きや売上返品は，相手勘定を売掛金として売上伝票に赤記入する。

〔例15〕　9月27日　大宮商店へＡ商品150個，＠￥2,000，￥300,000を掛けで売り上げた。(伝票番号15)

売　上　伝　票　No. 15　大宮商店　殿　平成○年9月27日　主任印／会計印／係印					
品　　名	数　量	単　価	金　　額	摘　　要	
Ａ　商　品	150	2,000	300,000	掛け	
合　　計			300,000		

　なお，全部または一部が現金売上のときには，掛売上として記入した売上伝票のほかに，一部入金額を売掛金の回収として入金伝票に記入する。また全部または一部が手形売上のときには，掛売上として全額記入した売上伝票のほかに，手形入金額を売掛金の回収として振替伝票に記入する。

〔例16〕　9月30日　大宮商店へA商品150個，@¥2,000，¥300,000を掛で売り上げた。なお，売上代金のうち¥100,000は，約束手形で受け取った。なお，簡略伝票により記入する。

売上伝票 No.6	
平成○年9月30日	
商店名(掛)	金　額
大宮商店	300,000

振　替　伝　票				No.14
平成○年9月30日				
借方科目	金　額		貸方科目	金　額
受取手形	100,000		売掛金	100,000

(4) 各伝票制による総勘定元帳への転記

　1伝票，3伝票および5伝票制における各伝票を取引の発生順に綴っておけば，これを仕訳帳として代用することができる。したがって，この伝票とは別に仕訳帳を作成する必要はない。

　伝票からの総勘定元帳への転記には，各伝票から直接，総勘定元帳へ転記する方法と，一定期間（1月，1週間，1日）ごとに借方および貸方の同一勘定科目について合計して行う方法がある。通常は，1日ごとに，仕訳日計表を作成して，総勘定元帳へ合計転記する方法が採用される。この仕訳日計表は，日ごとの取引を合計しているので日ごとの合計試算表と同じものといえる。なお，補助簿への記入は，各伝票から直接記入する。

〔例17〕　平成○年7月1日の各伝票を集計した仕訳日計表は次のとおりである。よって，現金および売上の総勘定元帳への転記を示せば次のとおりである。

仕 訳 日 計 表

平成○年7月1日　　　　　　　　　No.15

借　　方	元丁	勘　定　科　目	元丁	貸　　方
430,000	1	現　　　　　　金	1	310,000
100,000		当　座　預　金		140,000
100,000		受　取　手　形		
450,000		売　　掛　　金		306,000
60,000		売買目的有価証券		
		貸　　付　　金		200,000
80,000		支　払　手　形		50,000
180,000		買　　掛　　金		300,000
6,000	9	売　　　　　　上	9	450,000
300,000		仕　　　　　　入		20,000
70,000		支　払　家　賃		
1,776,000				1,776,000

現　　　金　　　　　　　　1

平成○年		摘　　要	仕丁	借　方	貸　方	借/貸	残　高
7	1	前　月　繰　越	✓	800,000		借	800,000
	〃	仕　訳　日　計　表	15	430,000		〃	1,230,000
	〃	〃	〃		310,000	〃	920,000

売　　　上　　　　　　　　9

平成○年		摘　　要	仕丁	借　方	貸　方	借/貸	残　高
7	1	仕　訳　日　計　表	15		450,000	貸	450,000
	〃	〃	〃	6,000		〃	444,000

　しかしながら企業の規模が大きく取引量が増大する場合，あるいはまた総勘定元帳そのものを省略しようとする場合には，この伝票の借方および貸方の各勘定科目についての合計額は，毎日1枚の試算表に集計され，その試算表が総勘定元帳に代用されることになる。したがって，この試算表を日計元帳とよぶ。その長所としてはつぎのようなものがある。

① １日分の取引が各勘定科目ごとに合計転記されるだけであるから，帳簿手続が著しく簡略化される。
② １日分の取引を一覧表に集計するのであるから，その日の財産の変動および損益の発生状況を一目で認識することができる。
③ なお，日計元帳はそれ自体一種の試算表であり，これに集計することは，その計算の正確性を自動的に検証することにもなる。

この形式を示すならば，つぎのとおりである。

日　計　元　帳

勘定科目	本　日　取　引		累　　　計		残　　　高	
	借　方	貸　方	借　方	貸　方	借　方	貸　方
現　　　　金	45,500	33,700	198,600	163,800	34,800	
当　座　預　金	101,200	74,350	451,700	393,700	58,000	
売　　掛　　金	204,200	141,300	841,300	712,600	128,700	
買　　掛　　金	111,500	217,800	515,200	696,500		181,300
仕　　　　入	386,600	5,700	1,648,900	34,800	1,614,100	
売　　　　上	7,200	436,350	41,600	1,916,800		1,875,200
営　　業　　費	67,700		314,800		314,800	
諸　　　　口	89,500	104,200	420,600	514,500		93,900
	1,013,400	1,013,400	4,432,700	4,432,700	2,150,400	2,150,400

第7節　機械簿記法

　これまで述べてきたように，企業における帳簿組織はその企業が大規模化するに応じて，それに適応するように種々分割され，整備がなされ，体系化されてきたのであるが，それと同時に，このような帳簿組織に対する取引の記録，分類および計算などの一連の簿記の記帳作業も，その企業の規模が大きくなるに応じて，次第に機械化されるに至ってきた。

　とくに，企業の大規模化により生産活動が機械化され，その取引量が著しく増大してくると，その増大した取引を人間の手によって記帳していたのでは多大な労力を必要とし，記帳能率の上からも，時間の浪費の点においても不経済

である。簿記の機械化は，企業の生産活動が大規模化し複雑化すればするほど，これらの生産活動を管理統制するためにもますますその必要性を増大してくる。なぜなら，このように大規模化し複雑化した生産活動は，人間のたんなる主観的判断によってはもはやこれを管理統制することができず，事実の客観的な調査と分析に基づく管理統制が当然に必要となり，そのためには，できる限り迅速かつ正確に会計数値を把握することが必要となるからである。

とくに最近における電子計算機等の導入による機械化はめざましいものがあり，企業における簿記労働は，一般にこれを記録，分類および計算の三つの部門に分割することができるが，機能化の進展は，初めはこの三つの事務部門について，それぞれ個別的，断片的に行われたのである。たとえば，記録のために使用されるタイムレコーダー，タイプライターおよび計算事務のために使用される加算機，乗除計算機などがそれである。

これらの諸機械は比較的早くから簿記のために使用されていたが，しかしそれらは，人間の手の労働による簿記法に対して，たんに補助的役割を持つにすぎないのであって，何らそれにより簿記法を根本的に変更するものではなかった。ゆえに企業規模の拡大化にともなって簿記の事務量が増大してくると，たんにこれらの諸機械を採用しただけではその増大した事務量を能率的に処理することはもはや不可能となる。そこでこれまでの個々の部分についてのみ機械化されていた簿記法を改変して，全過程を総合的に機械化することが試みられた。すなわち，コンピューターを利用することにより，膨大な資料も短時間で記録，計算が簡単に処理できるのである。このように今日においてはコンピューターによる簿記法が各種ソフトを利用して，帳簿組織の完全な近代化が達成されてきたのである。

【研究問題】
1　分割仕訳帳（特殊仕訳帳）の種類をあげなさい。
2　多桁式仕訳帳の長所と短所について述べなさい。
3　独自平均元帳について述べなさい。

第17章　株式会社会計

第1節　純資産（資本）会計

1　株式会社の純資産（資本）

　会社の現在の支配的な企業形態は株式会社である。株式会社は，経営活動のために必要な資金を株式の発行や社債券などの発行を通じて調達し，出資者である株主が会社に対して有限責任を負う形態の会社である。株主有限責任とは，株主が会社に対して自己の保有する株式の引受価額を限度として出資義務を負うだけで，会社の債権者に対しては責任を負わないことである。これは，株式会社の主要な特徴の1つである。そこで，このような有限責任制のもとでは，特に会社債権者の保護の見地から，債権者にとっては唯一の担保である会社財産の確保を図るために，会社法では株式会社の純資産（資本）について種々の規制を設けている。

　わが国における会社設立に関しては，会社法の規定に準拠し，法定の設立手続きを履行することによりなされる。その手続きの1つに定款の作成がある。定款には必ず記載しなければならない事項があり，例えば，事業の目的，商号，本店の所在地，会社が発行する株式総数（発行可能株式数），公告の方法，発起人の住所・氏名等がそれである。

　株式の発行はその全部を設立時に行う必要はなく，設立のときは発行可能株式数の4分の1以上の株式を発行すればよい。未発行株式については，会社設立後に必要に応じて取締役会の決議によって分割発行することができる。なお，定款所定の発行可能株式数を増加する必要がある場合には，株主総会の決議により定款変更の手続きを経てなされる。

　これまで株式にはその券面に金額が表示されているか否かによって，額面株式と無額面株式があったが，平成13年の商法改正により額面株式が廃止され，

現在新規に発行できるのは無額面株式だけである。

　出資により株式を取得した株主は，株主総会に出席して議決権を行使する権利，利益の配当を受ける権利，残余財産の分配を受ける権利を得ることになるが，会社は，権利内容の異なる株式を発行することができる。例えば，普通株に対して優先的に配当を受けられる優先株式や配当について他の株式よりも劣後的な劣後株式などがある。なお，配当について有利な優先株式は，議決権のない株式として発行されることが多い。

　ところで，個人商店の場合，出資（元入れ）するのは店主1人であるので，店は店主のものであり，店があげた利益も店主のものとなる。これに対し，株式会社の場合，会社は出資者である株主のものであり，会社があげた利益も株主のものとなるので，会社が利益を計上した場合はその利益を株主に分配しなければならない。これを配当という。この配当についても，株式会社の純資産の空洞化を防ぐための配当（分配可能額）規制がある。

2　株主資本と評価・換算差額等

　株式会社の純資産は，株主資本と株主資本以外の項目に大別される。株主資本は，会社の所有者である株主に帰属する部分であり，資本金（法定資本）と剰余金に区分される。剰余金とは，会社の資本額が資本金の額を超える部分をいう。剰余金は，資本取引（資本の拠出や払戻しなど企業と株主間の取引）を源泉とする資本剰余金と，損益取引（利益獲得のための資本運用の取引）を源泉とする利益剰余金に分類される。このうち，資本剰余金は，会社法が定める資本準備金とその他資本剰余金に分けられる。また，利益剰余金は，会社法が定める利益準備金とその他利益剰余金に分けられる。なお，その他利益剰余金のうち，任意積立金のように，株主総会または取締役会の決議に基づいて設定される項目については，その内容を示す科目で表示し，それ以外については繰越利益剰余金として表示する。

　一方，株主資本以外の各項目は評価・換算差額等および新株予約権がある。ただし，連結財務諸表では，これらに少数株主持分が追加される。評価・換算

差額等には，その他有価証券評価差額金，繰延ヘッジ損益および土地評価差額金のように，資産または負債を時価で評価するが，評価差額を当期の損益計算書で認識しない場合に生じる勘定科目が含まれる。なお，連結財務諸表では，これらに為替換算調整勘定が追加される。新株予約権は，将来権利が行使され払込資本となる可能性がある一方，失効して払込資本にならない可能性もある。ただし，現在の株主に帰属するものではないので，株主資本とは区別される。

したがって，下記に示すように純資産の部は，資産から負債を差し引いた純資産の有高を示すとともに，株主に帰属する株主資本とそれ以外の項目に分けて有高を示す。これらの関係を図示すると，次のようになる。

純資産（資本）の構成

資産	負債			
	純資産	株主資本	資本金	
			剰余金	資本剰余金 — 資本準備金
				その他資本剰余金
				利益剰余金 — 利益準備金
				その他利益剰余金（任意積立金，繰越利益剰余金）
			自己株式（△）	
		評価・換算差額等（その他有価証券評価差額金，土地評価差額金など）		
		新株予約権		

また，貸借対照表における純資産の部の表示を例示すると次のようになる。

個別貸借対照表における純資産の部の表示		(単位:円)
純資産の部		
Ⅰ 株主資本		
1 資本金		20,000
2 資本剰余金		
(1) 資本準備金	3,000	
(2) その他資本剰余金	300	
資本剰余金合計		3,300
3 利益剰余金		
(1) 利益準備金	1,000	
(2) その他利益剰余金		
新築積立金	500	
別途積立金	－	
繰越利益剰余金	1,500	
利益剰余金合計		3,000
4 自己株式		△ 300
株主資本合計		26,000
Ⅱ 評価・換算差額等		
1 その他有価証券評価差額金	800	
2 繰延ヘッジ損益	－	
3 土地再評価差額金	－	
評価・換算差額等合計		800
Ⅲ 新株予約権		200
純資産合計		27,000

3 資本金

会社法では,株式会社の資本金は,設立または新株の発行(増資)に際して株主となるものが当該株式会社に対して払込みまたは給付した財産の額をもって貸借対照表に計上することを原則としている。新株発行とは,会社設立後,未発行株式の枠内で取締役会の決議などにより新たに株式を発行することをいう。

株式を発行するにあたって,まず,会社は株主の募集をし,払込期日までに応募者から株式の申込証拠金を受領する。これらの払込等を受けた場合には,

純資産項目である新株式申込証拠金勘定に貸方記入する。この時点では，まだ株式を発行したわけではないので資本金の増加として処理できない。その後，通常，払込期日に株主として認められるので，払込期日に株式申込証拠金を資本金勘定に振り替え，あわせて別段預金勘定（資産）として一時的に銀行に保管・拘束されている払い込まれた資金を当座預金勘定などに振り替える。なお，会社法では，払込期日に株主となる場合のほか，払込期間内に払込みを受けた日に株主となることも新たに認められた。なお，これまでは，期間内に払込みを行っても期日にならなければ株主としての権利は取得できなかった。

　申込期日経過後における新株申込証拠金は，貸借対照表上，純資産の部の資本金と資本剰余金の間に，特別に新株申込証拠金の区分を設けて表示する。

〔例1〕
(1)　渋谷商事株式会社は，取締役会において新株を発行する決議を行った。普通株100株を1株につき¥50,000で発行し，払込みを受けて別段預金とした。
(2)　本日，払込期日となったため，上記の新株式申込証拠金を資本金に振り替えた。なお，払込金額の全額を資本金にするとともに，別段預金を当座預金に預けかえた。

(1) (借) 別 段 預 金　5,000,000　　(貸) 新株式申込証拠金　5,000,000
(2) (借) 新株式申込証拠金　5,000,000　　(貸) 資 本 金　5,000,000
　　　　当 座 預 金　5,000,000　　　　　別 段 預 金　5,000,000

4　株主資本等変動計算書

　株主資本等変動計算書とは，貸借対照表の純資産の部の一会計期間における変動額のうち，主として，株主に帰属する部分である株主資本の各項目の変動事由を報告するために作成される財務諸表である。

　株主資本等変動計算書の表示区分は，貸借対照表の純資産の部の表示区分に準拠して，①株主資本，②評価・換算差額等，③新株予約権に区分される。なお，連結株主資本等変動計算書では，さらに④少数株主持分の区分が追加され

る。

　また，株主資本等変動計算書に表示される各項目の前期末残高および当期末残高は，前期末貸借対照表および当期末貸借対照表の純資産の部における各項目の期末残高と整合したものでなければならない。

　株主資本の各項目は，前期末残高，当期変動額および当期末残高に区分し，各項目の変動事由ごとにその金額を表示する。株主資本の変動をもたらす事由としては，当期純利益または当期純損失の計上，新株の発行，剰余金の配当，企業結合（合併など）による増加，任意積立金の積立てと取崩し，損失処理，自己株式の取得と処分などがある。

　株主資本以外の各項目（その他有価証券評価差額金，繰延ヘッジ損益，新株予約権）は，前期末残高，当期変動額および当期末残高に区分し，当期末残高は純額で記載する。ただし，当期変動額を純額で記載することに代えて，変動事由ごとにその金額を株主資本等変動計算書または注記により表示することができる。

　株主資本等変動計算書は，原則として純資産の各項目を横に並べる様式で作成されるが，純資産の各項目を縦に並べる様式も認められている。当期変動額の区分において，減少額については金額の前に「△」を付す。前期末残高および当期末残高区分において，繰越利益剰余金が借方残（マイナス残高）の場合，金額の前に「△」を付す。また，資本剰余金合計欄，利益剰余金合計欄および純資産合計欄は省略することができる。

株主資本等変動計算書

新宿株式会社　自平成2×年4月1日　至平成2×年3月31日　（単位：円）

	株　主　資　本										評価・換算差額等		新株予約権	純資産合計
	資本金	資本剰余金			利益剰余金				自己株式	株主資本合計	その他有価証券評価差額金	評価・換算差額等合計		
		資本準備金	その他資本剰余金	資本剰余金合計	利益準備金	その他利益剰余金		利益剰余金合計						
						新築積立金	繰越利益剰余金							
前期末残高	20,000	3,000	300	3,300	1,000	500	1,500	3,000	△300	26,000	800	800	200	27,000
当期変動額														
新株の発行	2,000	2,000		2,000						4,000				4,000
剰余金の配当					500		△5,500	△5,000		△5,000				△5,000
新築積立金の積立						300	△300	—		—				—
当期純利益							8,000	8,000		8,000				8,000
自己株式の取得									△1,500	△1,500				△1,500
自己株式の処分			200	200					800	1,000				1,000
株主資本以外の項目の当期変動額（純額）											1,200	1,200	300	1,500
当期変動額合計	2,000	2,000	200	2,200	500	300	2,200	3,000	△700	6,500	1,200	1,200	300	8,000
当期末残高	22,000	5,000	500	5,500	1,500	800	3,700	6,000	△1,000	32,500	2,000	2,000	500	35,000

株主資本等変動計算書の例示については、貸借対照表の純資産の部の例示とともに、これから株主資本（資本金、資本剰余金、利益剰余金、自己株式）、評価・換算差額等および新株予約権等の例題の説明や例題を確認した後に改めて数値の連携を確認するとよい。

第2節　資本剰余金項目

1　資本準備金

　資本剰余金は，株主により払い込まれた資本のうち資本金以外の部分をいう。資本剰余金のうち，会社法の規定によって積立が強制されているのが資本準備金であり，利益準備金とともに法定準備金を構成する。また，資本剰余金のうち，資本準備金を超える部分がその他資本剰余金である。

　資本準備金は，株主が出資にあたり払い込んだ金額のうち資本金に組み入れられなかった部分である。資本準備金としては，株式払込剰余金，合併差益，株式交換剰余金（株式交換差益），株式移転剰余金（株式移転差益），会社分割剰余金（会社分割差益）がある。資本準備金に含められる項目は，会社法や会社計算規則によって限定的に規定されているが，これらの項目は，株主からの払込資本の性質をもつという点で共通している。純資産の部における表示では，内訳を表示せずに，資本準備金として一括して表示する。

　なお，会社法によれば，株主総会の決議により，資本金を減少して資本準備金を増加させること（振替え）ができる。他方，株主総会の決議により，資本準備金の額を減少させることもできるが，その場合は，同額を資本金またはその他資本剰余金（資本準備金減少差益）に振替えなければならない。

(1)　株式払込剰余金勘定

　会社法では，株式会社の資本金は，設立または株式の発行（増資）に際して株主となるものが当該株式会社に対して払込みまたは給付した財産の額をもって貸借対照表に計上することを原則としている。ただし，払込金額または給付に係る金額のうち2分の1を超えない額は資本金に組み入れないことができる。この場合には，資本金として組み入れない額は資本準備金（株式払込剰余金）として計上しなければならない。

〔例2〕　品川商事㈱は，会社設立に際し，定款で「会社の発行できる株式の総数」を800株と定め，発行可能株式数の4分の1にあたる200株について

普通株式を1株あたり￥100,000で発行し，全額払込みを受け，これを当座預金に預け入れた。この取引について，(1)払込額全額を資本金とする場合（会社法の定めた原則的処理法）と(2)払込額のうち最低額を資本金とする場合（会社法の定めた容認的処理法）における仕訳を示しなさい。

(1) (借) 当 座 預 金　20,000,000　　(貸) 資　本　金　20,000,000
(2) (借) 当 座 預 金　20,000,000　　(貸) 資　本　金　10,000,000
　　　　　　　　　　　　　　　　　　　　　株式払込剰余金　10,000,000

(2) 合併差益勘定

合併とは，2つ以上の会社が1つになることであり，これには吸収合併と新設合併の2つの形態がある。吸収合併は，例えば，A社とB社の合併に際し，A社がB社を吸収し，A社は存続し，B社は消滅するものである。新設合併は，A社とB社の合併とともに両者は消滅し，新たにC社が新設されるものである。

合併差益は，合併会社（合併後存続する会社または合併により新設される会社）が合併により消滅する会社すなわち被合併会社から引き継いだ純資産に対する取得原価から資本金となる額を控除した差額である。つまり，合併のために交付された存続会社の株式総額のうち，資本金に組み入れられなかった部分である。その場合に増加する資本金や資本準備金の額は存続会社が合併契約の定めに従って決定する。なお，資本金と資本準備金となる額を控除して，さらに残額が生じているときには，当該部分はその他資本剰余金として処理する。

〔例3〕 横浜商事㈱は，東京商事㈱を吸収合併して，新規に株式100株を1株あたり時価￥50,000で東京商事㈱の株主に交付した。東京商事㈱の資産総額は￥7,500,000（時価），負債総額は￥2,650,000（時価）であった。なお，合併契約において，交付した株式の時価評価額のうち￥4,000,000を資本金に組み入れるとともに，残額はすべて合併差益として資本準備金にすることが定められている。

(借) 諸　負　債　7,500,000　　(貸) 諸　負　債　2,650,000
　　　の　れ　ん　　150,000　　　　　資　本　金　4,000,000
　　　　　　　　　　　　　　　　　　　合　併　差　益　1,000,000

2 その他資本剰余金

　その他資本剰余金は，資本剰余金のうち資本準備金以外の部分をいう。その他資本剰余金は，払込資本の一部であるが，会社法上は，分配可能額とされている。その他資本剰余金としては，減資差益（資本金及び資本準備金減少差益）や自己株式処分差益があるが，純資産の部における表示ではその内訳を表示せずに，その他資本剰余金として一括して表示する。

　会社法によれば，株主総会の決議により，資本金を減少してその他資本剰余金（資本金減少差益）を増加させることができる。他方，株主総会の決議により，その他資本剰余金を減少させることもできるが，その場合は，資本準備金への振り替えに限る。なお，その他利益剰余金がマイナスの状態になっている場合には，その他資本剰余金を減額して，欠損填補することができる。

(1) 減資差益勘定

　資本金を減少させることを一般的に減資という。この減資には，実質的減資と形式的減資がある。前者は資本金の減少とともに純資産も減少するもので，株式の一部払戻しや有償による株式の消却等がある。この実質的減資は，企業規模を縮小するために資本金の一部を現金等で株主に払い戻す場合等に行われる。これに対し後者は，資本金は減少するが純資産は減少しない減資であって，これには株式の併合や株式の無償による消却等がある。この方法が行われるのは，主として過去から累積している欠損金を填補する場合である。

　このように株式会社における減資にはさまざまな方法があるが，そのうちのどの方法であっても，減資額が株式の払戻しに要した金額を超える部分ないし填補しようとする欠損額を超える部分を減資差益という。

　平成13年商法改正では，法定準備金自体の取崩しが認められ，減資差益も資本準備金に組み入れないこととなった。つまり，分配が可能なその他資本剰余金とすることが許容される。したがって，減資により配当可能利益を確保することもできるようになった。

〔例4〕 大阪商事㈱は，事業縮小のため減資を行うことになり，自社株200株（1株あたり¥50,000で発行済み）を，1株あたり¥45,000で買い入れて消却し，資本金を¥10,000,000だけ減資させた。なお，代金は小切手を振り出して支払った（実質的減資）。

(借) 資　本　金　10,000,000　　(貸) 当 座 預 金　9,000,000
　　　　　　　　　　　　　　　　　　減 資 差 益　1,000,000
　　　　　　　　　　　　　　　　　　（資本金減少差益）

〔例5〕 名古屋商事㈱は，資本金¥50,000,000（1株あたり¥50,000で1,000株発行済み）であるが，5株を4株に併合する方法で資本金を¥10,000,000だけ減資させて損失を補填することにした。なお，繰越利益剰余金勘定は¥8,000,000（借方残高）である（形式的減資）。

(借) 資　本　金　10,000,000　　(貸) 繰越利益剰余金　8,000,000
　　　　　　　　　　　　　　　　　　減 資 差 益　2,000,000
　　　　　　　　　　　　　　　　　　（資本金減少差益）

(2) **自己株式処分差益勘定**

　自己株式の取得は，会社が発行した自社の株式を所有することをいい，株主との間の資本取引である。このような取引は会社の財産の払戻しの性格を有することから株主資本の控除と考えられる。自己株式の取得および処分等の会計処理については，平成14年に企業会計基準委員会から公表された「自己株式及び準備金の額の減少等に関する会計基準」に定められている。

　平成13年商法改正以前は原則として自己株式を取得することを禁止していた。その理由は，自己株式を取得することを無制限に認めると，実質的には出資の払戻しと同一の結果をもたらし，債権者の担保である財産的基礎を危うくし，さらには会社が恣意的に株価を操作し一般投資家を害する可能性が危惧されていたからである。商法改正後は自己株式の取得が原則自由になったが，これは，企業組織再編を機動的に行うための手段として自己株式を利用できることや持合株式を解消するための受け皿として利用し，株式市場の安定化と活性化をはかるために認められた。

自己株式を取得したときは取得原価をもって純資産(資本)の控除科目として処理し，自己株式を処分(売却)したときはその際に生じた売却差額を自己株式処分差益(その他資本剰余金)として処理する。なお，期末に保有する自己株式は，純資産の部の株主資本の末尾に自己株式として一括控除する形式で表示する。

〔例6〕 神田商事㈱は，取締役会の決議により，発行済株式のうち40株を1株あたり¥70,000で取得し，小切手を振り出して支払った。

(借) 自 己 株 式　2,800,000　　(貸) 当 座 預 金　2,800,000

〔例7〕 神田商事㈱は，上記の保有する自己株式のすべてを売却し，代金は小切手にて受取り，直ちに当座預金とした。(1) 1株あたり¥90,000で売却した場合，(2) 1株あたり¥60,000で売却した場合における仕訳を示しなさい。

(1) (借) 当 座 預 金　3,600,000　　(貸) 自 己 株 式　2,800,000
　　　　　　　　　　　　　　　　　　　　自己株式処分差益　800,000
(2) (借) 当 座 預 金　2,400,000　　(貸) 自 己 株 式　2,800,000
　　　自己株式処分差損　400,000

3　株主資本の計数変動

ところで，株式会社は，総会等の決議により，一定の制限はあるものの株主資本の計数を変動させることができる。株主資本の計数変動とは，株主資本の内訳科目を変更(振替え)することをいい，事業計画のための財政政策や配当政策など，経営上の判断によって行われる。株主資本の計数の変動はつぎのようにまとめられる。

① 資本金から資本準備金またはその他資本剰余金への振替え
② 資本準備金から資本金またはその他資本剰余金への振替え
③ 利益準備金からその他利益剰余金への振替え
④ その他資本剰余金から資本金または資本準備金への振替え
⑤ その他利益剰余金から利益準備金への振替え

⑥ その他資本剰余金とその他利益剰余金の間の内訳科目の振替え

〔例8〕 神戸商事㈱は，資本金¥30,000,000，資本準備金¥5,500,000，利益準備金¥3,500,000である。株主総会の決議により，資本準備金¥2,500,000，利益準備金¥1,500,000を剰余金に振り替えることとした。なお，減少する資本準備金はその他資本剰余金とし，利益準備金は繰越利益剰余金に振り替える。

(借) 資 本 準 備 金　2,500,000　　(貸) その他資本剰余金　2,500,000
　　　　　　　　　　　　　　　　　　　　　(資本準備金減少差益)
(借) 利 益 準 備 金　1,500,000　　(貸) 繰越利益剰余金　1,500,000

第3節　利益剰余金項目

　株式会社においては，経営活動の結果生じた利益を企業に再投資する場合には，その再投資した利益すなわち留保利益を個人企業のように直接資本金に合算することは許されず，利益剰余金として別個に処理しなければならない。

　また，払込資本を使用して獲得した利益の一部は，配当として株主に分配されるがそれ以外は留保利益として企業内に蓄積される。これには，企業が過去に現金配当を行った際に会社法の規定にもとづき積み立てられた利益準備金がある。また，利益準備金以外の利益剰余金には，法律によって積立てが強制されておらず，会社の意思によって積み立てられた任意積立金と，留保利益の残りの部分である処分が未定の状態にある繰越利益剰余金がある。

1　利益準備金

　利益準備金は，利益のなかから会社法の定めによって強制的に積み立てられたものである。会社計算規則によれば，株式会社は，資本準備金と利益準備金をあわせて，資本金の4分の1に達するまで積立てが要求されている。この要求額を基準資本金額という。

　また，会社は，剰余金の配当をする場合，配当額の10分の1に相当する額を

準備金として積み立てなければならない。準備金の合計額が基準資本金額未満のときで，その他利益剰余金とその他資本剰余金を同時に配当財源にした場合，その他利益剰余金を財源として配当を行った部分には，その10分の1に相当する額を，その他利益剰余金から利益準備金に積み立てる。また，その他資本剰余金を財源として配当を行った部分には，その10分の1に相当する額を，その他資本剰余金から資本準備金に積み立てる。ただし，資本準備金と利益準備金の合計が，基準資本金額に達すればその必要はない。

資本準備金および利益準備金は会社法で定められた法定準備金であるが，株主総会の決議と債権者保護手続きを経て取崩し，その他資本剰余金およびその他利益剰余金として配当可能な剰余金に含めることができる。

〔例9〕 福岡商事㈱は，株主総会において，その他資本剰余金¥100,000とその他利益剰余金（繰越利益剰余金）¥300,000を財源とし，配当を支払うことを決議した。なお，配当直前では，資本金¥5,000,000，資本準備金¥800,000，利益準備金¥300,000であった。また，会社計算規則による準備金の積立てを配当財源より行う。

（借）	その他資本剰余金	110,000	（貸）	未 払 配 当 金	400,000
	繰越利益剰余金	330,000		資 本 準 備 金	10,000
				利 益 準 備 金	30,000

2　繰越利益剰余金勘定

株式会社では，株主の出資額である元手と企業活動の成果としての利益を区別する必要があるために，損益勘定の貸借差額，すなわち当期純利益または当期純損失を資本金勘定ではなく，繰越利益剰余金勘定（その他利益剰余金）に振替える。当期純利益の場合には，損益勘定の貸方残高を借方記入するとともに，繰越利益剰余金勘定に貸方記入する。これに対して，当期純損失の場合には，損益勘定の借方残高を貸方記入するとともに，繰越利益剰余金勘定に借方記入する。

一会計期間の企業活動の結果として，当期純利益または当期純損失が損益計

算書の末尾に表示され，この当期純利益または当期純損失が，貸借対照表の純資産の部のその他利益剰余金である繰越利益剰余金に振替えられる。剰余金の配当や任意積立金の積立てによって処分されずに残っていた繰越利益剰余金残高に，この振替えられた額が加算（利益の場合）・減算（損失の場合）されて，次の株主総会の処分の対象となる。繰越利益剰余金勘定の残高が借方残高の場合は，未処理の累積損失が生じていることを示す。

〔例10〕 期末時点における繰越利益剰余金勘定の残高は¥500,000であった（貸方残高）。
(1) 決算にあたり，当期純利益¥2,000,000を計上した。
(2) 決算にあたり，当期純損失¥800,000を計上した。
　　これらの仕訳を示すとともに，処理後の繰越利益剰余金残高を答えなさい。

(1)（借）損　　　　　　益　2,000,000　（貸）繰越利益剰余金　2,000,000
　繰越利益剰余金残高¥2,500,000（貸方残高）
(2)（借）繰越利益剰余金　　800,000　（貸）損　　　　　益　800,000
　繰越利益剰余金残高¥300,000（借方残高）

〔例11〕
(1) 熊本商事㈱は，株主総会において，繰越利益剰余金を財源とした剰余金の配当および処分として，配当金¥40,000，事業拡張積立金¥25,000，別途積立金¥15,000を決定した。なお，前期末の繰越利益剰余金は¥100,000（貸方残高）であり，配当直前では，資本金¥2,000,000，資本準備金¥200,000，利益準備金¥200,000であった。また，会社計算規則による準備金の積立てを配当財源より行う。
(2) 上記の配当金について，小切手を振り出して支払った。

(1)（借）繰越利益剰余金　　84,000　（貸）未 払 配 当 金　40,000
　　　　　　　　　　　　　　　　　　　　利 益 準 備 金　 4,000
　　　　　　　　　　　　　　　　　　　　事業拡張積立金　25,000
　　　　　　　　　　　　　　　　　　　　別 途 積 立 金　15,000

(2) （借）未 払 配 当 金　40,000　　（貸）当 座 預 金　40,000

3　任意積立金勘定

　利益準備金は会社法の債権者保護の観点からその積立てを強制したものであるが，会社はその他に，さらに会社自身のために定款の規定もしくは株主総会の決議にもとづき，任意に利益を留保しこれを積み立てることがある。これを任意積立金といい，これには特定の目的を定めた積立金と，特定の目的の定めのない別途積立金がある。以下，その主要なものを簡単に説明しよう。

(1) 退職給付積立金勘定

　退職給付積立金は，退職積立金あるいは退職慰労積立金などともよばれ，役員および従業員が退職したとき退職金規程その他により退職金が支払われるが，これはその支払準備のための利益留保である。なお，剰余金の処分である積立てではない退職給付引当金とは区別しなければならない。退職給付積立金は，主として役員の退職金の支払準備のためとされている。

〔例12〕　役員山田太郎が退職し¥4,500,000を退職金として退職給付積立金を取り崩し，現金で支払った。

　　（借）役 員 退 職 金　4,500,000　　（貸）現　　　　金　4,500,000
　　　　　退職給付積立金　4,500,000　　　　　繰越利益剰余金　4,500,000

(2) 配当平均積立金勘定

　配当平均積立金は，配当準備積立金ともよばれ，毎期の株主に対する配当率の変動を避けて配当の安定をはかり，利益の多い年度にその一部を留保し，利益の少ない年度にその不足分を補うための利益留保である。

〔例13〕　決算の結果，当期純利益が予想外に減少したため，従来と同率の配当を実施するため，かねて設定してある配当平均積立金¥2,000,000を取り崩した。

　　（借）配当平均積立金　2,000,000　　（貸）繰越利益剰余金　2,000,000

(3) 新築積立金勘定

　新築積立金は，会社の社屋，工場その他の新築のための資金を留保するため

の積立金である。

〔例14〕 本日,建物¥5,000,000を取得し,小切手を振り出して支払った。なお,これに伴って新築積立金¥5,000,000を取り崩した。

(借)建　　　　物　5,000,000　　(貸)当　座　預　金　5,000,000
　　　新　築　積　立　金　5,000,000　　　　　繰越利益剰余金　5,000,000

(4) 事業拡張積立金勘定

事業拡張積立金は,設備の増設や支店・営業所などの新設のような事業拡張に要する資金準備のための資金を留保するための積立金である。その意味では,新築積立金と同じものというよりは,事業拡張の一部と考えられる。

(5) 自家保険積立金勘定

大規模の鉱工業会社あるいは船舶会社などにおいては,保険会社と契約する代わりに,その支払うべき損害保険料に相当する金額を毎期の利益より留保して将来の災害に備えることがある。自家保険積立金は,この資金を準備するための積立金であるが,実用性はまったくないといって差し支えない。

(6) 偶発債務積立金勘定

会社が他人の債務保証をしたりまたは手形を裏書譲渡したとき,債務者が債務を支払わなかったり手形が不渡りになった場合,その債務を負わなければならない。偶発債務積立金は,この資金を準備するための積立金である。

(7) 減債積立金勘定

株式会社が発行した社債は,当然のことながら償還期限までに償還しなければならない。減債積立金は,その償還に要する資金を準備するための積立金であり,社債償還積立金ともよばれる。

(8) 別途積立金勘定

別途積立金は,上述の積立金とは違い,特定の目的をもたない任意積立金である。したがって,実質的には繰越利益剰余金と変わらないといえるが,わが国の実務では別途積立金勘定を設定する場合が多い。この積立金を設ける意義は,株主その他の利害関係者に対し繰越利益剰余金勘定よりも拘束性があることを示そうとする精神的または心理的な効果をもつことであるともいえる。特

定の目的をもたないのであるから，この積立金はどんな目的にも使うことができると解される。しかしその場合には株主総会の承認を必要とする。ただ定款に「別途積立金は欠損の填補その他取締役会の決議によって定めるところにより，これを処分することができる」と定めておけば，総会の決議を要しない。

以上述べた利益準備金または任意積立金を取り崩して，欠損填補，配当填補あるいはその他の特定の目的にあてた場合には，その金額を当該積立金勘定から直接損失金あるいは未払配当金などの諸勘定に振り替えることなく，いったん繰越利益剰余金勘定に振り替えて，しかるのちにそれぞれの勘定に振り替えるほうが計算過程をより明瞭に表示することができる。

4　損失の処理

当期の損失額が前期より繰り越された繰越利益剰余金勘定の残高を超える場合には，繰越利益剰余金勘定は借方残高となり，未処理の累積損失が生じることになる。その金額が僅少なときには，これをそのまま繰り越して将来の利益で填補しても差し支えない。ただし，その金額が多額の場合には，株主総会の決議により既存の任意積立金を取り崩して充当する。任意積立金でもその損失を填補できない場合には，その他資本剰余金を取り崩し，続いて利益準備金と資本準備金を取り崩す。それでもなお多額の損失が填補できない場合には，減資の手続きを実施して資本金の減少額で充当することになる。

〔例15〕　株主総会において，別途積立金¥3,000,000を全額取り崩して，繰越利益剰余金勘定の借方残高（損失）を填補することが決議された。

　　（借）別 途 積 立 金　3,000,000　　（貸）繰越利益剰余金　3,000,000

第4節　自己株式

　自己株式とは，会社が以前発行した株式を取得し，これを所有している場合の自社の株式であり，金庫株ともよばれる。自己株式の取得は，合併や営業譲渡のほか，取得する株式数，取得価額の総額などを，株主総会で決議すれば，分配可能額の限度内で取得することができる。取得した自己株式は支出額によって計上し，決算に際しても取得原価で評価する。

　会社が保有する自己株式は，新株発行の手続きに準用した処分，合併などにともなう自己株の交付による処分，新株予約権の行使にともなう自己株式の処分がある。自己株式の処分（売却）による処分差額は，その他資本剰余金勘定に貸方記入するか，またはその他資本剰余金勘定に借方記入する。

　また，自己株式を失効手続きにより消却する際に，取締役会等の決議によってその他資本剰余金を財源として行った場合には，消却の対象となった自己株式の帳簿価額をその他資本剰余金から減額する。

　なお，自己株式の処分および消却の処理の結果，その他資本剰余金の残高が借方残高（マイナス）になった場合には，期末において，その他資本剰余金をゼロとし，当該マイナス分をその他利益剰余金（繰越利益剰余金）から減額することができる。

〔例16〕　株主総会において，株式100株（新株70株，自己株式30株）を募集し，¥10,000,000が払い込まれ当座預金とした。なお，新株の発行分に対応する払込金額はすべて資本金とする。このとき，⑴処分した自己株式の帳簿価額が¥2,700,000の場合，⑵処分した自己株式の帳簿価額が¥3,200,000の場合，の仕訳を示しなさい。

　⑴（借）当　座　預　金　10,000,000　　（貸）資　本　金　7,000,000
　　　　　　　　　　　　　　　　　　　　　　　自　己　株　式　2,700,000
　　　　　　　　　　　　　　　　　　　　　　　自己株式処分差益　　300,000

(2) (借) 当 座 預 金　10,000,000　　(貸) 資　　本　　金　6,800,000
　　　　　　　　　　　　　　　　　　　　　自　己　株　式　3,200,000

〔例17〕
(1) 取締役会の決議により，帳簿価額￥350,000の自己株式についてその他資本剰余金を財源として消却することが決定された。
(2) 取締役会の決議により，帳簿価額￥1,000,000の自己株式を￥600,000で売却（処分）し，代金は現金で受け取った。なお，その他資本剰余金には自己株式処分差益￥350,000しかなかった。

(1) (借) 自己株式処分差益　　350,000　　(貸) 自　己　株　式　　350,000
(2) (借) 現　　　　　　金　　600,000　　(貸) 自　己　株　式　1,000,000
　　　　自己株式処分差益　　350,000
　　　　繰越利益剰余金　　　 50,000

第5節　評価・換算差額等

(1) 土地評価差額金勘定

　元来，資産の評価は取得原価を基礎に評価されるが，今日の金融商品などにみられるように時価会計が導入されてからは，一部で時価による評価が行われるようになりつつある。従来も，特別法のもとで資産の再評価は行われていた。わが国では，特に戦後（昭和25〜27年）に数回ほど固定資産に対し資産再評価法による再評価が実施された時期もあった。これらはインフレ期の減価償却費の過少計上による利益の過大計上から生じる社外流出防止（企業実態の維持）を目的としたものであった。今日にあっては，金融の円滑化および健全性の向上を目的とした土地評価法（平成10年）にもとづいて，会社の所有する事業用土地に対し時価で評価することが認められている。この場合も，時価と帳簿価額に対し評価差額が生じる。この評価差額については税効果会計を適用した後の金額を，土地評価差額金として貸借対照表の純資産の部のなかの評価・換算差額等に表示する。

〔例18〕 当社の事業用土地の帳簿価額は¥5,000,000であった。なお，期末時価は¥7,000,000である。税効果会計を適用するものとし，その実効税率は40％とする。

(借) 土　　　　地　　2,000,000　　(貸) 繰延税金負債　　　800,000
　　　　　　　　　　　　　　　　　　　　土地評価差額金　1,200,000

(2) その他有価証券（株式等）の評価差額金

「その他有価証券」は，市場価格のある有価証券のうち売買目的有価証券，満期保有目的有価証券，子会社および関連会社株式以外の有価証券をいう。具体的には，相互持合いの株式のような業務提携目的で保有する有価証券や長期的な時価の変動により利益を得ることを目的として保有する有価証券などである。このような有価証券は，期末に時価による評価が行われ，当該時価と帳簿価額の差額に税効果会計を適用した後の金額を，その他有価証券評価差額金として貸借対照表の純資産の部のなかの評価・換算差額等に表示する。

評価差額の会計処理については，全部純資産直入法と部分純資産直入法の2つが認められている。全部純資産直入法とは，評価差益および評価差損をまとめた評価差額の合計金額をその他有価証券評価差額金として計上する方法である。一方，部分純資産直入法とは，評価差益は純資産の部にその他有価証券評価差額金として計上するが，評価差損は投資有価証券評価損として当期の営業外費用として処理する方法である。

〔例19〕 池袋商事㈱は，業務提携に際して，同時に資本提携を行うために，取引先の株式20株を1株あたり¥50,000で取得し保有していた。なお，期末の時価は1株あたり¥70,000であった。税効果会計を適用するものとし，その実効税率は40％とする。

(借) その他有価証券　　400,000　　(貸) 繰延税金負債　　　　160,000
　　　　　　　　　　　　　　　　　　　　その他有価証券
　　　　　　　　　　　　　　　　　　　　評 価 差 額 金　　　240,000

実効税率は，次の算式で示される。

$$実効税率 = \frac{法人税率 + (法人税率 \times 住民税率) + 事業税率}{1 + 事業税率}$$

$$=\frac{0.3+(0.3\times0.173)+0.096}{1+0.096}=0.408$$

会社の所得（利益）や所在地などの条件で実効税率は変わってくるが，現在の標準的な実効税率は上記のようになる。事業税は，翌期に損金算入されるため，分子と分母に加算し上限税率を採用し，住民税（税割）は法人税をベースに住民税率（標準）を乗じて計算する構造になっている。

第6節　新株予約権

　新株予約権とは，新株予約権者（新株予約権を有する者）が，発行会社に対してこの権利を行使したときに，あらかじめ定められた条件にしたがって発行会社より株式の交付を受けることができる権利である。この株式の交付には，新株の発行により交付する場合と，発行会社が所有する自己株式を処分（移転）する場合がある。したがって，新株予約権を発行した会社にとっては，新株を発行または株式を移転して株式を交付する義務となる。

　新株予約権の発行時には，新株予約権の発行にともなう払込金額等を新株予約権として処理し，当該金額を貸借対照表の純資産の部において，株主資本，評価・換算差額等の次に新株予約権として表示する。

　新株予約権の権利行使がされたときに発行会社が新株を交付する場合，新株予約権のうち権利行使された部分を減少させ，行使された新株予約権の払込金額と権利行使にともなう払込額（権利行使価額）の合計を，発行した株式に対する払込金額とする。その際，原則その全額を資本金とするが，会社法の規定により払込金額の2分の1を資本金に組み入れないことも許容される。

　これに対し，新株予約権の権利行使がされたときに発行会社が保有する自己株式を移転する場合，新株予約権のうち権利行使された部分を減少させ，移転された自己株式を帳簿価額で減少させる。そして，行使された新株予約権の払込金額と権利行使にともなう払込額（権利行使価額）の合計を，移転した自己株式の処分の対価額とする。したがって，この合計額と自己株式の帳簿価額の差

額は自己株式処分差益または自己株式処分差損となる。

　新株予約権は，新株予約権証券という形態をとっているため，発行する企業にとって新株予約権の対価は，権利行使が行われるまでは一種の預り金的性格を帯びた勘定として処理され，権利が行使されれば原則として全額資本金として処理する。ただし，権利が放棄されれば新株予約権者からの未行使分の受贈益として新株予約権戻入勘定で処理し，損益計算書上特別利益として表示する。

〔例20〕
(1) 千葉商事㈱は，新株予約権証券（¥2,000,000）を発行し，払込金は当座預金とした。新株予約権の行使価額の総額は，¥10,000,000である。
(2) 上記新株予約権の70％について権利行使がなされ，払込金が当座預金口座に入金された。なお，移転された自己株式の帳簿価額は¥8,000,000である。

(1) (借) 当 座 預 金　2,000,000　　(貸) 新 株 予 約 権　2,000,000
(2) (借) 当 座 預 金　7,000,000　　(貸) 自 己 株 式　8,000,000
　　　　新 株 予 約 権　1,400,000　　　　自己株式処分差益　400,000

第7節 社債会計

1 総説

　株式会社における資金調達の一方法として社債の発行がある。社債とは償還期限まで毎期一定の元金と利子を支払う長期の負債である。株式会社は長期資金を調達する必要のある場合，一般に株式の発行，社債の発行，銀行からの借入の三つの主要な方法がある。そのいずれを選ぶかは企業の財務政策の問題であるが，戦後のわが国では，銀行からの借入による方法が多く，社債による資金調達はあまり用いられていなかった。しかし最近における証券市場の発展によりその資金調達におけるウエイトは大きなものとなってきた。

　社債が株式と根本的に違う点は，社債は会社に対する純然たる債権であるのに対し，株式は株主の会社に対する地位すなわち株主権を表す点にある。このことから両者にはつぎのような相違がある。

(a) 会社は株式に対しては配当可能な利益がなければ配当できないが，社債に対しては利益の有無にかかわらず，たとえ欠損が生じている場合でも，社債発行の条件に従い一定率の利息を支払わなければならない。したがって社債は確定利付債務であるといえる。

(b) 株式は原則として株金額の払戻をしないが，社債は償還期限が到来したならば利息・元本を償還しなければならない。なお社債は，担保付か否かにより，担保付社債，無担保社債の別がある。また記名社債と無記名社債とがあり，これは，債券面に社債権者の氏名が書かれているか否かによるものである。わが国では，現在発行されているものの大部分は担保付の無記名社債である。

　また，わが国の実務では担保について**開放担保**（Open-end mortgage）制度がとられている。これは**閉鎖担保**（Closed-end mortgage）制度に対立するもので，発行すべき社債総額を定めてこれに対しあらかじめ担保権を設定しておき，その額まで社債を数回に分けて発行し，後から発行する分にも担保権は同一順位

とされる制度である。

現在わが国で発行されている社債は、償還期限7年のものが大部分である。したがって固定負債に属する。しかし、貸借対照表日の翌日から起算して1年以内に償還期限が到来するものは、流動負債に属する。また特殊な社債として、発行後一定期間以内に社債権者の要求により株式に転換する権利を与えられた社債がある。これを転換社債という。なお、平成13年の商法改正により、これら特別の条件が付与されたものは新株予約権付社債となった。

2　社債の発行

社債の発行には取締役会の決議を要する。そしてその決議の際、発行する社債の種類、総額、発行方法、発行価額、利率、償還方法なども定める必要がある。なお転換社債の発行には、取締役会の決議ではなく定款または株主総会の特別決議を要する。また会社法では、社債発行に対し、社債権者を保護するためにその額は資本金および準備金の総額を超えることができないとし、また貸借対照表により会社に現存する純財産額が資本金および準備金の総額に満たないときは、社債の募集額はその純財産額を超えることができない。

3　発行の方法

社債の発行方法は**直接発行**と**間接発行**に大別することができる。前者は起債会社が自ら直接一般に対して発行手続をとる場合であり、後者は金融機関等を経て間接的に発行する場合である。この間接発行は、さらに委託募集、引受募集、総額引受の三つの場合に分けられる。実際には後者のほうが一般的である。

社債の発行方法は一般に**割引発行**である。この割引発行は額面以下で売り出されるものであり、なぜ割引発行されるのかといえば、社債は償還期限が長いため、利率が相当高くないと売れ口がよくない。といって会社にとってはあまり高い利率で契約すると負担が重くなる。そこで一方において契約利率を低くおさえながら、社債権者にとっては利回りをよくするための措置として割引発行という方法が選ばれるのである。

割引発行の場合を例示してみよう。

〔例21〕 期限10年，年利率2％の社債￥10,000,000を，額面￥100につき￥93の条件で募集し，社債申込証拠金￥1,000,000を現金で受け入れた。

(借) 未 払 込 社 債　9,300,000　　(貸) 社　　　　　債　9,300,000
(借) 現　　　　　金　1,000,000　　(貸) 社債申込証拠金　1,000,000

〔例22〕 上記社債払込金￥9,300,000を受け取った。ただし，このうち￥1,000,000の社債申込証拠金は払込に充当した。

(借) 現　　　　　金　8,300,000　　(貸) 未 払 込 社 債　9,300,000
　　　社債申込証拠金　1,000,000

4　社債発行費

　社債発行費とは社債権者募集のための広告料，証券会社の取扱手数料，目論見書・社債申込証・社債券等の印刷費，社債の登記の登録税等，社債発行のため直接支出した費用をいう。

　社債発行費の性質については，社債による資金調達の費用であるとの見地から，その繰延資産性を認めている。

　なお社債発行費の償却について，商法施行規則第39条の規定は3年以内に，もし3年以内に社債償還の期限が到来するときはその期限内に毎決算期において均等額以上の償却すべきものとされていたが，会社法では償還期限内に償却（月割計算）されることとなった。

5　社債の利払

　社債に対しては，契約に基づいて毎年一定の利子を支払わねばならない。その利子は年利をもって表し確定利率とする。利払は通常年2回であり，利払期に社債権者に直接現金を送金する方法と，社債券にあらかじめ利札をつけて，利払期にその期の利札を切り取り，引換に現金を支払う方法の二つがある。記名社債に対しては前者の方法が使用され，無記名社債に対しては後者の方法が使用される。しかしながら現在においては記名社債に対してもしだいに利札が

つけられるようになってきた。なお社債利子の計算の基礎はいうまでもなく額面である。以下，簡単に例示してみる。

〔例23〕 株式会社東京商会では，平成12年4月1日に，償還期限平成22年3月31日，年利率8％，利払年2回，3月および9月の各末日，発行価額￥100につき￥99の条件で，額面金額￥1,000,000の社債を発行し，払込金は東洋銀行本店の当座預金口座に預け入れた。なお社債発行のために要した費用は￥100,000で，全額小切手で支払った。東京商会の決算を年2回，3月および9月の各末日として，(1)社債発行に関して行うべき仕訳を，また(2)平成12年9月30日に上記社債に関して行うべき一切の仕訳を示しなさい。

(1) (借) 当 座 預 金　　990,000　　(貸) 社　　　　　債　　990,000
　　　　社 債 発 行 費　　100,000　　　　当 座 預 金　　　100,000
(2) (借) 社 債 利 息　　　40,000　　(貸) 当 座 預 金　　　 40,000
　　　　　　　　　　　　　　　　　　　　　(未払社債利息)
　　　　社債発行費償却　　 5,000　　　　社 債 発 行 費　　　5,000

6　社債の償還

　社債により調達した資金を返済することを償還という。法律的には，起債会社が社債権者に債務を弁済して社債の法律関係が終了することをいう。償還の方法としては，それが行われる時期によって分けるとつぎのようになる。

　　┌定時償還……┌満期償還（一括償還）
　　│　　　　　　└分割償還（抽選償還）
　　└随時償還（任意繰上償還）

　定時償還とは，あらかじめ定めた時期に償還するもので，満期になり償還する場合と，満期以前の一定時に一部分ずつを償還する分割償還とがある。わが国では定時分割償還が多い。

　随時償還とは，定時以外に会社の資金に余裕ができたとき，あるいは金融情勢がゆるんで社債利息より低利の資金が外部から借り入れられるときなど会社

が社債市場から買い入れ消却する場合である。

　社債の随時償還において，償還される分については社債権者を平等に取り扱うため抽籤により償還が決定した社債番号を公告するとともにその額面金額を社債勘定から未償還社債なる短期負債勘定へ振り替える。そしてのちに支払の請求があったとき，当該勘定から支払を行う。その仕訳はつぎのとおりである。

《抽籤により償還の決定したとき》

　　（借）社　　　　　債　　×××　　（貸）未償還社債　　×××

《支払の行われたとき》

　　（借）未 償 還 社 債　　×××　　（貸）現　金　預　金　　×××

　社債償還の会計処理でもっとも重要な点は，償還期限前に償還される場合はその償還される額に見合う社債発行費（繰延資産としている場合）を精算しなければならないことである。

　買入償還の場合には，額面金額と買入金額との差額は社債償還差損益を表すから，これを特別損益とする。

〔例24〕　額面￥100の社債を￥95替で発行した。社債総額￥2,000,000のうち￥200,000を￥95替で買入償還する。期限5年（ただし2年を経過する）

　　（借）社　　　　　債　　194,000　　（貸）現　　　　　金　　190,000
　　　　　　　　　　　　　　　　　　　　　　社 債 償 還 益　　4,000

〔例25〕　平成12年4月1日，宮崎商事（株）は年7.2％の利付（利払年1回）の社債（額面￥10,000,000，発行価額＠￥98，償還期日平成17年3月31日）の償還期日に至ったので，小切手を振り出して償還した。

　　（借）社　　　　　債　　10,000,000　　（貸）当　座　預　金　　10,000,000

〔例26〕

　(1)　年利率9％，利払年2回（6月，12月末）5年後償還，＠￥97替で期首に発行した￥50,000,000の社債の半額を3年目初頭に￥98替（裸相場）で小切手を振り出して買入償還した。

　(2)　半額買入後の第1回の利息を小切手を振り出して支払った。

(1) (借) 社　　　　　債　24,550,000　　（貸）当　座　預　金　24,500,000
　　　　　　　　　　　　　　　　　　　　　　社　債　償　還　益　　　 50,000
(2) (借) 社　債　利　息　 1,125,000　　（貸）当　座　預　金　 1,125,000

〔例27〕 大分物産(株)は平成12年度期首につぎの条件で社債を発行し，払込金額を当座預金とした。よって，発行時および第1回の社債の償還について仕訳を示せ。

　　　額面￥15,000,000，期限5年，年利率7％（年1回，償還期支払），発行価額＠￥97，毎年末￥3,000,000の均等抽籤償還により現金払い

《発行時》
　(借) 当　座　預　金　14,550,000　　（貸）社　　　　　債　14,550,000

《第1回償還》
　(借) 社　債　利　息　 1,050,000　　（貸）現　　　　　金　 1,050,000
　　　社　債　利　息　　 150,000　　　　　社　　　　　債　　 150,000
　　　社　　　　　債　 3,000,000　　　　　現　　　　　金　 3,000,000

第8節　引当金会計

　引当金とは，将来の資産の減少または債務の発生に備えて，その合理的な見積額のうち当期の負担に属する金額を，当期の費用または損失として見越計上するために設定される貸方項目をいう。引当金は，適正な期間損益計算のため，正しい財政状態を示すため，および会社の財政的な安全性をはかるために設定されるものである。

　「企業会計原則注解」〔例18〕によると，引当金設定の要件として，①将来の特定の費用または損失であること，②その発生が当期以前の事象に起因していること，③費用または損失の発生の可能性が高いこと，④その金額は合理的に見積もることができること，が挙げられている。したがって，発生の可能性の低い偶発事象にかかる費用または損失については，引当金を設定することはできない。

引当金の設定により費用または損失が計上された場合，他の費用や損失とは異なり，直接的な支出は伴わないために，その金額相当の不特定資産が一時的に企業内に留保されることになる。なお，これと同じ効果は積立金の設定によっても生じるが，積立金の設定は利益の処分によって行なわれるのに対して，引当金の設定はあくまでも，費用または損失の見越計上した結果としての計算項目であるといえる。

(1) 貸倒引当金

貸倒引当金とは，商品や製品などを販売することによって生じた売上債権（売掛金・受取手形）および営業外の債権である貸付金等の残高が期末に存在する場合，つまり債権が未回収の場合に，次期以降に回収不能（貸倒れ）となる可能性に備えて設定する引当金である。

貸倒引当金の設定は，将来において金銭の支払いを受ける権利である金銭債権が対象となる。主に受取手形や売掛金がその対象となる。なお，先付小切手の期末残高は一般に受取手形として引当処理され，委託販売，試用販売，割賦販売等の特殊商品売買における売掛債権についても引当処理が行われる。

貸倒引当金繰入は，当期の全体的な収益を得るために必要な費用と考えられるため，損益計算書上，営業債権に関するものは販売費及び一般管理費に表示され，営業外債権に関するものは営業外費用に表示される。また，貸倒引当金戻入は，前期末の過分設定を意味するものであり，前期損益修正項目として特別利益に表示する。

貸倒引当金は，金銭債権に対する控除項目としての性質をもつので，貸借対照表上，金銭債権から控除する形式で表示されるが，具体的には，次の3つの方法がある。

① 科目別控除方式－債権が属する科目ごとに債権金額または取得価額から控除する形式
② 一括控除方式－2科目以上をまとめて一括して控除する形式
③ 注記方式－金銭債権について貸倒引当金を控除した残額のみを記載し，引当額を注記する形式

〔例28〕 期末売上債権である受取手形￥300,000および売掛金￥100,000に対し、過去の実績率に基づき差額補充法により3％の貸倒引当金を設定する。なお、貸倒引当金勘定の残高が(1)￥10,000の場合と(2)￥15,000の場合の仕訳を示しなさい。

(1) (借) 貸倒引当金繰入　　2,000　　(貸) 貸倒引当金　　2,000
(2) (借) 貸倒引当金　　　　3,000　　(貸) 貸倒引当金戻入　3,000

(2) 賞与引当金

賞与引当金とは、次期の賞与金の支払いに対する備えであり、当期における従業員の労働の提供という原因事実に基づいて設定される引当金である。

賞与引当金繰入は、賃金・給与のような労務費としての性格を持つので、その支給を受ける従業員の職務に応じて、製造原価に算入するか、または損益計算書上、販売費及び一般管理費に表示する。なお、賞与引当金戻入は、特別利益に表示する。また、賞与引当金は、貸借対照表上、流動負債に表示する。

〔例29〕 決算に際し、次期に支払う予定の上期従業員賞与のうち当期負担分￥1,800,000を引当計上した。

　　(借) 賞与引当金繰入　1,800,000　　(貸) 賞与引当金　1,800,000

(3) 修繕引当金

修繕引当金とは、定期的に行われる修繕につき、次期以降に行われる建物・機械・備品などの資産の修繕のための支払いに対する備えであり、当期における固定資産等の利用によって修繕を必要とする原因事実が存在していることに基づいて設定される引当金である。

修繕引当金繰入は、当期の固定資産等の利用によるものなので、修繕の対象となる設備の用途に応じて、製造原価に算入するか、または損益計算書上、販売費及び一般管理費に表示する。なお、修繕引当金戻入は、特別利益に表示する。また、修繕引当金は、貸借対照表上、流動負債に表示する。

〔例30〕
(1) 決算に際し、次期に行われる予定の機械の修繕に備えて、￥200,000を引当計上した。

(2) 翌期に機械の修繕を行い，修繕費￥250,000について小切手を振り出して支払った。

(1) (借) 修 繕 引 当 金 繰 入　　200,000　　(貸) 修 繕 引 当 金　　200,000
(2) (借) 修 繕 引 当 金　　　　　200,000　　(貸) 当 座 預 金　　　250,000
　　　　修　　繕　　費　　　　　 50,000

(4) 特別修繕引当金

　特別修繕引当金とは，一定期間ごとに定期的に行われる船舶や溶鉱炉などの大規模な修繕のための支払いに対する備えであり，当期における固定資産等の利用によって修繕を必要とする原因事実が存在していることに基づいて設定される引当金である。

　特別修繕引当金繰入は，当期の固定資産等の利用によるものなので，修繕の対象となる設備の用途に応じて，製造原価に算入するか，または損益計算書上，販売費及び一般管理費に表示する。なお，特別修繕引当金戻入は，特別利益に表示する。また，特別修繕引当金は，貸借対照表上，固定負債に表示される。

(5) 製品（商品）保証引当金

　製品（商品）保証引当金とは，一定期間内に生じた故障等は無償で修理するという契約で製品（商品）を販売している場合に，当期に販売した製品について将来発生すると予想される修理費の支払いに対する備えであり，無償の修理費を販売年度の売上収益に負担させるために設定される引当金である。なお，建設業や造船業において，これと同様の目的で設定される引当金を工事補償引当金という。

　製品（商品）保証引当金繰入は，当期の売上収益に直接関連して生じた費用であるから，製造原価に算入するか，または損益計算書上，販売費及び一般管理費に表示する。なお，保証期限が過ぎれば，無償修理のために引当金を取り崩すことはないが，当該引当金は必要なくなる。そこで，この引当金を取り崩し，製品（商品）保証引当金戻入で処理し，特別利益に表示する。また，製品（商品）保証引当金は，貸借対照表上，保証期限の長さに応じて，流動負債または固定負債のいずれかに表示する。

〔例31〕
(1) 決算に際し,当期の保証付き製品売上高¥5,000,000に対して1％に相当する金額の製品保証引当金を計上した。
(2) 前期に販売した製品の保証期限6ヶ月が経過したので,この保証のための製品保証引当金の残額¥8,000を取り崩す。

(1) (借) 製品保証引当金繰入　　50,000　　(貸) 製品保証引当金　　50,000
(2) (借) 製品保証引当金　　　　 8,000　　(貸) 製品保証引当金戻入　 8,000

(6) 債務保証損失引当金

債務保証損失引当金とは,他人の債務の保証人となっているときに,被保証人の財政状態が悪化して債務の不履行が生じる可能性が高くなり,それによって主たる債務者に代わって弁済責任を負わなければならない場合に対する備えであり,将来確定する損失を発生の可能性が高くなった時点の収益で負担させて財政的な安全性をはかるために設定される引当金である。

債務保証損失引当金繰入は,財務活動上の生じる損失の引当てあるいは非経常的な損失とみなされるので,損益計算書上,営業外費用または特別損失に表示する。また,債務保証引当金は,貸借対照表上,保証期限の長さに応じて,流動負債または固定負債のいずれかに表示する。

(7) 損害補償損失引当金

損害補償損失引当金とは,公害・薬害・その他企業の営業活動に関連して生じた損害賠償訴訟について,係争中であるが敗訴の見通しが強く,賠償責任を負わなければならない場合に対する備えであり,将来確定する損失を発生の可能性が高くなった時点の収益で負担させて財政的な安全性をはかるために設定される引当金である。

損害補償損失引当金繰入は,非経常的な損失とみなされるので,損益計算書上,特別損失に表示する。また,損害補償損失引当金は,貸借対照表上,判決の結果,それが使用されるまでに1年を超えるか否かにより,流動負債または固定負債のいずれかに表示する。

(8) 売上割戻引当金

売上割戻引当金とは，得意先に対して一定期間に所定の販売額または販売数量を超えたときにリベート（割戻し）を与える契約があるときに，売上代金の一部の控除を行う場合に対する備えであり，将来発生すると予想されるリベートの金額のうち，当期の売上収益にかかわるものを見積計上するために設定される引当金である。

売上割戻引当金繰入は，当期の売上控除科目としての性質をもつので，損益計算書上，売上高から直接控除または売上高から控除する形式で表示する。また，売上割戻引当金は，一般に貸借対照表上，流動負債に表示する。

〔例32〕
- (1) 決算に際し，当期売上高¥8,000,000に対して0.5％に相当する金額の売上割戻引当金を計上した。
- (2) 翌期に，得意先に対してリベート¥34,000について小切手を振り出して支払った。

(1) (借) 売上割戻引当金繰入　　　40,000　　（貸）売上割戻引当金　　　40,000
(2) (借) 売上割戻引当金　　　　　34,000　　（貸）当 座 預 金　　　　34,000

(9) 返品調整引当金

返品調整引当金とは，出版や医薬などの特殊な業種において販売した商品や製品を後日当初の販売価額で引き取る特約を結んでいる場合または慣行がある場合に，その返品による損失に対する備えであり，当期売上収益のうち次期以降に予想される返品額を見積計上するために設定される引当金である。

返品調整引当金繰入は，当期の売上収益（利益）から控除すべき性質をもつので，損益計算書上，売上総利益から控除する形式で表示する。なお，返品調整引当金戻入は，前期末の過分設定を意味するものであり，前期損益修正項目として特別利益に表示する。また，返品調整引当金は，貸借対照表上，流動資産に表示する。

〔例33〕 決算に際し，売掛金残高¥5,000,000に対して返品率4％，売上総利益率15％として，返品調整引当金を計上した。

(借）返品調整引当金繰入　　30,000　　（貸）返品調整引当金　　30,000

(10) 退職給付引当金

　退職給付引当金とは，一定の期間にわたって従業員が労働を提供した等の事由に基づいて，将来，その従業員が退職した後に支払われる退職給付に対する備えであり，将来支払われる退職金のうち，当期の費用として負担すべき金額を見積計上するために設定される引当金である。退職給付には，退職一時金と退職年金があり，後者は通常外部積立が行われる。企業が掛金を支払う外部の基金・団体には，厚生年金基金などがある。

　退職給付費用（退職給付引当金繰入）は，主に労働の対価として発生したと認められる性質のものであるので，損益計算書上，販売費及び一般管理費に表示する。また，退職給付引当金は，貸借対照表上，固定負債に表示する。

　企業からの直接給付により退職金等が支給されたときは，退職給付引当金を減少させる。これに対し，年金基金等からの給付により支給されたときは，仕訳は不要である。なお，通常将来の従業員への年金はこれらの基金等から支払われるが，企業が年金の掛金を支払ったときは退職給付引当金を減少させる。

〔例34〕
(1) 退職給付引当金の当期繰入額￥300,000を計上する。
(2) 従業員甲氏が定年退職し，退職金￥4,200,000を現金で支払った。
(3) 厚生年金基金への拠出額は￥200,000であり，小切手を振り出して支払った。

(1)（借）退職給付費用　　　300,000　　（貸）退職給付引当金　　300,000
(2)（借）退職給付引当金　4,200,000　　（貸）現　　　　　金　4,200,000
(3)（借）退職給付引当金　　200,000　　（貸）当　座　預　金　200,000

　最近では，退職慰労引当金，ポイント引当金，利息返還損失引当金，工事損失引当金，資源回収引当金など新たな引当金が登場してきている。ただし，引当金として計上するためには，4つの要件を満たさなければならないことはいうまでもない。

第9節 税金の処理

1 法人税等

　株式会社は事業を行うにあたって，さまざまな税金を国や地方公共団体に納めなければならない。このうち，株式会社の所得（利益）に対して課せられる税金として，法人税，住民税，事業税がある。簿記上では，これらを総称して法人税等と呼んでいる。

① 法人税－株式会社などの法人企業が所得（利益）に対して国（国税）に納める税金

② 住民税－事務所や事業所を持っていることに対して，会社の所得（利益）をもとに都道府県（都道府県民税）と市町村（市町村民税）に納める税金

③ 事業税－事業を行っていることに対して，会社の所得（利益）や資本金の規模等をもとに都道府県（都道府県民税）と市町村（市町村民税）に納める税金

　法人税等は原則として，決算日後2カ月以内に当期の純利益にもとづいて税額を計算し申告（納付）しなければならない。これを確定申告というが，年1回本決算の会社の場合の確定申告までの手続きと処理は次のようになる。

(1) 中間納付

　期首より6カ月を経過した日から2カ月以内に，半期分の税額を便宜的に計算して仮納付する。これを中間申告といい，仮納付した金額は，資産である仮払法人税等勘定に借方記入する。

(2) 決算日

　決算日において，1年分の純利益にもとづいて税額を算出し確定する。このとき，法人税等勘定を総額で借方計上するとともに，中間申告時に計上していた仮払法人税等勘定を取り消し，残額はこれから納付すべき税額として，負債である未払法人税等勘定に貸方記入する。

(3) 確定申告

決算日から2カ月以内に中間申告額を差し引いた金額（未払法人税等）を納付する。

〔例35〕
(1) 渋谷株式会社は，11月30日に，法人税等の中間申告を行い，小切手¥3,000,000を振り出して支払った。
(2) 3月31日，決算に際し，法人税等が¥6,200,000と確定した。
(3) 渋谷株式会社は，5月31日に，確定申告を行い，小切手を振り出して納付した。

(1) (借) 仮払法人税等　3,000,000　　(貸) 当 座 預 金　3,000,000
(2) (借) 法 人 税 等　6,200,000　　(貸) 仮払法人税等　3,000,000
　　　　　　　　　　　　　　　　　　　　未払法人税等　3,200,000
(3) (借) 未払法人税等　3,200,000　　(貸) 当 座 預 金　3,200,000

なお，過年度の法人税について，追加の納付（追徴）を行ったときは，追徴法人税等勘定に借方記入する。これに対して，払戻し（還付）を受けたときには還付法人税等勘定に貸方記入する。

2　消　費　税

消費税は，物品を購入したり，サービスの提供を受けたりした場合に，(最終)消費者が負担する税金である。現在であれば，会社は商品を販売したときには，売上代金のほかに5％の消費税を受け取る。逆に商品を購入したときには，仕入代金のほかに5％の消費税を支払う。会社は受け取った消費税を納付するのではなく，受け取った消費税と支払った消費税の差額を国や地方公共団体に納付する。

例えば，販売店Aが，仕入先Bより商品¥80を仕入れ，消費税¥4とともに現金で支払ったとする。仕入先Bは，その他の取引がなければ，受け取った消費税¥4を国などに納付する。また，販売店Aが，当該商品を¥100で顧客に販売し，消費税¥5とともに現金で受け取ったとする。そこで，受け取った消

費税￥5と支払った消費税￥4の差額である￥1を国などに納付することになる。国などにとっては総計￥5の消費税収入になるが，その￥5を実際に負担しているのは，仕入先Bでもなく，販売店Aでもなく，まさに最終消費者である顧客なのである。

消費税の処理には，税抜方式と税込方式の2つの方法があり，一般には税抜方式によって行われている。税抜方式では，まず，支払った消費税は資産である仮払消費税勘定に借方記入し，受け取った消費税は負債である仮受消費税勘定に貸方記入する。そして，決算において仮払消費税と仮受消費税の金額を相殺し，納付すべき消費税がある場合には負債である未払消費税勘定に貸方記入するか，還付を受ける消費税がある場合には資産である未収消費税勘定に借方記入する。

これに対して，税込方式では，まず，購入価額や販売価格に消費税を含めて処理する。そして，決算において，納付すべき消費税がある場合には販売費及び一般管理費である租税公課勘定に借方記入するとともに，負債である未払消費税勘定に貸方記入する。また，還付を受ける消費税がある場合には，営業外収益である雑益勘定に貸方記入するとともに，資産である未収消費税勘定に貸方記入する。

〔例36〕
(1) 品川株式会社は，商品￥100,000を仕入れ，代金は消費税￥5,000とともに小切手を振り出して支払った。
(2) 商品￥150,000を販売し，代金は消費税￥7,500とともに現金で受け取った。
(3) 決算に際し，消費税の仮払分￥5,000と仮受分￥7,500の差額を未払消費税勘定で処理した。
(4) 納付していない消費税について，現金で納付した。

＜税抜方式＞
(1) (借) 仕　　　　入　　 100,000　　(貸) 当 座 預 金　　 105,000
　　　　仮 払 消 費 税　　　 5,000

(2) （借）現　　　　　金　　157,500　　（貸）売　　　　　　上　　150,000
　　　　　　　　　　　　　　　　　　　　　　仮 受 消 費 税　　　 7,500
(3) （借）仮 受 消 費 税　　 7,500　　（貸）仮 払 消 費 税　　 5,000
　　　　　　　　　　　　　　　　　　　　　　未 払 消 費 税　　 2,500
(4) （借）未 払 消 費 税　　 2,500　　（貸）現　　　　　　金　　 2,500

＜税込方式＞
(1) （借）仕　　　　　入　　105,000　　（貸）当 座 預 金　　105,000
(2) （借）現　　　　　金　　157,500　　（貸）売　　　　　　上　　157,500
(3) （借）租 税 公 課　　 2,500　　（貸）未 払 消 費 税　　 2,500
(4) （借）未 払 消 費 税　　 2,500　　（貸）現　　　　　　金　　 2,500

〔例36〕のデータを使って損益計算書を考えてみる。税抜方式では，売上（高）¥150,000に対応する売上原価¥100,000とすると，売上総利益は¥50,000となる。これを税込方式に当てはめてみると，売上（高）¥157,500に対応する売上原価は¥105,000となり，売上総利益は¥52,500となる。このように，税抜方式と税込方式では，売上総利益に与える影響が異なる。ただし，税込方式では引き続き，販売費及び一般管理費として租税公課¥2,500を差し引くので，営業利益は¥50,000となり，営業利益ベースではどちらの方法でも利益額は同じになる。

〔例37〕　消費税の仮払分が¥8,000であり，仮受分が¥6,000であった場合の税抜方式と税込方式の決算時の仕訳を示しなさい。

＜税抜方式＞
　　（借）仮 受 消 費 税　　 6,000　　（貸）仮 払 消 費 税　　 8,000
　　　　　未 収 消 費 税　　 2,000

＜税込方式＞
　　（借）未 収 消 費 税　　 2,000　　（貸）雑　　　　　　益　　 2,000

3　その他の税金

(1)　固定資産税

　固定資産税は，土地，建物などの固定資産に課せられる税金（市町村税）であり，事業上の必要経費として処理することが認められている。毎年1月1日に会社が所有している固定資産の評価額を基準にして課せられる。税額が決定すると納税通知書が交付され，4月・7月・12月・翌年2月の4回に分けて納付することができる。

　固定資産税の処理には，納付にもとづいて処理する方法と納税義務の確定にもとづいて処理する方法がある。納付にもとづく方法では，納付時に費用である固定資産税勘定（または租税公課勘定）に借方記入する。なお，決算時までに納付していない部分については，その分を費用に計上し，同額を負債である未払税金勘定に貸方記入する。

＜納付時＞
　　　（借）固　定　資　産　税　　×××　　（貸）現　　　　　金　　×××
＜決算時＞
　　　（借）固　定　資　産　税　　×××　　（貸）未　払　税　金　　×××

　これに対して，納付義務の確定にもとづく方法では，納税通知書を受け取ったときに納税義務が確定するところから，まず全額を固定資産税勘定に借方記入するとともに，未払税金勘定に貸方記入する。そして，納付の事実にもとづいて，未払税金勘定を減少させていく。

＜納税通知書の受取時＞
　　　（借）固　定　資　産　税　　×××　　（貸）未　払　税　金　　×××
＜納付時＞
　　　（借）未　払　税　金　　×××　　（貸）現　　　　　金　　×××

　どちらの方法をとったとしても，決算後の各勘定の金額は同じになる。ただし，納税通知を受け，すぐに全額を一括で支払うこともある。

(2) 印紙税

印紙税は，領収書や契約書などの文書を作成した時や手形を振出した時に課せられる税金（国税）である。それぞれの金額に応じて収入印紙を貼ることが義務付けられており，消印をすることによって納付したことになる。しかし，簿記では，通常収入印紙を購入したときに，費用である印紙税勘定（または租税公課勘定）に借方記入される。

〔例38〕 収入印紙￥10,000と郵便切手￥5,000を購入し，代金は現金で支払った。

(借) 印　紙　税　　10,000　　(貸) 現　　　金　　15,000
　　　通　信　費　　 5,000

第10節　合　併　会　計

1　合併とその形態

合併とは，法律上別である2つ以上の会社が，合併契約により1つの会社に合同することをいう。一般的に合併会社は，被合併会社（消滅会社）の株主から財産を受け入れ，その対価として株式を発行することが多い。

合併には，吸収合併と新設合併の2つの形態がある。吸収合併とは，ある会社が他の会社を吸収する形態である。そこでは，存続会社であるA社が合併会社（取得企業）となり，消滅会社であるB社が被合併会社（被取得企業）となる。つまり，合併当事会社のうち，一方（A社）はそのまま存続し，他方（B社）が解散の上，存続会社（A社）に吸収される。

これに対して，新設合併とは，従来の会社がいずれも消滅して，新しい会社が設立される形態である。そこでは，新設される存続会社であるC社が合併会社となり，消滅会社であるA社とB社が被合併会社となる。つまり，合併当事会社の双方（A社とB社）が解散し，それと同時に新会社（C社）が設立される。

実務では，合併の形態としては吸収合併がほとんどであり，新設合併はまれであるといわれている。合併後に企業名が変更されることがよくあるが，これは吸収合併後に変更していることが多い。

合併の会計処理を理解するために，2003年に企業会計審議会から公表された「企業結合に係る会計基準の設定に関する意見書」と「企業結合に係る会計基準」（以下，「企業結合会計基準」）の基本的な考え方を確認する。なお，平成20年12月に新しく「企業結合に関する会計基準」が公表されている。平成22年4月1日以後実施される企業結合取引から，この基準は適用が開始される（主な改正点は章末を参考にすること）。

2 「企業結合に係る会計基準」の考え方

企業結合とは，ある企業または企業を構成する事業と他の企業または他の企業を構成する事業とが1つの報告単位に統合されることである。したがって，企業結合の形態は，合併のような企業と企業の統合だけでなく，吸収・新設分割や営業譲渡のような企業と事業の統合，さらに，共同出資による事業と事業の統合など様々である。言い換えれば，合併の会計処理は「企業結合会計基準」に準拠して行われることになる。

「企業結合会計基準」は，共同支配企業の形成や共通支配下の取引も含めて適用されるが，少数株主との取引など「連結財務諸表原則」に会計処理に関する定めのあるものについては，対象取引から除かれる。

共同支配企業とは，複数の独立した企業により共同で支配される企業であり，共同支配とは，複数の独立した企業が契約などに基づき，ある企業を共同で支配することである。また，共通支配下の取引とは，結合当事企業などのすべてが，企業結合の前後で同一の企業により最終的に支配され，かつ，その支配が一時的ではない場合の企業結合である。

また，「企業結合会計基準」は，合併や株式交換などの法的形式を問わず包括的に対象取引とし，これらを「取得」と「持分の結合」に識別して会計処理を行う。「取得」とは，ある企業が他の企業（被取得企業）または企業を構成する事業に対する支配を獲得して1つの報告単位となることをいう。これに対し，「持分の結合」とは，いずれの企業の株主（または持分保有者）も他の企業を支配したとは認められず，結合後企業のリスクや便益を引き続き相互に共有すること

を達成するため，それぞれの事業のすべてまたは事実上のすべてを統合して1つの報告単位となることをいう。

3 合併の会計処理

「企業結合会計基準」は，企業結合取引を「取得」と「持分の結合」に区分している。そこで，「取得」と判定された企業結合取引には，パーチェイス法が適用される。つまり，合併が「取得」として判定された場合の会計処理はパーチェイス法による。パーチェイス法とは，被合併会社から受入れる資産および負債の取得原価を，対価として交付する現金および株式などの時価（公正価値）とする方法である。この場合，合併会社の資産および負債は帳簿価額で合併後もそのまま引継がれるが，被合併会社の資産および負債は時価で評価されて合算される。その際，被合併会社（消滅会社）の合併以前の資本構成は考慮されない。また，新株を発行する場合の取得対価は，合併会社（取得企業）の株価に交付株式数を乗じて計算する。なお，増加すべき払込資本の内訳項目（資本金，資本準備金またはその他資本剰余金）は会社法の規定にもとづき決定する。

「企業結合会計基準」(三・(1)・①) では，取得原価の算定における基本原則として次のように規定している。

「被取得企業又は取得した事業の取得原価は，原則として，取引時点の取得の対価となる財の時価を算定し，それらを合算したものとする。支払対価が現金以外の資産の引渡し，負債の引受け又は株式の交付の場合には，支払対価となる財の時価を取得した純資産の時価のうちより高い信頼性をもって測定可能な時価で算定する。」

なお，「取得」と判定された企業結合に直接要した支出額のうち，取得の対価性が認められる特定の報酬や手数料などは取得原価に含め，それ以外の支出額は発生時の事業年度の費用として処理する。

また，パーチェイス法では，取得原価が取得した純資産を上回る場合には，当該超過額をのれんとして無形固定資産に計上し，20年以内のその効果の及ぶ期間にわたって，定額法その他の合理的な方法により規則的に償却（月割償却）

する。ただし，当該金額に重要性が乏しいときには一括して当期の費用として処理することができる。

また，取得原価が取得した純資産を下回る場合には，当該不足額を負ののれんとして固定負債に計上し，20年以内の取得の実態に基づいた適切な期間で規則的に償却（月割償却）する。ただし，当該金額に重要性が乏しいときには一括して当期の利益として処理することができる。

のれんの発生原因には，超過収益力の形成要因をいくつか挙げるとすると次のようなものがある。

(1) 商品や商標が一般的に知られており，販売活動に貢献していること。
(2) 立地条件のよい営業所や広範囲の販売網を持っていること。
(3) 他企業の持っていない利点や競争力を有していること。

これに対して，「企業結合会計基準」では，「持分の結合」と判定された企業結合取引には，持分プーリング法が適用される。つまり，合併が「持分の結合」として判定された場合の会計処理は持分プーリング法による。持分プーリング法とは，すべての結合当事企業の資産，負債および純資産（資本）を，それぞれの適切な帳簿価額で引き継ぐ方法である。この場合，合併直前の被合併会社の資産，負債および純資産を帳簿価額で引き継ぐだけでなく，資本構成についても帳簿価額のまま引き継ぐことになる。

また，持分プーリング法では帳簿価額をそのまま引き継ぐことになるので，パーチェイス法のように，合併処理に際して，差額が生じることはない。したがって，のれんの認識は行われない。

〔例39〕 新橋株式会社は，期首に以下のような財政状態にある目黒株式会社を合併し，150株（1株あたりの時価¥600）を交付した。合併にあたっては，1株につき¥600を資本金に組み入れる。なお，諸資産を時価に基づいて評価したところ，時価は¥140,000であることがわかった。なお，諸負債については，時価¥60,000であった。パーチェイス法と持分プーリング法による合併仕訳を示しなさい。

目黒株式会社　　　　**貸　借　対　照　表**　　　　（単位：円）

諸　資　産	130,000	諸　　負　　債	50,000
		資　　本　　金	60,000
		資　本　準　備　金	8,000
		利　益　準　備　金	6,000
		任　意　積　立　金	4,000
		繰越利益剰余金	2,000
	130,000		130,000

＜パーチェイス法＞

（借）諸　資　産　　140,000　　（貸）諸　負　債　　60,000
　　　の　れ　ん　　 10,000　　　　 資　本　金　　90,000

＜持分プーリング法＞

（借）諸　資　産　　130,000　　（貸）諸　負　債　　50,000
　　　　　　　　　　　　　　　　　　 資　本　金　　60,000
　　　　　　　　　　　　　　　　　　 資本準備金　　 8,000
　　　　　　　　　　　　　　　　　　 利益準備金　　 6,000
　　　　　　　　　　　　　　　　　　 任意積立金　　 4,000
　　　　　　　　　　　　　　　　　　 繰越利益剰余金　2,000

〔例40〕　新橋株式会社は，合併後１回目の決算を迎え，上記〔例39〕パーチェイス法によるのれんを償却した。なお，償却年数は10年とする。

（借）のれん償却　　 1,000　　（貸）の　れ　ん　　 1,000

4　事業譲受の会計処理

　他の企業の事業部門の一部または全部について現金等を支払って譲り受けることを事業譲受という。事業譲受では，事業資産や事業負債の譲受けに際して，対価が現金預金であることが一般的である。したがって，「企業結合会計基準」によると「取得」と判定されるので，譲受企業の会計処理は，パーチェイス法による。

　その際には，譲り受ける資産および負債をそれぞれ時価で計上し，支払対価

（現金預金など）を計上する。なお，合併と同様に「取得」と判定された事業譲受に直接要した支出額のうち，取得の対価性が認められる特定の報酬や手数料などは取得原価に含め，それ以外の支出額は発生時の事業年度の費用として処理する。また，譲り受ける資産と負債の純額と現金等の支払対価との差額をのれん勘定に借方記入する。

平成20年12月に公表された（適用開始は平成22年4月以降）「企業結合に関する会計基準」の主な変更点は以下の通りである。

① 持分プーリング法とパーチェイス法による処理が現在認められているが，改正後は共同支配企業形成以外の企業結合は「取得」となるものとしてパーチェイス法により処理が行われる。この結果，持分プーリング法は廃止されることになった。

② のれんの償却処理については特に変更はない。負ののれんは現在規則的な償却を行うこととされているが，改正後はすべての識別可能資産及び負債の把握とそれらに対する取得原価の配分の見直しを行っても負ののれんが生じる場合には，その金額を当該事業年度の特別利益として処理することになった。

このような改正点はあるが，「取得」と「持分の結合」という考え方は新しい会計基準にも踏襲されている。

【研究問題】
1　株式会社制度の利点について述べよ。
2　法定準備金（資本準備金・利益準備金）の役割について述べよ。
3　社債を割引発行する理由について述べよ。
4　株主資本等変動計算書の目的について述べよ。
5　従来の資本の部が新しく純資産の部に変更された理由について述べよ。

第18章　支店会計および連結会計

第1節　本支店会計

1　本支店間の会計組織

　現代の大企業にあっては，全国各地に支店，出張所あるいは代理店を拡大して自己の商品の販売にあたるケースが多くみられる。したがって，資本の有効利用のために支店の経営を管理する会計資料を必要とする。

　支店の用いる会計制度は，主としてその営業権限と関係をもつことにより決まるのである。支店が在庫商品を保管せず，得意先よりの注文を得てこれを本店に取り次ぐときは，たんなる販売代理店として機能するにすぎず，その会計記録はきわめて簡単となる。これを**代理会計制**（The simples sales agency plan）という。すなわちこれは支店が独立の会計単位として認められていないので，完全な会計記録を必要とせず，本店は，支店の日常の経費のみを賄うだけの資金を送付し，これを小口現金と同様に処理すればよい。一方，支店は補助簿に小口現金の出納記録を行い，これを定期に本店に報告すればよい。したがって通常は商品や設備等についての何らの仕訳記帳も必要とせず，たんに小口現金の記録や伝票および貸倒見積等の備忘記録を行うにすぎない。本店は，支店が行う日常の取引について毎日または定期に報告をさせ，これに基づいて仕訳記帳を行うだけで，いわゆる本支店会計の問題は生じないのである。

　これに対し，自から商品を保管し，独立した企業単位として売買行為を行うときは完全な会計記録を必要とする。これを**支店独立会計制**（The independent branch unit plan）という。すなわち，この制度をとるとき，支店において独立の帳簿組織を有し，すべての取引について支店自から記帳を行う。支店は一個の会計単位として本店から完全に独立した会計を行い，決算に際しても，支店のみの損益計算書および貸借対照表を作成する。

この二つを折衷する場合がある。たとえば，チェーン・ストアを有する企業（Chain enterprises）の場合は，会計記録は原則として中央集中制をとりながら，部分的には会計記録を，書込式営業日（週）報によって本店に報告させ，これに従って本店が仕訳する制度である。これを**支店半独立会計制**（The semi-independent branch unit plan）という。それは支店において，たんに日常の取引のみを記帳し，固定資産，長期借入金など日常の取引に関係のない取引は本店において記帳を行い，支店は日常の取引の範囲内においてのみ，独立の帳簿組織を有するにすぎない。したがって決算に際しては，支店はたんにその事業年度の取引の各勘定別総額あるいは商品在庫などを本店に報告するだけで，支店において決算を行うことはないのである。

2 本支店間の取引記帳方法

支店の会計が本店の会計から完全に独立している場合には，本支店間の取引を処理するために，本店では支店勘定を，また支店では本店勘定を設けてそれぞれ貸となる取引を借方へ，借となる取引を貸方へ記入する。

すなわち，まず初めに支店が開設されたとき，本店では支店に属する財産を本店の勘定から除外するとともにその分を支店勘定の借方に記入する。また支店では自己に属する財産をそれぞれの勘定の借方に記入するとともに，その分を本店勘定の貸方に記入する。ゆえにこの記入によって支店の開始記入が完成するから，その後の外部との営業取引については，普通の記入を行い，本支店間の取引についてはこれを内部的な貸借関係とみて，それぞれ本店勘定または支店勘定に記入する。

つぎに決算に際して，支店における決算手続の結果，その純損益が確定したときにはこれを本店勘定に振り替え，本店では，この支店の純損益を集合損益勘定に振り替える。

支店の数が多い場合には，本店における支店勘定は一種の統括勘定として全支店との取引を総括的に処理し，各支店との取引の内訳計算は別に支店勘定元帳を設けて処理する。以下，例示をもって説明しよう。

〔例1〕
(1) 大阪支店を開設し，本店より小切手￥500,000を送金する。
(2) 大阪支店に原価￥450,000の商品を積送する。
(3) 支店は，商品￥650,000を掛売する。
(4) 〃 ，売掛代金￥300,000を回収し当座預金とする。
(5) 〃 ，営業雑費￥150,000を小切手で支払う。
(6) 〃 ，京都商事より商品￥50,000を掛買する。
(7) 〃 ，買掛代金の一部￥30,000を小切手で支払う。
(8) 〃 ，本店へ小切手￥50,000を送金する。

本　店　の　仕　訳	支　店　の　仕　訳
(1) 大阪支店 500,000　当座預金 500,000	(1) 当座預金 500,000　本　　店 500,000
(2) 大阪支店 450,000　仕　　入 450,000	(2) 仕　　入 450,000　本　　店 450,000
	(3) 売 掛 金 650,000　売　　上 650,000
	(4) 当座預金 300,000　売 掛 金 300,000
	(5) 雑　　費 150,000　当座預金 150,000
	(6) 仕　　入 50,000　買 掛 金 50,000
	(7) 買 掛 金 30,000　当座預金 30,000
(8) 当座預金 50,000　大阪支店 50,000	(8) 本　　店 50,000　当座預金 50,000

支店における元帳の締切手続は，とくに異なるものではない。

(9) 支店の期末棚卸高　￥50,000

　　（借）売　上　原　価　　450,000　　（貸）仕　　　　　入　　500,000
　　　　　棚　卸　商　品　　 50,000

(10) 収益勘定の締切

　　（借）売　　　　　上　　650,000　　（貸）損　　　　　益　　650,000

(11) 費用勘定の締切

　　（借）損　　　　　益　　600,000　　（貸）売　上　原　価　　450,000
　　　　　　　　　　　　　　　　　　　　　　　雑　　　　　費　　150,000

(12) 純利益を本店勘定へ振替

　　（借）損　　　　　益　　 50,000　　（貸）本　　　　　店　　 50,000

本店ではこの通知をまって，つぎの仕訳を行う。

　（借）大 阪 支 店　　50,000　　（貸）損　　　　益　　50,000

よって本店勘定および支店勘定を示せばつぎのごとくである。その残高は貸借反対に現れ，金額は一致することが判明する。

(借)	大阪支店勘定	(貸)		(借)	本店勘定	(貸)
(1)	500,000	(8)	50,000	(8)	50,000	(1)	500,000
(2)	450,000					(2)	450,000
(12)	50,000					(12)	50,000

〔例 2〕

① 東京商事株式会社は大阪に支店を開設して独立会計制を実施することにした。支店に引き継ぐ財産はつぎのとおりである。

　現　　　　金　¥ 400,000　　備　　　　品　¥ 360,000
　受 取 手 形　　 370,000　　建　　　　物　 1,000,000
　商　　　　品　 2,200,000　　支 払 手 形　　 430,000

（本　店）
　（借）支 払 手 形　 430,000　　（貸）現　　　　金　 400,000
　　　　支　　　店　3,900,000　　　　受 取 手 形　 370,000
　　　　　　　　　　　　　　　　　　　商　　　　品　2,200,000
　　　　　　　　　　　　　　　　　　　備　　　　品　 360,000
　　　　　　　　　　　　　　　　　　　建　　　　物　1,000,000

（支　店）
　（借）現　　　　金　 400,000　　（貸）支 払 手 形　 430,000
　　　　受 取 手 形　 370,000　　　　本　　　　店　3,900,000
　　　　商　　　　品　2,200,000
　　　　備　　　　品　 360,000
　　　　建　　　　物　1,000,000

② 東京商事株式会社は大阪支店に対し，商品￥500,000を引き渡す。
(本　店)
　(借) 支　　　　店　　500,000　　(貸) 仕　　　　入　　500,000
(支　店)
　(借) 仕　　　　入　　500,000　　(貸) 本　　　　店　　500,000

③ 大阪支店は決算の結果当期純利益￥250,000を算出し，本店に報告した。
(本　店)
　(借) 支　　　　店　　250,000　　(貸) 損　　　　益　　250,000
(支　店)
　(借) 損　　　　益　　250,000　　(貸) 本　　　　店　　250,000

3　支店相互間の取引記帳方法

　支店が二つ以上ある場合，各支店はたんに本店と取引するだけでなく，支店相互間においても取引する。この支店相互間の取引の処理法には**分散制**と**集中制**とがある。

　前者の分散制は直接付替法ともいわれ，支店相互間の取引によって生ずる債権・債務を各支店間の直接の貸借として処理する。たとえば名古屋支店が取引の結果，大阪支店に債権が生ずれば，名古屋支店では大阪支店勘定の借方に直接記入し，また大阪支店では名古屋支店勘定貸方に記入する。

〔例3〕　名古屋支店は大阪支店に商品￥450,000を積送した。
(名古屋支店)
　(借) 大　阪　支　店　　450,000　　(貸) 売　　　　上　　450,000
　　　　　　　　　　　　　　　　　　　　　　　(または仕入)
(大阪支店)
　(借) 仕　　　　入　　450,000　　(貸) 名　古　屋　支　店　　450,000

　この方法は支店数の少ない場合は決済が迅速に行われて便利であるが，支店数の多い場合は，本店で各地の支店間にどのような取引を行われたかを知ることが困難で，支店の監督統制や資金操作に不便である。このため支店数の多い

企業では一般には後者の集中制が用いられる。この集中制には，(a)**本店集中制**と，(b)**本部集中制**とがある。

(a) 本店集中制

　支店相互間の取引によって生ずる貸借を本店との貸借と擬制して記帳する方法である。すなわち支店相互間の取引は各支店で直接行うけれども，これによって生ずる貸借は支店間の貸借とせず，各支店はそれぞれ本店に対する貸借する。事務量の増加という欠点があるけれども，本店では両支店間の取引を本店の帳簿の上で知ることができるから支店取引の管理統制を行う上で好都合である。

〔例4〕　前例をこの方法によって仕訳すれば，つぎのとおりである。

　（名古屋支店）
　　（借）本　　　店　　450,000　　（貸）売　　　　上　　450,000
　　　　　　　　　　　　　　　　　　　　（または仕入）
　（大阪支店）
　　（借）仕　　　入　　450,000　　（貸）本　　　店　　450,000
　（本　店）
　　（借）大　阪　支　店　450,000　　（貸）名　古　屋　支　店　450,000

　この場合，本店の仕訳は，関係支店間の貸借振替仕訳であって，借方は債務の生じた支店名を，貸方には債権の生じた支店名を記入する。

〔例5〕　名古屋支店は大阪支店の買掛金￥250,000を立替払した。

　（名古屋支店）
　　（借）本　　　店　　250,000　　（貸）現　　　金　　250,000
　（大阪支店）
　　（借）買　　掛　　金　　250,000　　（貸）本　　　店　　250,000
　（本　店）
　　（借）大　阪　支　店　250,000　　（貸）名　古　屋　支　店　250,000

(b) 本部集中制

　本店営業部から独立した本部または経理部を設け，支店相互間の取引および

本支店間の取引のすべてを，本部に対する取引とみなして集中整理する方法である。これは多数の支店を有する銀行で利用されている。この場合，本店営業部も支店と同様に営業店として本部に対する一会計単位として取り扱われる。この方法では本店営業部を含めた各支店は相手店に対する債権を本部勘定の借方に，その債務を貸方に記入する。本部における仕訳記帳は本店集中制の場合と同様に，いずれも各営業店間の貸借の振替である。

〔例6〕 名古屋支店は大阪支店に現金￥50,000を送金した。
（名古屋支店）
　（借）本　部　勘　定　　50,000　　（貸）現　　　　　　金　　50,000
（大阪支店）
　（借）現　　　　　　金　　50,000　　（貸）本　部　勘　定　　50,000
（本　部）
　（借）大　阪　支　店　　50,000　　（貸）名　古　屋　支　店　50,000

集中制における本店または本部への取引通知法に，**単通知法**と**複通知法**とがある。

単通知法は仕向店（取引の仕かけ方）あるいは被仕向店（取引の仕かけられた方）のいずれか一方から本店（あるいは本部）に通知する方法である。複通知法は仕向店と被仕向店の双方から本店（または本部）へ通知する方法である。

4　本支店財務諸表の合併

(1)　本支店貸借対照表の合併

支店が独立会計を有する場合に，本支店は決算期にはそれぞれ別個に貸借対照表を作成する。しかしながら企業外部に報告する貸借対照表としては，両者の本支店合併貸借対照表が必要である。

合併貸借対照表を作成する手続としてはつぎの2点が問題となる。すなわち，(a)未達勘定の整理，(b)内部利益の除去である。

(a)　未達勘定の整理

本店貸借対照表の支店勘定残高と支店貸借対照表の本店勘定残高とは原則と

して貸借正反対に一致するはずであり，本支店の各勘定科目の合計に際しては本店勘定残高と支店勘定残高とは相殺されて消滅する。しかしながら実際上は，決算期直前における本支店間取引において送付された現金，商品等が相手方に未着であり，そのため一方においてはすでに記帳されているにもかかわらず他方ではいまだ記帳されていない取引もあり，本店勘定残高と支店勘定残高とが一致することが少ない。この場合の不一致を処理するために未達勘定を設け，つぎのように整理する。

（ⅰ）未達取引の内容が不明のときは，本店勘定と支店勘定の差額を一時未達勘定に振り替えて両勘定を一致させる。

（ⅱ）未達取引の内容がわかっているときは，これが完了したものとして整理し，本店勘定と支店勘定を一致させる。支店は，決算日までに本店，他支店から発送された取引で決算日後に到着したものは，記帳すると同時にこれを本店へ通知する。本店では，合併計算書を作るときまでにこの通知が到着すれば，これに基づいて合併計算書で修正を行うことができる。財務諸表規則ガイドラインにおいて，未達勘定の財務諸表への表示法につき，「未達勘定はその内容を明らかにする科目をもって整理するものとする」と規定している。

〔例7〕 支店勘定は借方残高¥55,000，本店勘定は貸方残高¥53,000である。本支店間の未達取引はつぎのごとくであることが判明した。

(1) 支店より本店へ送付された現金　¥ 800
(2) 本店より支店へ送付された商品　¥1,200

（本　店）
　（借）未 達 現 金　　　800　（貸）支　　　　店　　　800
（支　店）
　（借）未 達 商 品　 1,200　（貸）本　　　　店　 1,200

この修正仕訳により支店勘定残高と本店勘定残高とは一致し消去することが可能となる。

(借)	支　店　勘　定	(貸)	(借)	本　店　勘　定	(貸)
55,000		800			53,000
					1,200
54,200＞				＜	54,200

(b)　内部利益の除去

　本支店間の売買取引につき，各事業所の独自の成績をはっきりさせる，いわゆる独立採算制のために取得原価に利益を加算した価額で取引が行われる場合がある。この場合には，期末棚卸品のうち本支店間取引にかかわる分の棚卸価額には当然未実現利益が含まれているから，本店では，合併損益計算書・貸借対照表作成にあたり，この棚卸価額を取得原価に訂正するとともに，企業全体としての売上利益をそれだけ減少させなければならない。これを内部利益の除去という。なおここで注意しなければならないのは，内部利益とは，企業内部の独立した会計単位相互間の内部取引から生ずるものをいい，会計単位内部における原材料，半製品等の振替から生ずる振替損益は内部利益ではない。内部利益の除去にはつぎのような方法がある。

(第一法)　合併決算表の合計欄で除去する方法

　合併貸借対照表では，繰越商品と純利益から内部利益の金額を控除し，合併損益計算書では販売益と純利益をそれだけ減らす。

(第二法)　引当金勘定を用いる方法

　つぎの仕訳により繰越商品勘定から差し引く代わりに，繰越商品含み益引当金勘定貸方に記入し，商品売買益勘定から差し引く代わりに，繰越商品含み益引当損勘定借方に記入する。

　　(借) 繰越商品含み益引当損　　×××　　(貸) 繰越商品含み益引当金　　×××
　　　　　(または損益)

(2)　本支店損益計算書の合併

　支店が独立会計を有するとき，合併貸借対照表の作成と同様に本支店の損益計算書を合併した本支店合併損益計算書の作成が必要である。合併損益計算書の作成にあたっては，前に述べた内部利益控除が問題となる。この内部利益の

除去は，本支店等の合併損益計算書において売上高から内部売上高を控除し，仕入高（または売上原価）から内部仕入高（または内部売上原価）を控除するとともに，期末たな卸高から内部利益の分を控除する方法による。これらの控除に際しては，合理的な見積概算額によることも差支えない（企業会計原則注解11参照）としている。

〔例8〕 つぎの資料により，本支店合併貸借対照表・損益計算書を作成しなさい。

(1) 本支店残高試算表

本支店残高試算表

借　　　方	本　　店	支　　店	貸　　　方	本　　店	支　　店
現　金　預　金	800,000	200,000	支　払　手　形	1,000,000	
受　取　手　形	1,350,000	200,000	買　　掛　　金	550,000	130,000
売　　掛　　金	900,000	600,000	建物減価償却累計額	450,000	200,000
繰　越　商　品	2,500,000	1,200,000	備品減価償却累計額	120,000	60,000
建　　　　　物	1,000,000	500,000	資　　本　　金	5,300,000	
備　　　　　品	200,000	150,000	利　益　準　備　金	200,000	
支　　　　　店	1,990,000		繰越利益剰余金	70,000	
仕　　　　　入	11,500,000	5,880,000	本　　　　　店		1,610,000
販　　売　　費	550,000	550,000	売　　　　　上	13,400,000	7,500,000
一　般　管　理　費	380,000	220,000	繰越商品含み益	80,000	
			引　当　金		
	21,170,000	9,500,000		21,170,000	9,500,000

(2) 決算整理事項

　(ア) 商品棚卸高　本　店　¥2,600,000
　　　　　　　　　支　店　¥1,050,000（うち¥770,000は本店仕入分である）

　(イ) 売上債権に4％の貸倒引当金を設ける。

　(ウ) 本支店とも建物に8％，備品に4％の定率法による減価償却を行う。

　(エ) 販売費につき本店は¥30,000，支店は¥20,000の未払がある。

(3) 期末に本支店間で未達であった取引

　(ア) 本店発送の商品¥220,000が支店に未達

(イ) 支店送金¥150,000が本店に未達
(ウ) 本店で支払った支店火災保険料¥10,000の通知が支店に未達
(4) 本店から支店への売上商品には原価に10%の振替利益を加算した。
(5) 支店の仕入高には，本店よりの仕入高¥4,180,000，本店の売上高には支店への売上高¥4,400,000が含まれている。

1 本店決算整理後残高試算表

(a) 本店決算整理

(ア) (借) 仕　　　　入　2,500,000　 (貸) 繰　越　商　品　2,500,000
　　　　繰　越　商　品　2,600,000　　　　仕　　　　入　2,600,000

(イ) (借) 貸倒引当損　　90,000　 (貸) 貸倒引当金　　90,000
　　　(1,350,000＋900,000)×0.04＝90,000

(ウ) (借) 減価償却費　　47,200　 (貸) 建物減価償却累計額　44,000
　　　　　　　　　　　　　　　　　　備品減価償却累計額　 3,200
　　　建　物　(1,000,000－450,000)×0.08＝44,000
　　　備　品　(200,000－120,000)×0.04＝3,200

(エ) (借) 販　売　費　　30,000　 (貸) 未　払　金　　30,000

本店決算整理後残高試算表

現　金　預　金	800,000	支　払　手　形	1,000,000
受　取　手　形	1,350,000	買　　掛　　金	550,000
売　　掛　　金	900,000	未　　払　　金	30,000
繰　越　商　品	2,600,000	貸　倒　引　当　金	90,000
建　　　　　物	1,000,000	建物減価償却累計額	494,000
備　　　　　品	200,000	備品減価償却累計額	123,200
支　　　　　店	1,990,000	繰越商品含み益引当金	80,000
仕　　　　　入	11,400,000	資　　本　　金	5,300,000
販　　売　　費	580,000	利　益　準　備　金	200,000
一　般　管　理　費	380,000	繰　越　利　益　剰　余　金	70,000
貸　倒　引　当　損	90,000	売　　　　　上	13,400,000
減　価　償　却　費	47,200		
	21,337,200		21,337,200

2 支店決算整理後残高試算表

(a) 支店決算整理

(ア)(借) 仕　　　　入　1,200,000　(貸) 繰 越 商 品　1,200,000
　　　　繰 越 商 品　1,050,000　　　 仕　　　　入　1,050,000

(イ)(借) 貸 倒 引 当 損　32,000　(貸) 貸 倒 引 当 金　32,000
　　(200,000＋600,000)×0.04＝32,000

(ウ)(借) 減 価 償 却 費　27,600　(貸) 建物減価償却累計額　24,000
　　　　　　　　　　　　　　　　　　　　備品減価償却累計額　3,600
　　建　　物　(500,000－200,000)×0.08＝24,000
　　備　　品　(150,000－60,000)×0.04＝3,600

(エ)(借) 販　　売　　費　20,000　(貸) 未　　払　　金　20,000

支店決算整理後残高試算表

現 金 預 金	200,000	買　　掛　　金	130,000
受 取 手 形	200,000	未　　払　　金	20,000
売　　掛　　金	600,000	貸 倒 引 当 金	32,000
繰 越 商 品	1,050,000	建物減価償却累計額	224,000
建　　　　物	500,000	備品減価償却累計額	63,600
備　　　　品	150,000	本　　　　店	1,610,000
仕　　　　入	6,030,000	売　　　　上	7,500,000
販　　売　　費	570,000		
一 般 管 理 費	220,000		
貸 倒 引 当 損	32,000		
減 価 償 却 費	27,600		
	9,579,600		9,579,600

3 未達事項の整理等

(a) 未達事項の仕訳

(ア)(借) 仕　　入　220,000　(貸) 本　　店　220,000 …支店の仕訳
(イ)(借) 現　　金　150,000　(貸) 支　　店　150,000 …本店の仕訳
(ウ)(借) 一般管理費　10,000　(貸) 本　　店　10,000 …支店の仕訳

(b) 内部取引にかかる仕訳

(ア) (借) 繰越商品含み益引当金　80,000　　(貸) 繰越商品含み益引当金戻入　80,000

　　(借) 繰越商品含み益引当損　90,000　　(貸) 繰越商品含み益引当金　90,000

$$（支店手許有高770,000＋未達分220,000）\times \frac{0.1}{1.1}=90,000$$

(イ) (借) 売　　上　4,400,000　　(貸) 仕　　入　4,400,000
　　　　（本　　店）　　　　　　　　　　（支　　店）

　　内部仕入高, 売上高は相殺する。

(ウ) (借) 支　　店　1,840,000　　(貸) 本　　店　1,840,000

　　本店a/cと支店a/cは照合a/cのため, 目的達成後は相殺する。

つぎに合併貸借対照表と合併損益計算書を示そう。

合併貸借対照表

資産	本店	支店	修正 +	修正 −	合併	負債・資本	本店	支店	修正 +	修正 −	合併
現金預金	800,000	200,000			1,150,000	支払手形	1,000,000	—			1,000,000
受取手形	1,350,000	200,000			1,550,000	買掛金	550,000	130,000			680,000
売掛金	900,000	600,000			1,500,000	未払金	30,000	20,000			50,000
繰越商品	2,600,000	1,050,000	220,000		3,870,000	建物減価償却累計額	494,000	224,000			718,000
建物	1,000,000	500,000			1,500,000	備品減価償却累計額	123,200	63,600			186,800
備品	200,000	150,000			350,000	貸倒引当金	90,000	32,000			122,000
支店	1,990,000	—		150,000 1,840,000		本店	—	1,610,000	10,000 220,000 90,000	1,840,000 80,000	
						繰越商品含み益					
						引当金	80,000	—			90,000
						資本金	5,300,000	—			5,300,000
						利益準備金	200,000	—			200,000
						繰越利益剰余金	70,000	—			70,000
						当期純利益	902,800	620,400	80,000	10,000 90,000	1,503,200
	8,840,000	2,700,000	370,000	1,990,000	9,920,000		8,840,000	2,700,000	400,000	2,020,000	9,920,000

※ 繰越利益剰余金の期末残高は,￥1,573,200である。これは￥70,000と当期純利益￥1,503,200の合計額である。

合併損益計算書

費 用	本 店	支 店	修正 +	修正 −	合 併	収 益	本 店	支 店	修正 +	修正 −	合 併
仕　　入	11,400,000	6,030,000	220,000	220,000 4,400,000	13,030,000	売　　上	13,400,000	7,500,000		4,400,000	16,500,000
販　売　費	580,000	570,000			1,150,000	繰越商品合み戻入			80,000		80,000
一般管理費	380,000	220,000	10,000		610,000	引当金戻入					
貸倒引当損	90,000	32,000			122,000						
減価償却費	47,200	27,600			74,800						
繰越商品合み損			90,000	90,000 10,000	90,000						
引			80,000								
純　利　益	902,800	620,400	400,000	4,720,000	1,503,200						
	13,400,000	7,500,000			16,580,000		13,400,000	7,500,000	80,000	4,400,000	16,580,000

第2節　連結会計

1　連結財務諸表 (Consolidated financial statements)

　連結財務諸表は，すでにアメリカ，イギリス，ドイツなどにおいて証券取引法，会社法，株式法などの各法令に基づいて作成されている。わが国でも，昭和52年4月1日以降の事業年度から，連結財務諸表が証券取引法に基づく有価証券報告書および同届出書の添付書類として作成されることになり，個別財務諸表に対する副次的情報として公表されていた。しかし近年，多角化・国際化した企業に対する投資判断を的確に行ううえで，企業集団にかかわる情報が重要となり，投資意思決定情報として連結情報に対するニーズが高まってきた。こうした状況のもとで連結財務諸表の位置づけを見直すことが必要とされ，連結財務諸表原則を改訂し，従来とは逆に，連結財務諸表を中心的な財務諸表と位置づけ，平成11年4月からは本格的にこれを実施し適用されるに至っている。なお，平成20年12月に新しく「連結財務諸表に関する会計基準」が公表されている。平成22年4月1日以後開始する連結会計年度の期首から，この基準は適用が開始される（主な改正点は章末を参考にすること）。

　連結財務諸表は，支配従属関係のもとに一つの企業集団を構成している各会社の個別財務諸表を一定の基準に従って結合し，これを総括した財務諸表であって，連結財務諸表を作成する基準は，従来は議決権のある株式の過半数を所有している企業を連結の範囲としていたが，改訂後は，他の企業の議決権のある株式の過半数を所有しているか，株式の所有が過半数に満たない場合でも資金提供，役員派遣，取引関係などにより他の企業を実質的に支配していれば，当該企業も連結の対象となる。その体系としては，連結貸借対照表，連結損益計算書，連結株主資本等変動計算書，連結キャッシュ・フロー計算書および連結附属明細表等の財務諸表からなっている。法律的には独立している複数の会社が，経済的には単一の経営組織体を形成しているとみなされる場合，この会社群を一つの会計単位として作成されるのが連結財務諸表なのである。

2　連結財務諸表の作成原則・基準

　連結財務諸表の作成に関する一般原則としては、つぎの四つの原則を定めている。①真実性の原則、②基準性の原則、③明瞭性の原則、④継続性の原則である。なお、上記の真実性の原則や明瞭性の原則に対しては、重要性の原則が認められているので、この重要性の原則も連結財務諸表の作成に関する一般原則として位置づけることができる。

　つぎに連結財務諸表の作成に関する一般基準としては、①連結の範囲、②連結決算日、③親会社および子会社の会計処理の原則および手続に関する各基準がまとめられている。ここでいう一般基準とは、連結財務諸表を作成するにあたってあらかじめ決めておくべき基本的な前提事項に関する基準を意味している。

3　連結貸借対照表の作成

　連結貸借対照表を作成する基本原則としては、親会社および子会社の個別貸借対照表における資産・負債および資本の金額を基礎とし、親会社の子会社に対する投資勘定と子会社の親会社持分資本を相殺消去し、さらに親会社と子会社間の債権と債務を相殺消去して作成する。

　連結貸借対照表は個別貸借対照表に基づいて作成されることになるため、連結にあたっては、まず各個別貸借対照表が適正に作成されたものであるか否かを確かめる必要がある。また親会社の子会社に対する投資勘定とこれに対応する子会社の資本勘定との相殺消去は、株式等の取得日を基準とし、取得日ごとに段階的に行うのが原則である。ただし、取得日基準による場合と連結計算の結果が著しく相異しないと認められる場合には、支配獲得日を基準として一括的に相殺消去を行うこともできる。前者が**段階法**であり、後者が**一括法**である。なお親会社の子会社に対する投資勘定とこれに対応する子会社の資本勘定とを相殺消去するにあたり、親会社の投資勘定と当該子会社の資本勘定に占める親会社の持分額との間に差額が生じた場合には、当該差額は「のれん」（連結調整

勘定）として表示する。**のれん**とは，親会社の子会社に対する投資額と株式取得時または支配獲得時の子会社資本額に占める親会社持分額との差額を示す勘定であり，借方のれん（正ののれん）は，連結貸借対照表上固定資産のうち無形固定資産の区分に，貸方のれん（負ののれん）は，固定負債の区分に独立表示される。なおこののれんは，連結決算において毎期均等額以上を償却しなければならない。

つぎに，子会社の資本勘定のうち親会社の持分に属しない部分は，少数株主持分として処理され，**外部者持分**とよばれることもある。これは①株式取得日後に生じた子会社剰余金に対する少数株主持分と②株式の取得日現在における子会社資本に対する少数株主持分とに分けられる。

すなわち，株式取得の日後に生じた子会社の剰余金は株式の持分比率により親会社に属する分と少数株主に属する分とに分割し，前者は**連結剰余金**として処理し，後者は**少数株主持分**として処理するものとされる。

連結貸借対照表における表示方法は，「基準性の原則」に従って個別財務諸表と基本的には同じであるが，特有の問題を列挙すると，つぎのとおりである。

(ア) 少数株主持分は，純資産の部に記載する。
(イ) のれんは，資産または負債の部に記載される。
(ウ) 非連結子会社または関連会社に対する債権・債務または投資勘定は，他の債権・債務などと区別して表示するか，または注記する。
(エ) 自己株式または子会社が所有する親会社の株式は，資本の部から控除する形式でもって表示する。

4　連結損益計算書の作成

連結損益計算書を作成する基本原則としては，親会社および子会社の個別損益計算書における収益・費用等の金額を基礎とし，連結会社相互間の取引高およびこれにともなう未実現損益を消去して作成する。親会社と子会社との間および子会社相互間における商品の売買その他の取引にかかる項目は，連結決算上消去しなければならない。ここで商品の売買についての消去とは，企業集団

内部の取引たる連結会社相互間の取引にかかる売上高と仕入高の相殺消去にほかならない。連結損益計算書は，そこに記載される売上高と仕入高から連結会社相互間の取引にかかるものを排除して，はじめて企業集団としての営業活動の実態を明らかにできるものとなるのである。また，その他の取引についての消去とは，商品の売買以外の損益取引および利益配当に関する相殺消去を意味し，たとえば，連結会社相互間の配当金，地代・家賃，利息・割引料，手数料などの授受にともなって生ずる収益項目と費用項目の相殺消去をあげることができる。

また，連結会社相互間の取引によって取得した棚卸資産，固定資産その他の資産に含まれる未実現損益は消去しなければならない。すなわち，連結会社相互間で商品等の棚卸資産や固定資産の売買取引が行われ，その取引に際して損益が発生している場合，連結会社相互間取引そのものは相殺消去されるが，さらにその損益も，企業集団内部の取引から生じた未実現損益であるとして，消去されなければならないのである。

なお連結損益計算書における表示方法も個別損益計算書の場合と基本的に異ならないが，純損益計算の区分においては，経常損益計算の結果を受け，特別利益および特別損失を記載して税金等の調整前当期純利益を表示し，これに法人税等と少数株主損益を加減して当期純利益を表示しなければならない。その際，科目の分類は，表示上，重要性の原則によって要約することも認められている。

5　連結株主資本等変動計算書の作成

連結株主資本等変動計算書の表示方法は，個別の株主資本等変動計算書の表示方法と基本的には同じである。ただし，連結貸借対照表の純資産の部には，評価・換算差額等として為替換算調整勘定が追加され，また，株主資本，評価・換算差額等，新株予約権に続いて少数株主持分が追加されているので，これらの項目についても，連結株主資本等変動計算書では，その変動事由を報告しなければならない。連結固有の事項は，以下のようなものがある。

① 連結貸借対照表と同様に，資本準備金とその他の資本剰余金は，資本剰余金としてまとめて表示する。
② 連結貸借対照表と同様に，利益準備金，任意積立金および繰越利益剰余金は，利益剰余金としてまとめて表示する。
③ 為替換算調整勘定は，連結範囲の変動にともなう当該勘定の増減，純資産の部に直接計上された当該勘定の増減，および在外連結子会社等の株式の売却による増減を表示する。
④ 少数株主持分は，少数株主利益または少数株主損失，連結子会社の株式取得または売却による持分の増減，連結子会社の増資による少数株主持分の増減，および連結範囲の変動にともなう少数株主持分の増減を表示する。

〔例9〕 つぎの資料によりA・B両社を連結するにあたっての仕訳および両社の連結損益計算書を作成しなさい（A社はB社の株式の60％を保有している）。
ア　B社当期仕入高¥2,200,000のうち¥1,200,000はA社からの仕入である。
イ　B社期末棚卸高のうちA社からの仕入分が¥300,000（原価¥240,000）ある。

A　社　　　　　　**損　益　計　算　書**

期　首　棚　卸　高	600,000	売　　上　　高	4,250,000
当　期　仕　入　高	2,750,000	期　末　棚　卸　高	640,000
販　　売　　費	875,000	受　取　利　息	60,000
一　般　管　理　費	425,000	固　定　資　産　売　却　益	10,000
当　期　純　利　益	310,000		
	4,960,000		4,960,000

B　社　　　　　　**損　益　計　算　書**

期　首　棚　卸　高	500,000	売　　上　　高	3,400,000
当　期　仕　入　高	2,200,000	期　末　棚　卸　高	400,000
販　　売　　費	650,000		
一　般　管　理　費	295,000		
支　払　利　息	55,000		
当　期　純　利　益	100,000		
	3,800,000		3,800,000

ウ B社期首棚卸高のうちA社からの仕入分が¥400,000（原価¥320,000）ある。

エ A社受取利息¥60,000はB社に対する貸付金にかかる受取利息¥10,000が含まれている。

オ A社の固定資産売却益¥10,000はB社に機械を売却したときの売却益である。

1 連結にあたっての仕訳

ア（借）売　　　　　　上　1,200,000　（貸）仕　　　　　　入　1,200,000
イ（借）期 末 棚 卸 高　　　60,000　（貸）当 期 純 利 益　　　60,000
ウ（借）当 期 純 利 益　　　80,000　（貸）期 首 棚 卸 高　　　80,000
エ（借）受 取 利 息　　　10,000　（貸）支 払 利 息　　　10,000
オ（借）固定資産売却益　　10,000　（貸）当 期 純 利 益　　　10,000

2 連結損益計算書

連 結 損 益 計 算 書

借　　　方	金　　額	貸　　　方	金　　額
期 首 棚 卸 高	1,020,000	売　　上　　高	6,450,000
当 期 仕 入 高	3,750,000	期 末 棚 卸 高	980,000
販　　売　　費	1,525,000	受　取　利　息	50,000
一 般 管 理 費	720,000		
支　払　利　息	45,000		
当 期 純 利 益			
（A 社 持 分）	380,000		
（少数株主持分）	40,000		
	7,480,000		7,480,000

ただし，会計制度上，現在は，当期純利益における少数株主持分相当額を少数株主利益として控除し，最終的に親会社持分相当額の利益を当期純利益として表示している。

なお，連結損益計算書精算表を作成するとつぎのようになる。

連結損益計算書精算表

勘定科目	A 社	B 社	消去 借方	消去 貸方	連結損益計算書
（借方）					
期首棚卸高	600,000	500,000		80,000	1,020,000
当期仕入高	2,750,000	2,200,000		1,200,000	3,750,000
販売費	875,000	650,000			1,525,000
一般管理費	425,000	295,000			720,000
支払利息		55,000		10,000	45,000
当期純利益(A社持分)	310,000	60,000	80,000	(60,000 / 10,000)	380,000
（少数株主持分）		40,000			40,000
	4,960,000	3,800,000			7,480,000
（貸方）					
売上高	4,250,000	3,400,000	1,200,000		6,450,000
期末棚卸高	640,000	400,000	60,000		980,000
受取利息	60,000		10,000		50,000
固定資産売却益	10,000		10,000		0
	4,960,000	3,800,000	1,360,000	1,360,000	7,480,000

〔例10〕 つぎの資料によりA・B両社を連結するにあたっての仕訳およびA・B両社の連結貸借対照表を作成しなさい。

A 社　　　　　　　　　貸借対照表

現金預金	210,000	諸負債	300,000
商品	690,000	資本金	1,200,000
B社貸付金	50,000	剰余金	350,000
B社株式	430,000	当期純利益	130,000
その他資産	600,000		
	1,980,000		1,980,000

B 社　　　　　　　　　貸借対照表

現金預金	172,000	諸負債	230,000
商品	360,000	資本金	500,000
その他資産	448,000	剰余金	210,000
		当期純利益	40,000
	980,000		980,000

ア　A社はB社の株式の6割を所有して、これを支配している。
イ　A社はB社に商品の販売を行っており、その売価は仕入原価の20%増である。
ウ　B社の期末商品棚卸高のうち3分の1はA社から仕入れたものである。

《原　価　法》
(ア)　連　結　仕　訳

　　ア）のれんの額の計算と仕訳

　　　　（借）資　　本　　金　　300,000　　（貸）B　社　株　式　　430,000
　　　　　　　　　　　　　　（500,000×0.6）

　　　　　　　剰　　余　　金　　126,000
　　　　　　　　　　　　　　（210,000×0.6）

　　　　　　　の　　れ　　ん　　　 4,000

　　イ）未実現利益の除去仕訳

　　　　未実現利益……$360,000 \times \dfrac{1}{3} \times \dfrac{0.2}{1.2} = 20,000$

　　　（借）当期純利益（A社）　20,000　　（貸）商　　品（B社）　20,000

　　ウ）両社の債権・債務の相殺仕訳

　　　（借）諸　負　債　　50,000　　（貸）B 社 貸 付 金　　50,000

(イ)　連結貸借対照表

連 結 貸 借 対 照 表

資　　　　産	金　　額	負債・純資産	金　　額
現　金　預　金	382,000	諸　　負　　債	480,000
商　　　　品	1,030,000	少 数 株 主 持 分	300,000
そ の 他 資 産	1,048,000	資　　本　　金	1,200,000
の　れ　ん	4,000	剰　　余　　金	350,000
		当　期　純　利　益	134,000
	2,464,000		2,464,000

　　　（注）少数株主持分の内訳
　　　　　　　資　　本　　金　　200,000
　　　　　　　剰　　余　　金　　 84,000
　　　　　　　当　期　純　利　益　 16,000

なお，連結貸借対照表精算表を作成するとつぎのようになる。

連結貸借対照表精算表

勘定科目	A 社	B 社	消去 借方	消去 貸方	連結貸借対照表
（資産）					
現金預金	210,000	172,000			382,000
商　　品	690,000	360,000		20,000	1,030,000
B 社貸付金	50,000			50,000	0
B 社株式	430,000			430,000	0
その他資産	600,000	448,000			1,048,000
の れ ん			4,000		4,000
	1,980,000	980,000			2,464,000
（負債・純資産）					
諸 負 債	300,000	230,000	50,000		480,000
少数株主持分				200,000 84,000 16,000	300,000
資本金（A社持分）	1,200,000	300,000	300,000		1,200,000
（少数持分）		200,000	200,000		
剰余金（A社持分）	350,000	126,000	126,000		350,000
（少数持分）		84,000	84,000		
当期利益（A社持分）	130,000	24,000	20,000		134,000
（少数持分）		16,000	16,000		
	1,980,000	980,000	800,000	800,000	2,464,000

《持分法》

ア）のれんの金額の計算と仕訳

　　（借）B 社 株 式　　24,000　　（貸）連結剰余金　　24,000
　　　　　資 本 金　　300,000　　　　B 社 株 式　　454,000
　　　　　剰 余 金　　126,000
　　　　　の れ ん　　28,000

イ）未実現利益の除去仕訳

　　（借）当期純利益　　20,000　　（貸）商　　品　　20,000

ウ）両社の債権・債務の相殺仕訳

(借) 諸　負　債　　50,000　　(貸) Ｂ社貸付金　50,000

連結貸借対照表

資　産	金　額	負債・純資産	金　額
現　金　預　金	382,000	諸　負　債	480,000
商　　　品	1,030,000	少数株主持分	300,000
その他資産	1,048,000	資　本　金	1,200,000
の　れ　ん	28,000	剰　余　金	374,000
		当期純利益	134,000
	2,488,000		2,488,000

〔例11〕　Ａ社は平成○年にＢ社株式の20％を¥16,000で取得し，平成×年さらにＢ社の40％の株式を¥35,000，平成△年10％の株式を¥10,000で取得した。よってこの事実により平成△年における連結貸借対照表を作成しなさい。

　Ａ社のＢ社株式取得時における貸借対照表および平成△年におけるＡ社の貸借対照表はつぎのとおりであった。

　なお，Ａ社，Ｂ社の会計年度は１月１日～12月31日までとし，のれんは償却しないものとし，最初の株式取得時から平成△年の間，投資関係を除き会社相互間の取引がなかったものとする。

　　　　　　　　　　　Ａ　社　B／S　　　　　　　（平成△年）

諸　資　産	129,000	諸　負　債	40,000
投　　資	61,000	資　本　金	100,000
		資本剰余金	10,000
		利益剰余金	40,000
	190,000		190,000

　　　　　　　　　　　Ｂ　社　B／S　　　　　　　（平成○年）

諸　資　産	100,000	諸　負　債	30,000
		資　本　金	50,000
		利益剰余金	20,000
	100,000		100,000

	B 社 B／S		(平成×年)
諸 資 産	170,000	諸 負 債	90,000
		資 本 金	50,000
		利 益 剰 余 金	30,000
	170,000		170,000

	B 社 B／S		(平成△年)
諸 資 産	150,000	諸 負 債	55,000
		資 本 金	50,000
		利 益 剰 余 金	45,000
	150,000		150,000

《段 階 法》

ア) 平成○年20％取得時の仕訳

(借) 資　本　金　　10,000　　(貸) 投　　　資　　16,000
　　 利 益 剰 余 金　 4,000
　　 の　れ　ん　　 2,000

イ) 平成×年40％取得時の仕訳

(借) 資　本　金　　20,000　　(貸) 投　　　資　　35,000
　　 利 益 剰 余 金　12,000
　　 の　れ　ん　　 3,000

(借) 利 益 剰 余 金　 2,000　　(貸) 利 益 剰 余 金　 2,000
　　 （子 会 社）　　　　　　　　　 （連 結 分）
　　　　　　　　　　　　　　……(30,000－20,000)×20％

ウ) 平成△年10％取得時の仕訳

(借) 資　本　金　　 5,000　　(貸) 投　　　資　　10,000
　　 利 益 剰 余 金　 4,500
　　 の　れ　ん　　　 500

(借) 利 益 剰 余 金　 9,000　　(貸) 利 益 剰 余 金　 9,000
　　 （子 会 社）　　　　　　　　　 （連 結 分）
　　　　　　　　　　　　　　……(45,000－30,000)×60％

連結貸借対照表精算表

勘定科目	A 社	B 社	消去 借方	消去 貸方	連結貸借対照表
諸 資 産	129,000	150,000			279,000
投 資	61,000			ア）16,000 イ）35,000 ウ）10,000	
の れ ん			ア）2,000 イ）3,000 ウ）500		5,500
	190,000	150,000			284,500
諸 負 債	40,000	55,000			95,000
資本金（A社持分）	100,000	35,000	ア）10,000 イ）20,000 ウ）5,000		100,000
（少数持分）		15,000			15,000
資 本 剰 余 金	10,000				10,000
利益剰余金（A社持分）	40,000	31,500	ア）4,000 イ）12,000 ウ）4,500		51,000
（少数持分）		13,500			13,500
	190,000	150,000	61,000	61,000	284,500

連 結 貸 借 対 照 表

諸 資 産	279,000	諸 負 債	95,000
の れ ん	5,500	少数株主持分	28,500
		資 本 金	100,000
		資 本 剰 余 金	10,000
		利 益 剰 余 金	51,000
	284,500		284,500

（注） 少数株主持分の内訳
　　　資 本 金 15,000　　　利益剰余金 13,500

《一 括 法》

ア) 支配獲得時（平成×年）

（借）資 本 金 30,000	（貸）投 資	51,000
利 益 剰 余 金 18,000		
の れ ん 3,000		

イ) 平成△年10%取得時

（借）資 本 金 5,000	（貸）投 資	10,000
利 益 剰 余 金 4,500		
の れ ん 500		
（借）利 益 剰 余 金 9,000 （子 会 社）	（貸）利 益 剰 余 金 （連 結 分）	9,000

連結貸借対照表精算表

勘 定 科 目	A 社	B 社	消去 借方	消去 貸方	連結 貸借対照表
諸 資 産	129,000	150,000			279,000
投 資	61,000			ア) 51,000 イ) 10,000	
の れ ん			ア) 3,000 イ) 500		3,500
	190,000	150,000			282,500
諸 負 債	40,000	55,000			95,000
資本金（A社持分）	100,000	35,000	ア) 30,000 イ) 5,000		100,000
（少数持分）		15,000			15,000
資 本 剰 余 金	10,000				10,000
利益剰余金（A社持分）	40,000	31,500	ア) 18,000 イ) 4,500		49,000
（少数持分）		13,500			13,500
	190,000	150,000	61,000	61,000	282,500

連結貸借対照表

諸　資　産	279,000	諸　負　債	95,000
の　れ　ん	3,500	少数株主持分	28,500
		資　本　金	100,000
		資本剰余金	10,000
		利益剰余金	49,000
	282,500		282,500

（注）　少数株主持分の内訳
　　　　資　本　金　15,000　　　利益剰余金　13,500

　平成20年12月に公表された（適用開始は平成22年4月以降）「連結財務諸表に関する会計基準」の主な変更点は以下の通りである。

① 時価により評価する子会社の資産及び負債の範囲について、親会社の持分に相当する部分だけに限定する部分時価評価法と全面時価評価法による処理が現在認められているが、改正後は全面時価評価法のみが認められることになった。

② 資本準備金以外の剰余金は連結剰余金とされていたが、217ページのように区分して記載されることになった。

③ 連結損益計算書における純損益計算の区分の中に、新たに少数株主損益調整前当期純利益が表示されることになった。

④ のれんまたは負ののれんについては、平成20年12月に改正された「企業結合に関する会計基準」に従って処理されることになった。

【研究問題】

1　独立会計制度について述べよ。
2　内部仕入・売上高を相殺する理由を述べよ。
3　連結財務諸表の作成目的を記せ。
4　のれんの発生する理由について述べよ。

索　引

〔あ〕

預り金 ………………………………… *112*
預り有価証券勘定 …………………… *74*
後入先出法 …………………………… *84*
洗替法 ………………………………… *148*

〔い〕

委託買付 ……………………………… *161*
委託販売 ……………………………… *157*
一括法 ………………………………… *276*
移動平均法 …………………………… *85*
印紙税 ………………………………… *254*

〔う〕

裏書手形 ……………………………… *100*
売上勘定 ……………………………… *78*
売上総利益 …………………………… *77*
売上帳 ………………………………… *81*
売上値引高 …………………………… *78*
売上戻り高 …………………………… *78*
売上割戻引当金 ……………………… *247*

〔え〕

英米式決算法 ………………………… *45*

〔か〕

開業費 ………………………………… *116*
会計期間 ……………………………… *1*
開始記入 …………………………… *50, 56*
開始仕訳 ……………………………… *56*
開始取引 ……………………………… *13*
買付有価証券勘定 …………………… *74*
開発費 ………………………………… *116*
開放担保 ……………………………… *237*

確定申告 ……………………………… *249*
貸倒損失（貸倒償却） ……………… *91*
貸倒引当金 ………………… *91, 147, 243*
貸倒引当金繰入 ……………………… *91*
貸付金 ………………………………… *110*
割賦販売 ……………………………… *165*
合併 …………………………………… *254*
合併差益勘定 ………………………… *222*
株式交付費 …………………………… *117*
株式払込剰余金勘定 ………………… *221*
株主資本 ……………………………… *215*
株主資本等変動計算書 ……………… *218*
株主資本の計数変動 ………………… *225*
株主有限責任 ………………………… *214*
過振 …………………………………… *62*
借入金 ………………………………… *110*
仮受金 ………………………………… *113*
仮受消費税勘定 ……………………… *251*
仮払金 ………………………………… *113*
仮払消費税勘定 ……………………… *251*
仮払法人税等勘定 …………………… *249*
為替手形 ……………………………… *94*
勘定式 ………………………………… *24*
間接整理法 …………………………… *152*
間接発行 ……………………………… *238*
簡便整理法 …………………………… *152*
関連会社株式 ………………………… *70*

〔き〕

機械装置勘定 ………………………… *121*
機械簿記法 …………………………… *212*
企業結合 ……………………………… *255*
期首 …………………………………… *42*
期末 …………………………………… *42*
銀行勘定調整表 ……………………… *64*

〔く〕

偶発債務 …………………………… 100
偶発債務積立金勘定 ………………… 230
偶発事象 …………………………… 242
口別法 ……………………………… 87
繰越試算表 ………………………… 47
繰越商品 …………………………… 78
繰越利益剰余金勘定 ………………… 227
繰延勘定 …………………………… 150
繰延資産 …………………………… 115

〔け〕

経過勘定 …………………………… 150
継続記録法 ………………………… 83
決算 ………………………………… 42
決算仕訳 …………………………… 138
決算整理 …………………………… 44
決算整理記入 …………………… 44,138
決算整理事項 …………………… 44,138
決算手続 …………………………… 42
決算取引 …………………………… 13
決算日 ……………………………… 1
減価償却費 ………………………… 122
現金過不足 ………………………… 60
現金主義 …………………………… 115
減債積立金勘定 …………………… 230
減資差益勘定 ……………………… 223
建設仮勘定 ………………………… 121

〔こ〕

交換取引 …………………………… 14
恒久棚卸法 ………………………… 83
合計残高試算表 …………………… 35
合計試算表 ………………………… 34
構築物勘定 ………………………… 119
子会社株式 ………………………… 70
小書 ………………………………… 21
5勘定 ……………………………… 79

小口現金勘定 ……………………… 68
小口現金出納帳 …………………… 69
固定資産 …………………………… 119
固定資産税 ………………………… 253
5伝票制 …………………………… 208
小払資金 …………………………… 68
混合勘定 …………………………… 76
混合取引 …………………………… 14

〔さ〕

財産法 ……………………………… 41
再整理 ……………………………… 151
再整理仕訳 ………………………… 151
再振替 ……………………………… 151
再振替仕訳 ………………………… 151
債務保証損失引当金 ……………… 246
差額法(差額計上法) ……………… 147
先入先出法 ………………………… 83
先物予約売買 ……………………… 168
差入有価証券勘定 ………………… 74
指図人 ……………………………… 94
残高式 ……………………………… 24
残高試算表 ………………………… 35
3伝票制 …………………………… 205
3分法 ……………………………… 79

〔し〕

仕入勘定 …………………………… 78
仕入帳 ……………………………… 80
仕入値引高 ………………………… 78
仕入戻し高 ………………………… 78
自家保険積立金勘定 ……………… 230
事業拡張積立金勘定 ……………… 230
事業譲受 …………………………… 258
自己宛為替手形 …………………… 94
自己受為替手形 …………………… 94
自己株式 …………………………… 232
自己株式処分差益勘定 …………… 224
自己振出小切手 …………………… 64

索　引

試算表	33
実効税率	234
支店勘定	261
支店独立会計制	260
支店半独立会計制	261
資本金	217
資本金勘定	136
資本準備金	221
資本剰余金	221
資本の循環過程	5
社債	237
社債の償還	240
社債の発行	238
社債の利払	239
社債発行費	239
社債発行費等	117
車両運搬具勘定	120
収益	9
集合損益勘定	261
修繕引当金	244
集中制	264
受託買付	162
受託販売	159
十桁式精算表	38
取得	255
純額法	140
純資産(資本)	214
純資産(資本)等式	7
純資産(資本)の構成	216
純損益の振替	46
償却基金法	128
償却原価法	73
償却債権取立益	92
照合勘定	197
少数株主持分	277
試用販売	164
消費税	250
証憑	204
商品有高帳	82

商品勘定の分割	78
商品券	114
賞与引当金	244
仕訳日計表	210
仕訳元帳	201
新株予約権	235
新築積立金勘定	229

〔す〕

随時償還	240

〔せ〕

税込方式	251
生産高比例法	127
精算表	36
税抜方式	251
製品(商品)保証引当金	245
整理勘定	197
積送品	157
全部純資産直入法	234

〔そ〕

総額法	140
総記法	76, 139
総平均法	86
創立費	115
租税公課	252
その他資本剰余金	223
その他の有価証券	70
その他有価証券(株式等)の評価差額金	234
損益計算書	2, 10
損益計算書等式	10
損益取引	14
損益分記法	76
損益法	41
損害補償損失引当金	246
損失	9
損失の処理	231

〔た〕

貸借対照表 …………………… 2, 8
貸借対照表等式 ………………… 7
貸借平均の原則 ………………… 17
退職給付積立金勘定 …………… 229
退職給付引当金 ………………… 248
代理会計制 ……………………… 260
大陸式決算法 …………………… 50
多桁式仕訳帳 …………………… 172
多桁式特殊仕訳帳 ……………… 183
立替金 …………………………… 112
建物勘定 ………………………… 119
単一仕訳帳制 …………………… 171
段階法 …………………………… 276
単式簿記 ………………………… 3
単純平均法 ……………………… 86
単通知法 ………………………… 266

〔ち〕

中間納付 ………………………… 249
帳簿組織 ………………………… 170
帳簿棚卸法 ……………………… 83
直接整理法 ……………………… 152
直接発行 ………………………… 238

〔つ〕

通知預金 ………………………… 67

〔て〕

定額資金前渡法 ………………… 68
定額法 …………………………… 124
定期預金 ………………………… 67
定時償還 ………………………… 240
定率法 …………………………… 125
手形貸付金 ……………………… 110
手形借入金 ……………………… 110
手形債権者 ……………………… 94
手形債務者 ……………………… 94

手形の裏書 ……………………… 99
手形売却損 ……………………… 100
手形割引 ………………………… 99
伝票 ……………………………… 204
伝票制 …………………………… 204

〔と〕

統括勘定 ………………………… 90
当座借越 ………………………… 62
当座勘定 ………………………… 63
当座預金勘定 …………………… 61
統制勘定 ………………………… 89, 90
独自平均元帳 …………………… 197
特殊仕訳帳 ……………………… 174
特殊元帳 ………………………… 195
特別修繕引当金 ………………… 245
土地勘定 ………………………… 121
土地評価差額金勘定 …………… 233
特許権 …………………………… 134
特許権償却 ……………………… 134
取引の構成要素 ………………… 15
取引の二重性 …………………… 15
取引の8要素 …………………… 16

〔な〕

名宛人 …………………………… 94
内部利益 ………………………… 268
7勘定 …………………………… 79

〔に〕

荷為替 …………………………… 105
2冊制 …………………………… 176
二重仕訳 ………………………… 193
日計元帳 ………………………… 211
任意積立金勘定 ………………… 229

〔ね〕

年金法 …………………………… 128

索　引　293

〔の〕

納税預金……………………………………67
のれん……………………………………257, 277
のれん償却……………………………………258

〔は〕

パーチェイス法……………………………………256
配当平均積立金勘定……………………………………229
売買目的有価証券……………………………………70
売買目的有価証券評価損益……………………………………149
八桁式精算表……………………………………37
発生主義……………………………………115

〔ひ〕

引当金……………………………………242
引出金勘定……………………………………136
備品勘定……………………………………120
備忘記録……………………………………100
秘密元帳……………………………………201
費用……………………………………9
評価・換算差額等……………………………………215

〔ふ〕

複式簿記……………………………………3
複式簿記の構造……………………………………39
複数仕訳帳制……………………………………174
複通知法……………………………………266
普通取引……………………………………13
普通預金……………………………………67
不定額補給法……………………………………68
部分純資産直入法……………………………………234
振替仕訳……………………………………44
振出人……………………………………94
不渡手形……………………………………104
分割元帳制……………………………………195
分記法……………………………………139
分散制……………………………………264

〔へ〕

閉鎖担保……………………………………237
別途積立金勘定……………………………………230
返品調整引当金……………………………………247

〔ほ〕

法人税等……………………………………249
法人税等勘定……………………………………249
保管有価証券勘定……………………………………74
簿記上の取引……………………………………12
保証債務……………………………………101, 103
保証債務取崩益……………………………………101, 103
保証債務費用……………………………………101, 103
補助簿……………………………………80, 89
本支店会計……………………………………260
本店勘定……………………………………261
本店集中制……………………………………265
本部集中制……………………………………265

〔ま〕

前受金……………………………………109
前受収益……………………………………111
前払金……………………………………109
前払費用……………………………………111
満期保有目的債券……………………………………70, 73

〔み〕

未経過勘定……………………………………150
未決算……………………………………114
見越勘定……………………………………150
未収金……………………………………108
未収収益……………………………………112
未収消費税勘定……………………………………251
未達勘定……………………………………267
未着商品……………………………………156
未払金……………………………………108
未払消費税勘定……………………………………251
未払税金勘定……………………………………253

未払費用 …………………………… 112
未払法人税等勘定 ………………… 249

〔む〕

無形固定資産 ……………………… 134

〔も〕

持分の結合 ………………………… 255
持分プーリング法 ………………… 257
元帳の自動検証性 ………………… 51

〔や〕

約束手形 …………………………… 94

〔ゆ〕

有価証券勘定 ……………………… 70
有価証券売却益勘定 ……………… 71
有価証券売却損勘定 ……………… 71
有価証券利息勘定 ………………… 72

〔よ〕

預金残高証明書 …………………… 64

4冊制 ………………………………… 179

〔り〕

利益 ………………………………… 9
利益準備金 ………………………… 226
利益剰余金 ………………………… 226

〔れ〕

連結株主資本等変動計算書 ……… 278
連結財務諸表 ……………………… 275
連結損益計算書 …………………… 277
連結貸借対照表 …………………… 276

〔ろ〕

6冊制 ………………………………… 182
六桁式精算表 ……………………… 36

〔わ〕

割引発行 …………………………… 238

《著者紹介》

松原　成美（まつばら・しげみ）
〈略　歴〉
岐阜県に生まれる
明治大学大学院商学研究科博士課程修了
現在，専修大学名誉教授
〈著　書〉
「簿記学詳論」税務経理協会
「基本簿記精説」税務経理協会
「基本現代会計理論」税務経理協会
「現代会計学概論」（編著）税務経理協会
その他多数

齋藤　幹朗（さいとう・みきろう）
〈略　歴〉
山梨県に生まれる
明治大学大学院経営学研究科博士後期課程単位取得
現在，中京学院大学経営学部教授
〈著　書〉
「基本簿記」（共著）税務経理協会
「制度会計原理」（共著）中央経済社
「簿記原理」（共著）創成社
「連結会計用語辞典」（共著）税務経理協会
その他多数

岩崎　功（いわさき・いさお）
〈略　歴〉
北海道に生まれる
専修大学大学院商学研究科博士後期課程単位取得
信州短期大学，中京学院大学，埼玉学園大学を経て
現在，和光大学経済経営学部教授
専修大学・埼玉学園大学・埼玉大学講師
〈著　書〉
「現代会計学概論」（共著）税務経理協会
「企業会計の原理」（共著）学文社
「テキスト現代会計学の基礎」五絃社
「サブノート現代会計学の基礎」五絃社
「職業としての会計」（編著）五絃社
その他多数

国田　清志（くにた・きよし）
〈略　歴〉
山口県に生まれる
北九州大学商学部（現・北九州市立大学経済学部）卒業，一橋大学大学院商学研究科博士課程単位取得退学
現在，専修大学商学部准教授
〈著書・論文〉
「簿記概論」（共著）税務経理協会
「連結会計用語辞典」（共著）税務経理協会
「「表現の忠実性」の意味と役割」『産業経理』（財団法人産業経理協会）第68巻第4号
「会計基準の国際化における中小企業の会計のあり方」『専修大学商学論集』第88号

著者との契約により検印省略

平成21年6月10日　初版第1刷発行

詳解簿記論

著　者	松　原　成　美 齋　藤　幹　朗 岩　崎　　　功 国　田　清　志
発 行 者	大　坪　嘉　春
印 刷 所	税経印刷株式会社
製 本 所	株式会社　三森製本所

発 行 所　東京都新宿区下落合2丁目5番13号　株式会社　税務経理協会

郵便番号 161-0033　振替 00190-2-187408　電話(03)3953-3301(編集部)
FAX(03)3565-3391　　　　　　　　　(03)3953-3325(営業部)
URL　http://www.zeikei.co.jp/
乱丁・落丁の場合はお取替えいたします。

© 松原成美・齋藤幹朗・岩崎　功・国田清志 2009

本書を無断で複写複製(コピー)することは、著作権法上の例外を除き、禁じられています。本書をコピーされる場合は、事前に日本複写権センター(JRRC)の許諾を受けてください。
JRRC(http://www.jrrc.or.jp　eメール:info@jrrc.or.jp　電話:03-3401-2382)

Printed in Japan

ISBN978-4-419-05308-6　C3063